ある少年の夢

稲盛和夫はいかに人生を切り開いたか

加藤勝美

日経ビジネス人文庫

年若い読者へ

平凡な田舎育ちの少年が
その成長の過程で自分の希望する方向にすすむ事が出来ず、
本人も周囲も
小さなまた大きな失望をくりかえしながらも
生きる喜びと情熱を失うことなく
明るく積極的に人生を歩むそのうちに、
少年自身が
想像もつかぬ明るい未来が大きくひらけてゆく。

この事実を
その生きて来た過程を
混迷する現代において
希望を見失いがちな今の世代の少年たちに
ひそかに語りかける事によって
人生における希望と明るさを
とり戻してほしいという願いをこめて。

稲盛和夫

目次

I部　臆病者が溝を飛び越えた

II部　男どもが疾駆する

（注）本書は出版文化社の『ある少年の夢 改訂版～稲盛和夫 創業の原点』を文庫化したものである。初版は1979年に現代創造社、その後NGSから発行された。肩書や固有名詞は初版時のまま。現代において差別的とみられる表現などは修正したが、発言部分ではあえて一部残した。

文中写真／京セラ提供、表紙カバー写真／菅野勝男

Ⅰ部　臆病者が溝を飛び越えた

泣き虫の章

「泣こかい飛ぼかい」

うわーっという喚声をまき散らしながら、いが栗頭の子どもたちが一群となって野っぱらを駈けていった。

緑の風さわやかな南国の空は遠く青く澄み切って、少年たちの喚声が駈け抜けて行ったあとは、ちょろちょろという小川の流れる音だけがあった。

けれども、風のように遠ざかっていく喚声の主《ぬし》たちが小川のほとりに忘れていったものがある。色が黒く小柄だが頭だけがひときわ大きい一人の少年が、小川を飛び越えかねてその場に立ちすくんでいた。頭でっかちのため〝仮分数〟という仇名で呼ばれていた。

どうしよう。

一人で家へ戻ろうか。母ちゃんは家で何してるかなあ。

紙袋張りで忙しいだろうなあ。

飛ぼうか。失敗したら川に漬かって泥だらけだ。

あの蛭《ひる》が吸い着くなあ、血を吸うよ。

いやだ。

行くもならず帰るもならず、心細くなってきた少年は自分の臆病さを持てあますように、うぇーっと泣き出した。だが今は泣き声をあげるとそばへ来てくれる母もいない。家まであと戻りするにはすでに遠く離れすぎている。

一方、小川を飛び越えていったたいが栗頭たちは、一兵卒として従軍しているはずの〝仮分数〟がいないのに気づき一時戦闘を中断、息をはずませながら風となって小川のほとりへ舞い戻ってきた。その野っぱらは鹿児島市内の原良《はらら》と呼ばれる田園地帯で、小川はそこの田圃《たんぼ》の間を流れる灌漑用の溝だった。底には泥が溜まっていて、落ち込むと下半身までずぶずぶと漬かってしまう。

年上の上官たちは泣きじゃくっている〝仮分数〟に向かって、大きな声で一斉にはやし始めた。

「泣ァこかァい飛ォぼかァい　泣ァこよっかひっ飛べー」

それは五回、六回と繰り返され、立ちすくんでいる頭でっかちに矢となって襲いかかった。

その矢には、

「よわむしっ！　こんなところも飛べんのかっ！」

という今も昔も変わらない、あの餓鬼ども特有の刺すような軽蔑の響きが込められていた。敏感にそれを感じとった少年は涙をぬぐい鼻水をすすりあげ、泣くのをやめた。臆病ではあったけれども陽気であり、人に倍する負けず嫌いでもあった少年は、人から馬鹿にされたと感じることに耐えられなかった。また、尚武《しょうぶ》の国として男の子どもを幼いうちから鍛えあげる習慣を持っている薩摩の男として、たとえ年少ではあっても馬鹿にされることは何より口惜しいことであった。

みんな、はやし立てる。

「泣ァこかァい飛ォぼかァい　泣ァこよっかひっ飛べー」

けれども、そこには軽蔑だけがあるのではない。そのはやし言葉の中には、

「早く来いよ、飛べよ」

という年下の仲間を勇気づけ、臆病風を吹き飛ばして戦《いくさ》ごっこに入ってこいよ、という呼びかけもまたあった。

白雲が空に浮かび、緑の風が頬をなで、涙のあとが冷たい。

よしっ、もう泣いているときではない。

飛ぼう。でもみんなが見ている。失敗はできない。

溝から十数歩離れたところまであとずさりをして助走距離をとった少年は、心の中で「なこかいとぼかい、なこよっかひっとべ」とつぶやきながら、「とばなきゃ、とべるはずだ」と自分に言いきかせた。負けず嫌いが臆病にそう言う。

その顔は緊張のあまり蒼白だった。いが栗坊主たちは、はやすのをやめて息をつめた。

すーっと胸いっぱいに大気を吸い込み、タッタッタッタッと駈け出してエイヤッと宙に浮かんだ次の瞬間、地面が目の前にあった。勢いあまってつんのめり、両手と膝頭に土くれがついた。それだけではなく、べちゃっと顔まで地面につけて口の中は土

でざらざら。その土をぺっぺっと吐き出して手足の土を払い、立ちあがったけれども
まだ半べそ顔。
やっとのことで飛べた自分と、さっきまで泣いていた自分が照れくさく、しょぼん
とした気持がある。
ただちに戦闘再開。
うわーっと一段と大きい喚声を天と地の間にまき散らしながら、いが栗頭たちは走
り始めた。
そのあとを懸命に追う〝仮分数〟は、しょぼんとした気持を風に吹き飛ばしなが
ら、やがて持ち前の陽気さを取り戻していった。飛べた快感が身を浸し始め、やった
やったと躍りあがりながら、「なこかいとぼかい……」を心の中で転がしていた。
昭和一四、五年頃、すでに戦争の空気が日本をおおっていた。原良《はらら》の南方はるかに
は桜島が白煙をかすかにたなびかせていた。

焼酎ずきのじいさんは大八車でキャンデー売り

この臆病だけれども陽気で負けず嫌いの少年和夫と、その三つ上の兄利則《としのり》が待ち遠

しいのは、家の七郎じいさんの帰宅だった。それも夏、鹿児島市内を売り歩き、引いて帰ってくる大八車に売れ残っている一つか二つの西瓜がお目当てだった。大八車の上に木で囲いをし、中に麦わらを敷いて売り歩くのだが、じいさんの持ってくる西瓜の味の良さが評判で、大八車につけた鈴のちりんちりんという音を待ちかねている家もあった。

その売れ残った西瓜を庭の井戸に吊るして冷やし、幅広の包丁でさくっと切ったときに現れる水気たっぷりの真っ赤な果実は、戦争ごっこや木登り、崖の登り下りであちこちぶつけた体や擦《す》り傷の痛みを忘れさせた。

それともう一つ、西瓜が不作のときや、いいものが手に入らないときのアイスキャンデーがあった。

やはり大八車に、〝アイスキャンデー〟とペンキで大書された木箱が乗せられ、観音開きの扉をぱたりと開くとかき氷が詰めてあり、その上に荒塩を放りこんである。細長い丸棒をその氷の上からぐいぐいねじ込むと細長い丸穴が開く。そのようにして出来た穴に試験管がきれいに何本も並べてあり、試験管には割箸が一本ずつ入っている。黄色や赤色の蜜が二、三種類金魚鉢状のガラス瓶に入って箱の横に下げられ、細いゴム管が瓶から垂れていて、その先端は洗濯ばさみでとめられている。洗濯ばさみを開くと、ゴム管から試験管に蜜が入る。どこで覚えたのかわからないけれども、そういうことには器用な七郎じいさんだった。

じいさんは朝にそれを仕込んで売りに出かけるのだが、食い盛りいたずら盛りの兄弟はじいさんがいない間に盗み食いをするのが楽しみの一つ。人気のないのを確かめてそーっと大八車に忍び寄り観音開きをそーっと開け、割箸をぐいと握り上げるまではいいが外側からは凍っているように見えても中までは凍り切っていないから箸だけ抜けてしまう。しまった、と思いながらも食い意地の張っている二人、ぺろりと箸をなめてもとに戻して知らぬ顔の半兵衛。

そして夕方。

晩酌好きのじいさんは、売れても売れなくても鈴をちりりりんと鳴らしながら薬《やく》師町《しちょう》は一の橋通りの家まで帰ってくるから、その頃までにはどこからともなく二人は舞い戻って来ている。売れ残りはだれはばからず食える。

かき氷から試験管を抜くとまわりに付いた氷の白い結晶が二人のすきっ腹を刺激し、これも大八車に積んだバケツの水に試験管を漬けてやおら割箸を引っぱると、スポン！　という快い音を残してキャンデーはすでに二人の口中にあった。

スポン！　得も言われぬ妙《たえ》なる音を立ててそれは抜けた。

非常に貧乏な上に子どもが四人もおりながら家計に責任を持たない道楽仕事を終えたじいさんは、ときに狸どっくりをぶら下げて家の前の甲突川《こうつきがわ》の橋をひょろひょろと渡って川向かいの酒屋へ焼酎を買いに行ったが、その役目はたいていはじいさんの孫になるこの兄弟のどちらかだった。七郎じいさんの長男畩市《けさいち》の子どもが、この利則と和夫である。

酒も焼酎も一合升の計り売りだが、それを買うのではないのが兄弟にはちょっと恥ずかしかった。というのは、計り売り用の柄《え》のついた升の下に漏斗《じょうご》が置かれ、升を溢れた焼酎は漏斗の下の瓶に溜まる。また、計り終わった升は漏斗の上にさかさに置かれるから升のしずくも漏斗の下の瓶に溜まる。こうして少しずつ溜まった酒や焼酎のまざったものを〝溜まり〟と称し、それを一合二合と買いに行くのが役目だったたから。

この七郎じいさんが生まれたのは鹿児島市から三里ほど離れた小山田《こやまだ》という村である。そこは山間僻地で耕地面積の極めて少ない土地柄であるために、みな猫の額ほどの土地にしがみ着いて暮らしていた。

その一軒に稲盛《いなもり》という家があった。一郎を頭とする七人兄弟の末っ子である七郎が分けてもらった土地は谷あいの隅っこの三畝ばかり。日当たりの悪いじめじめした湿地でそこでは六人の家族がどうしても食っていけない。そのため、あるかなしかの荷物を大八車に乗せて市内の西田町に出てきたのは、無口だがしっかり者の長男畩市《けさいち》が小学校六年のときだった。下に弟が三人いた。

村を出たのは、薄暗い朝まだきであった。畩市は荷をぶら下げた天秤《てんびん》棒を担《かつ》いで歩くが重さのためすぐ荷が山道をこすってしまう。父には怒鳴られる。腹は減る。足は棒になる。少し先まで行けばうまい湧水があるからがんばれと言われて気を取り直し、よいしょと天秤を担ぎ直す。そのとき飲んだ水の味を今もって忘れられない。母も一緒だった。

七郎は桜島大根などを仕入れて市内を行商して歩き、畩市は小学校を出るとすぐ市内の印刷屋に丁稚奉公して家計を助けた。

畩市は明治四〇年(一九〇七)生まれ、奉公に出たのは大正七年(一九一八)前後になる。母のイセヅルが四七歳で昭和二年(一九二七)に亡くなり、七郎が再婚するよりも長男の畡市に嫁をもらって幼い弟たちの面倒を見てもらった方がいいだろうということになった。同じ小山田を七郎一家よりも早く出て、市内の錦江《きんこう》湾ぞいの天保《てんぽ》山《ざん》に家を構えていた溜蔵《たまりくら》之《の》助《すけ》の娘キミと結婚した。昭和三年（一九二八）のことである。

　キミは畡市より三つ下の一九歳、まだ着物の肩上げもとれず髪もお下げにしていた頃だった。

　そのとき、畡市のすぐ下の弟が一六歳、それに小学校四年と一年という男世帯。どう切り盛りしていいかわからないという生活の中で、結婚したあくる年の昭和四年四月一一日、利則が生まれた。おとなしい子でキミの手をあまりわずらわさなかった。

　すでにその頃から七郎は大八車の行商で稼いだ金を一銭も家に入れずに、小鳥などを飼い焼酎を楽しみとする楽天家ののんきじいさんで、畡市は親がわりとなって弟たちを養い学校にもやっていた。かつかつの収入でやり繰りをするキミの苦労は並たいていではなかった。

　そして利則に続いて昭和七年（一九三二）一月三〇日に和夫が生まれた。実際は二一日生まれだが稼ぎと子育てに忙しい両親が出生届けを出すのが遅れてしまった。そ

稲盛畩市とキミ

のせいかどうか、ひと眠りして目がさめるとすぐにわんわん泣き出す手のかかる子どもだった。

　家は、七〇〇年もの間、薩摩、大隅、日向の三州の統治者である島津家の下級武士たちが住んでいた俗に島津住宅と呼ばれる住宅街にあった。子どもたちの戦場となる原良《はらら》という見はるかす田園地帯の一画にその島津住宅があり、いくつかの学校があった。

　七郎一家は初め西田町に住んでいたが、大八車の行商で原良の方に来ることがあり、島津家の苗木を植えたと思われる苗場《なえば》あとに家を借りていた人が又貸しをしてそれを七郎が借り、そこに住むようになった。畩市一八歳、大正一四年（一九二五）のことである。働き者の畩市は印刷屋の丁稚奉公と名刺印刷の内職仕事などを経てやがて印刷屋を始めることになるが、そのうち隣の家が空屋となり、買い手がないため畩市に買ってくれないかという話になった。畊市は買うつもりはないと断っていたがほかに買い手もなし、仲介人がとうとう畊市の言い値で家主と話をつけるからということになり、結局買うことになった。

　それまで住んでいた家を工場とし、新たに買った家は住居とした。

天井に潮干狩りを見る〝三時間泣き〟

　キミが稲盛畊市のもとへ嫁に来たとき、畊市は印刷所の工員になっていたが日給一円くらい、役所勤めの人は一〇〇円くらいの月給だった。毎月一円を天引預金して正月には畊市の弟たちに着物などを買い与えねばならない。

　食事はご飯に味噌汁。ときには安い筋肉《すじにく》をじいさんの売れ残りの桜島大根とともに二時間ほど煮込んで、とろーりとなったものを食膳に供した。そのとろーっとした旨《うま》さが食うに必死だった時代の記憶とともにキミによみがえることがある。

　畊市は毎晩工場で残業をする一方、活字を少し用意して名刺印刷の内職を始めた。小学校五年の畊市の弟を甲突川《こうつき》を越えた草牟田《そうむた》の紙屋へ使い走りに出して注文を取らせた。第四十五連隊に納品する紙屋の紹介だった。工場での残業は毎日夜一〇時まで、それから自宅で内職の名刺を刷り上げてあくる日弟に納品させる。無い活字はあらかじめ調べておいて弟に買わせておいた。現在（昭和五四年）名刺一ケースが千円前後で、その利益を一～二割と見てもたかが知れている。

ポンポン菓子がはやってそれを売ったこともある。

捨てずにとっておいた赤、白、黄などのパラフィン紙の切れっぱしを張り合わせると、楽しい色合いをした子ども向けの三角袋ができあがる。機械を買って来て、米を入れてぼーんとふくらませたものを袋に詰め、夜店や学校の運動会などへ売りに行った。袋の色合いの楽しさで思いがけずよく売れた。

端紙を利用して楽しい紙袋を作りあげるという才覚と器用さは畡市のものであったが、自分から進んで商売を拡張していくふうではなく、工場づとめと細々とした内職を続けていた。名刺印刷の内職にしてもポンポン菓子にしても儲けは薄い。だが働いただけの儲けはある。畡市はその後も一貫してそういう儲け方しかしていないし、またそれしかできない人間である。

しかし、そうした畡市の実直さを見込んで、中古の活版印刷機械を使ってみないかという話を持ち込む人があった。何事につけても臆病で慎重居士の畡市だからあまり気乗りはしなかったのだが、あるとき払いでいいのだからと熱心にすすめられて、とうとう首をたてに振った。仕事は、道路をはさんですぐ隣にある鹿児島実業学校の入学願書などの書式、パンフレット、ノート類が主だった。同時に、手張りによる紙袋の製造も始めた。畩市二五歳の昭和七年、和夫が生まれて間なしのことである。

紙袋作りは、まず見本をもらって来てそれを開き、紙の取り方を覚えるというところから始まった。しかも紙を買おうにもまとめて買う余裕がない。月づきの食費の残りが少しあってそれで一連（五〇〇枚）をまとめて買うのがやっとというありさま。それを五つに分けて畩市が五種類の大きさに手で裁断し、キミが手で張った。仕事がふえると袋張りの女性を三、四人雇ってキミが先生となり、家の表座敷と縁側を素通しにして仕事場とした。

紙袋の仕事が盛況となり、畩市に今度は自動製袋《せいたい》機を使わないかという話が持ち込まれた。おそらく昭和の不況のあおりだろう。倒産する紙袋屋があり、畩市の律儀さと実直さを見込んだ紙問屋が、借金のかたに差し押さえた機械を使ってくれないかと言ってきた。もちろん、そんな金はあるはずがない。

「鹿児島市内でその製袋機を使うのはあなたしかない。ぜひ使ってくれ」

「いや、金がないからいらん」

「それだったら金はいつでもいい。できるだけ安くする。払いの方はあんたの都合のついたときでいいんだから」

「うーん、そう言われてもなあ。印刷機械のときは隣の学校から仕事をもらえるあてがあったけれども、自動の製袋機を入れても袋のはけ口がなあ。機械を入れたわ仕事がないわでは、子どもも大きくなってくるし……。それにそんな新鋭機械を職人あがりのわしが使いこなせるか」

「いやいや、人を連れて来て運転してみせるし、あんたの腕だったら機械のことは心配いらん。袋のはけ口も今みたいに盛大にやっとったら大丈夫。それで足りんというのなら、売り先も探します。わしも取引先が倒産するし、差し押さえた機械を遊ばせておくのももったいないし、稲盛さんしか頼むところがないわけよ」

「うーん、困ったなあ。職人仕事しかできんわしのことだし、うまくいかんかったらどうしようかとなあ……」

「あんたやったら信用できるし、この通り頼みます」

「うーん」

荷が重すぎる気がして畩市の心は揺れる。一方、はたで聞いているキミは、男同士の商売の話に割り込むこともできず、夫の踏んぎりの悪さが歯がゆくもどかしい。私が男だったら、という気持がする。こんな条件のいい話を断ることはない、私だって袋売りぐらいできますよ、という気持だった。

この勝気なキミにひきかえ、石橋を叩いても渡らないというこわがり屋の畩市だが、こうまで相手から頭を下げて頼み込まれると、いやだと言って相手を袖にできない人の良さと気の弱さがある。とうとう頼み込まれ、押しつけられた形で自動製袋機を入れることになった。しかし、借金までしてそんなことはせん、というところはちゃんと貫いており、その点では臆病者としての筋をきちんと通していた。

さて、機械が入ったけれども、初めて見るもので使い方もわからない。ローラーとカムがずうっと連続していて二間近い奥行きがある。前の持主が半日ほど来て説明をし運転してくれたが、そのあとは持前の器用さで畩市が自己流に動かした。ローラーやカムが一つでも具合が悪いと自動の役目を果たさない。故障が起きたとき丹念に機械を調べあげて、部品を一つ一つ直していく父の見事な手さばきを利則や和夫は感にたえぬという表情で見守っていた。そういうときは、無口でおとなしい父が立派に見えた。

あと、実際に機械を動かすのはキミの役目だった。紙を手で押さえていると機械が一枚ずつ紙をくわえて持って行き、袋ができあがっていくのだが、なれないと二枚も三枚も持っていかれてしまう。

この自動製袋機が入る前の手張りの時期、和夫がおそらく三、四歳の頃である。一寝入りした和夫が目を覚ます。まだ夢から抜け切れないまどろみに身を浸したまま、闇の世界へたった一人でふたたび引き戻されそうな淋しさに、何か頼りになるものを求めて不安げな視線をあたりに走らせる。

だれもいない。

不安をこらえ切れず、臆病な和夫はやさしくしてくれる母を求めて、「おかあちゃーん」と叫ぶ。そばへやってきた母から、

「あー、目が覚めたかい、よしよし」

と、あやしてもらっているうちに闇の世界から抜け出てやっと夢から覚めたような気分になり、しだいに現実へ戻っていく。

ところが、どうしたことか、きょうに限ってその母がすぐにやってこない。耳を澄

ませると工場の方からごとんごとんといつもの単調な機械の音は聞こえてくるが、紙袋の山をがさごそと片づけて母がこちらにやってくる気配は少しもない。ふたたび、

「おかあちゃーん」

と叫ぶけれどもすでに半べそ。もう一度叫んでみるがやはり足音は聞こえてこない。静かな午後である。

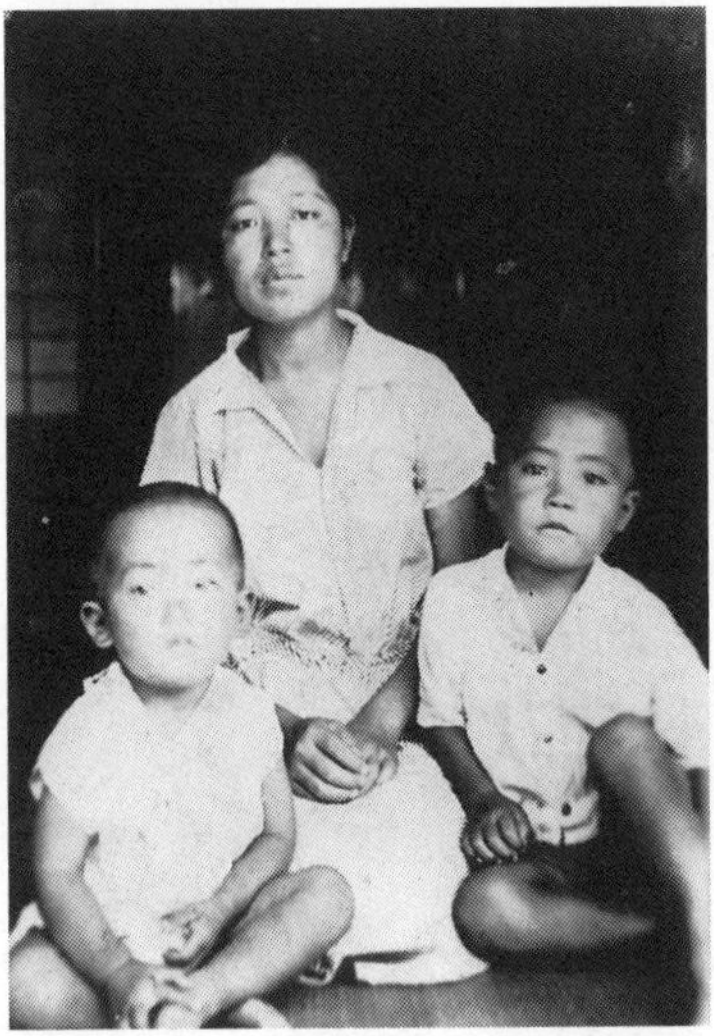
稲盛キミと右は兄・利則、左は和夫(5歳頃)

うわーん。

和夫の〝三時間泣き〟の開始である。

実は、キミの耳に和夫の声はちゃんと届いている。

(早く行ってやらないとまた泣き出して手がつけられなくなる)

という気持はあるのだが、袋の糊づけの途中でもあり、工員たちに指図をして早く仕上げてしまわ

なければならない袋張りにせかされているので、ついつい腰が上がらない。やっとひと区切りついて和夫のところまで行き、「あー、ごめんごめん、遅くなったわねー」と手を差しのべるのだが、和夫は一段と泣き声を張りあげる。最初の泣き声は、

（おかあちゃーん、はやくきてよー）

である。やっとキミが姿を現すと、今度は、

（どうしてこんなにおそくくるんだよー）

という泣きに変わる。遅く来たことへの抗議である。なだめてもすかしても泣きやまない和夫に、今度はキミが腹を立てて仕事場へ戻っていく。すると、

（どうしていってしまうんだよー）

と、泣く理由が変わってくる。泣きやみそうにないからしかたなくまたキミが姿を現すのだが、泣き虫にも泣き虫なりのめんつみたいなものがある。（さっき甘えとけばよかったな）という気持を追い払って、

（さっきからちっともやさしくしてくれない）

という泣き声を張りあげる。またキミは仕事場へ。自分の正当な抗議が完全に無視されたと思った和夫は、今度はそこらへんの戸や襖を足でどんどん蹴り始める。キミ

はあわてて飛んでくる。

「言うことをきかん子やね」

と泣きわめいている和夫の尻をぴしゃりぴしゃりと叩いて、もう金輪際かまうもんですかという後姿を見せて行ってしまう。すると、

（おかあちゃんがやさしくしてくれないからふすまをやぶったんだ、だからわるいのはおれじゃない）

と自分の正義を主張する泣き声に変わる。

うわーん、という火のついたような泣き声が家中に響きわたって工員たちは、（また和夫ちゃんの三時間泣きが始まった）という顔をしながらせっせと袋張りを続け、ちらっとキミの顔を見ると、これはもう何事もないような表情で袋の山を重ねていく。印刷工場では、子どものことは一切構うことなく、日曜も休日もないという畋市《けさいち》が、学校に納めるノートづくりに余念がない。

一方、〝三時間泣き〟もそろそろくたびれてくる。実際には一時間ほどなのだが、あまりのしつこさにキミはそう呼んでいた。くたびれて、しだいにしゃくりあげるような声に変わって、やがてくしゅくしゅとすすりあげるようになる。

あー、ようやく静かになったなァとキミがそーっと室をのぞいてみると、〝三時間泣き〟は何かをいじくって遊んでいるふうで、足音を忍ばせてキミが帰っていく頃には、天井をじーっと凝視し始めている。そして幼な児だけの空想の世界がそこに繰り広げられて行く。

泣き続けてはれぼったくなった両眼にはまだ涙が残っており、ぼおーっと霞んだような視界に浮かびあがってくるのはどこかの海岸の風景である。

小一時間も泣き続け疲れ果てたあとの放心したような状態の中で、一人ぼっちの幼な児の淋しい心はひたすらに天井の木目に集中する。すると、海岸の水平線と真夏の白雲が浮かびあがって渚に波の打ち寄せる音が聞こえ、潮の香りさえ漂ってくる。

やがて潮が引いて干潟《ひがた》が現れ、きれいな砂地の上を小蟹が走り、貝がほんのわずかだが丸い背を見せ始める。手をつないだ親子づれがあちこちに現れ、楽しげに笑いながら、ここにもあった、ほらこっちにもあったと嬉しそうに貝を掘り始める。太陽が裸の背中に暑い。（おれだったらもっとたくさんとれるのに）と思いながら和夫は天井を凝視し続ける。

やがて涙がすっかり乾いて視界がはっきりしてくると潮干狩りの風景は消えて、どこからともなく飛行機の爆音が聞こえ始める。

白地に赤の日の丸をつけた翼が光を反射してきらりと輝き、低空飛行をしてこちらに近づいてくる機体の操縦席には飛行眼鏡をかけた人影があり、たしかに自分に向かって笑いかけた。（もしかしたらおれだったかもしれない）と思う間もなく飛行機は急上昇して大空高く舞いあがり、二度三度手を振るように旋回して空のかなたに消えて行く。

そうした空想の世界は天井だけではなく、泣きくたびれて潜り込んでいた机の裏側にもあり、和夫は自分の目に入ってくるありふれた風景をもとに、大人のだれもがのぞき見ることのできない、いつ果てるともわからない波瀾万丈の世界を描きあげることができた。だから、人びとが住んでいる家いえのつらなりを一挙に塗りつぶして、えたいの知れない生き物が棲む森に変えてしまうこともできるのだった。

兄の利則が学校に行き出し、友だちが幼稚園に行ってどこにも遊び相手がいなくなると、和夫は家の中に一人でじーっとしていた。三時間泣きが収まって、涙の跡を頬につけたまま、照れくさそうな顔をキミたちに見せたあとである。キミが袋張りをしながらそれとなく和夫を見ていると、ときどき外に出てみたいという気持があるのか、門まで出てあっちきょろきょろこっちきょろきょろしている。ところが、だれかが向こうからやって来ると、ぱっと家の中に引っ込んで一人ではついに一歩も外へ出ることがなかった。

冬になれば火鉢にかじりついたままだった。青磁みたいな水色の釉薬《ゆうやく》がかかった大きな丸火鉢にまたがると、着物姿だからきんたまをあぶる形になる。「また尻あぶって」とよく怒られたが、それでも冬中猫みたいに火鉢にかじりついていた。

天井に潮干狩りや飛行機を見ながら、火鉢に尻あぶりをしながら、あるいは工場のモーターの上にまたがりながら、つまり一つの場所にじっと自分を固定したまま、臆病で泣き虫であまり活発に動きまわることをしないかわりに、想像の世界では実に生き生きと呼吸していた。一人で世界を組み立てては壊し、組み立てては壊していた。

だから小学校へあがる前後、おじたちに連れていってもらって映画を見ても感動するということがなかった。まわりの大人たちがさも面白そうに笑っていると、

（なんと大人というのは幼稚なんだろう）と思った。

（これくらいの話ならなんぼでも作れるよ。見てたら次がどうなるかすぐわかるじゃないか。こんなものに高い金払って馬鹿みたいやなあ。大人っていうのは何と単純な

頭をしているんだろう。俺だったらもっと面白いものを作れる）

こうした想像の世界に浸り込んでいるとき以外は、忙しく立ち働いている母の着物の裾をぎゅっとつかんで離さず、母のあとをついてまわった。やがて兄が帰ってくると、「にいちゃーん」と歓声をあげ、兄のあとを追って外へ飛び出していくのだった。

この母を追いまわす和夫の姿は、市立西田小学校の入学式でも見られた。

昭和一三年、入学式を終えてそれぞれ教室に入り、先生の話が終わってキミが帰ろうとしたとたん、和夫は例の泣き声をあげて席を立ちキミのあとを追っかけたのである。教室中の視線が一斉に二人に集まった。キミは家に仕事が残っているから早く帰りたい。かと言って出て行こうとすると和夫が泣く。（どうしてこの子はこうも弱虫なのかなァ）と腹立たしく思うもののどうしようもない。照れくさいのを我慢して、和夫の目が届く場所に一人ぽつんと身を縮こませて立っていた。

甲突川のシモクロ

これ以後一ヵ月近く、和夫は朝になるとだだをこねて学校へ行かんと言い出し三つ上の利則が手を引いて連れて行くことになった。利則から見ると泣き虫の弟はそもそも学校へ行く気がないしどうしてもぐずぐずのろのろになる。早くしろ早くしろと急かすがそれでもぐずるので、しまいにほったらかして先に行ってしまう。そこでまたもや和夫はうぇーんと泣き出しだだをこね始める。

しかたがないので、畔市の一〇歳下の弟の兼一《かねいち》おじが自転車の台に乗せて利則の後を追っかける。そのおじが行けないときはキミが連れて行かなければならない。そんな和夫を知ってか知らずか、小言一つ言うでなく畔市は黙々と工場で働いている。

こうした和夫だったが、一年の終わりの成績は全甲。畔市、キミは「こらァできる、親戚中で一番できるぞ！」と手放しで喜んだ。そしてこれをきっかけに和夫がよく勉強をする子になった、のではなく、まったく反対の方向へ変貌していくのをだれも知らなかった。

何かにつけて親をてこずらせる反抗的なところのあった和夫にくらべ、三つ上の利則は素直で反抗もしなかった。あるとき二人が一銭ずつ持って駄菓子屋へ行き福引を引いたが、利則だけが当たったので和夫はぷーっとふくれる。利則は黙って弟のペケと自分の当たりを取り替えた。

この仲のいい兄弟の、家での振舞い方の違いをよく示す兎の話がある。

祭りになると、お寺や神社に夜店が出、六月堂で花火が売られ、春と秋には木市《きいち》が立った。そういうとき、キミは仕事の気晴らしに、利則と和夫の手を引きながらあの特有の臭いを出すアセチレン灯に照らされた夜店を一軒一軒のぞいて歩いた。木市ではよく兎屋がテントを張っていた。白い毛に真っ赤な目をした兎がうずくまっているのを見ると、和夫は無性にほしくなってきた。行きすぎようとするキミの手を引っ張ってそれをねだるが、もちろんキミはそんな無駄づかいをする気はない。急かして行こうとするのだが、和夫は〝三時間泣き〟の変形というべきか、地面にぺたりとすわり込んで手足をばたばたやってごて始めた。キミは抱きあげて連れて行こうとするのだが、和夫は「買ってよー」と大声をあげてキミの手を振りほどく。兎屋はありがた迷惑そうな表情で和夫とキミを見くらべ、よその親子づれは、「甘ったれの子やな」という表情で通りすぎていく。恥ずかしさ半分いまいましさ半分で、キミは腰を落として和夫に顔を寄せ、

「和夫ちゃん、雨が降ってもどんなに寒くても、兎が食べる草を毎日取ってきて、世話をせんといかんのよ、それを約束するんだったら買ってあげます」

と、こらえ性のない和夫の教育という気持もいくらか手伝って、財布の紐をゆるめ

た。

こうしてみごとに一つがいの兎をせしめて、初めのうちは約束通り、はこべなどを原良《はらら》から摘んできたりしていたがあとはキミが心配した通り見向きもしない。結局、動物好きのキミがぶーぶー小言をいいながら忙しい時間をさいて面倒をみた。

利則は長男であるため、勉強机でも真新しいものを使えるといった長兄としての待遇を受けていたし、また三歳違っていて薄々でも家の経済状態を感じてもいたし、そういうねだりごとは決してしなかった。兎をせびる弟を、「大胆なことをいうやつだなあ」と思ってみていた。

この二人が遊ぶ場所と言えば、原良《はらら》の野っぱらか樹木がうっそうと茂って危険な崖も多い城山《しろやま》か（今のホテルはもちろん無い）家の目と鼻の先にある甲突川《こうつきがわ》だった。なかでも川は実利があった。魚がおり海老がいた。現在はコンクリート護岸だが、戦前は一部が石積み、あとは土堤で竹が生えたり栴檀《せんだん》や楠なども茂っていた。

兄が小学校の上級生でいる間、つまり和夫が小学三年までは、川遊びではバケツ持ち。護岸用の杭と杭の間には竹網が張ってあり、その網の内側に海老や鯰《なまず》が隠れていた。利則はそれを両側から攻めて素手でつかまえる名人だった。バケツ持ちは取った魚を入れて持ち歩くだけで、取らせてくれないとよくぶすっとふくれた。

川には、頭が大きく体が白と黒のまだら模様になっているシモクロという魚がおり、和夫は〝シモクロ〟という仇名ももらっていた。また、近所に真っ白な長いひげの仙人みたいな、博学の老人が住んでいて、頭髪がちぢれ気味で色黒の和夫を、日本と同じ王国であるエチオピアにちなんで〝エチオピア〟と呼んで遊んでくれた。

内弁慶がお山の大将になった

全甲で小学校一年を終えたけれども、以来勉強したことがない。とにかく外で遊びまわることが最大の関心事で二年、三年と進級するにしたがってその度は強まっていった。

子どもたちはみな一様に軍国少年だった。海軍兵学校生徒の純白の制服と腰に吊るした短剣は憧れの的であり、指をきちんとそろえ直立不動でする敬礼やモールス信号、手旗信号をよくまねた。

ボークはグンジンだいすきだ　イーマにオーキクなったなら
クンショウつけてケンさげて　オンマにのってハイドードー

戦争ごっこをやると、お前は斥候《せっこう》お前は工兵というぐあいに和夫が役を割り振り、草で作った勲章をつけてやったりした。あんまりああしろこうしろと言うので、しまいに、「やァめた」と言い出す者が出てくる。するとわが大将はすぐさま飛んで帰って（兵は拙速を尊《たっと》ぶ）自分のおやつのキャラメルなどを持って来てみなに配る。あげくの果て、おとなしい部下にそのおやつを持ってこさせて分配もする。だがクラス一の大将とはいかず、喧嘩の強さでは上位陣につけているいわば小派閥の大将だった。

そして何よりもその小派閥の大将からはずされることに対する恐怖心があった。子分たちにお前はあっち、お前はこっちと命令する役割をつとめないことにはおさまらなかった。そのためには子分を常日頃いたわり、たとえ飴一つでも噛み割って手のひらに出して分けてやるという親分としての心構えが必要だった。家の近所を中心にした五、六人のグループで、学校では成績がみな中から下の方という洟垂《はなた》ればかり。垂れてくる洟を舌の先でなめたり、服の袖口が拭いた洟でてかてかになっていたり。

畩市とキミは家業に精いっぱい、子どもに勉強しろなどと言うこともないから宿題などはまったくやっていかない。よく廊下に立たされたがそれは一時の苦しみ、授業が終わったあと親分として振舞う楽しさにくらべればわずかな恥辱、わずかな苦行にすぎなかった。

　小学校を卒業するまでのこうした体験の中で和夫は、人間と人間の関係についての認識の原型ごときものを体得していった。つまり、日々はすばらしい黄金の日々であったが、それは絶えることない勢力争いの日々でもあった。キャラメルや飴をやっているうちはよかったが、喧嘩で負けたり勝ったりするたびに子分どもの離合集散があり、その薄情さはすさまじかった。他の派閥の大将に馬鹿にされて相手の強さにひるんで喧嘩をしなかったとなると、その次の朝学校では子分がなめたような顔つきを見せて顔をそむける。その苛酷さは子ども心にいやというほどしみた。

　校庭で陣取りをやっていると、反対側に必ず別のグループができる。どうかしたはずみに転んでぶつかった、足を踏んづけたということから喧嘩になる。そこでは親分としての貫禄を見せなければならない。ことが起こるたびの親分の一喜一憂がそのまま友だちの離合集散につながり、自分が怯《ひる》んだ分だけ友だちを失った。子分としての友だちが自分の財産であった。

　畩市の子どもたちを可愛がってくれたおじの兼一《かねいち》は、兄の仕事を手伝って遠くまで袋売りに行ったりしていたが、稲盛家随一の開明派で、よく映画へ連れて行ってくれた。ちょうどピストン堀口というボクサーが人気があった頃で、エノケン（榎本健一）が主演する映画があった。あのやせた小柄な体でリングを逃げ回りながら、アッパーを打つ振りをしてボディを打ち、ついに自分に倍する巨漢をマットに沈めるシーンに和夫は喝采した。家へ帰るやいなやそのまねをして呼吸を覚えた。別にどうという目的があったわけではないが、小冠者が巨漢を倒すのがいたく和夫の気にいったのだった。そして思いがけずその翌日、自分よりランクが上の餓鬼大将とちょっとしたはずみで喧嘩をする羽目に陥った。

和夫親分は映画のエノケンさながらあるいはピストン堀口のごとく、ボディへ一発ぶちかまして相手を倒し、「稲盛は強い」となった。

あるいは寒風突き刺す冬の校庭で入り乱れてのサッカー。喧嘩の強い奴がボールをキープするとだれも攻めていけないが、ボールを追うのに我を忘れていた和夫は体ごとぶつかっていってしまった。

「なんだお前っ」と相手が気色《けしき》ばむ。「ごめん」と一言いうか、頭かきかきへへへと笑って済ませばいいものを、また事実みんなはそうやってことを穏便に済ませるのだが、この親分はなかなかそれができない。その場をごまかしてそこから逃げ出すことをいさぎよしとしないたちだった。そこで売り言葉に買い言葉、なにをっ、やるかっ、とボールそっちのけで喧嘩が始まりまたもやボディへの一発で相手を倒して、その派の連中の一部が稲盛組に移籍した。だが、素直に謝ればいいものを、どうして俺はこうもすぐ人と衝突するんだろうと、中学生頃まで悩むことになる。

　こんなこともあった。

　稲盛組に入りたいが、ついては五〇銭を持っているので手土産にしたいという子がいた。一銭で飴玉をいくつか買えた時代である。組の連中は目をらんらんと輝かせ、もうお菓子の山に入りこめるような期待に心を酔わせた。「はやくもって来い」「うん、もって来る」というやりとりが幾たびか繰り返され何度も確かめられ、「ほんとにほんとやな、持ってこなかったら制裁だ」というおどしの果てについに五〇銭がもたらされた。

　昭和一六年（一九四一）防空演習が始まった頃（同年一〇月二日から全国一斉防空演習開始）でその訓練のため校舎の二階から避難用の孟宗竹が下ろされていた。稲盛組は授業をさぼってまで遊び回るということはしなかったが、このときは五時間目をさぼってその孟宗竹を下りた。子分を引き連れて駄菓子を買い、福引を引き飴を食いのしいかにむしゃぶりついて、わが事成れりと餓鬼どもは意気揚々と家路についた。

ところが翌朝、新参者の母親が学校に来て先生に言うことには、子どもがきのう口のまわりをべたべたさせて帰って来たのでおかしいと思って聞いてみると、「イナモリという子に言われて五〇銭を財布からかっぱらった」と白状に及んだという。親分は先生からこっぴどく怒られてしまった。

また、台湾から引き揚げて来たちょうど一銭銅貨大のハゲがある子がいて、台湾ハゲと仇名され、しかも川向こうからの通学で標準語を使うため何かとみなからいじめられ馬鹿にされていた。和夫は持前の正義感からかばってやったりやさしい言葉をかけたりしていた。

そこまでは良かったが、その子の家が城山に登る坂道の途中にあって蜜柑の木があるという。おじいさんがそれを取っていいと言っている。それでは取りに行こうと言うがそのたびに理由をつけて行かせない。とうとうある日、稲盛組の一統がその木を丸坊主にしたが翌日、親分は見事にまた先生に叱られてしまった。下駄で通学し、下駄箱に入れたあとは校庭でもはだしという時代だった。

そして、この正義感と餓鬼大将ぶりとが同時に発揮されるクライマックスがやって来る。

六年生になり担任が青白い陰気な先生に変わった。家庭訪問があり校区ごとに子どもを一〇人ほど連れて歩く。和夫の家は一番最後だった。あと三、四軒を残すだけとなり、和夫とはいろんな意味で違う子の番となった。色白で頭が良く関西風に言えば〝ええとこのぼん〟である。できの良くない洟垂れ小僧どもを率いる猿山の中ボスから見れば、おとなしいハンサムボーイで秀才肌、だれともなじまない単独飛行者だった。

頃は夏、くそ坊主どもはきれいに刈り込まれた生垣《いけがき》のかげにへたりこんで先生が出て来るのを待っていた。島津屋敷と呼ばれるこのあたりは道路が碁盤目ように整備され、生垣の竹で竹鉄砲や水鉄砲ができた。

和夫は先生の出てくるのがあまり遅いのでしびれを切らし、玄関の戸をそーっと開けて中をのぞいて見た。なんということだ。お茶、それに腹の虫がぐうっと鳴ってかぶりつきたくなるような饅頭まで出ている。それだけならまだ許せる。先生だって饅頭は食う。ところが品のいい母親が風呂敷に包んだものを鄭重《ていちょう》に差し出して先生はありがたそうにそれを受け取っている。

「腹立つなァー」

それまでは八百屋とか散髪屋といった家ばかりで、そこのお袋が「これはこれは先生」とか言いながら前垂れで手を拭き拭き小走りに出てくるけれども、簡単な立ち話でさっと切り上げている。

（どこでも同じように振舞うべきなのに差ァつけるなァ）とふと思った。やっと順番が回って来た自分の家でも玄関の上り口に腰かけてちょっと話をしていくだけだった。

（教育者ともあろう者が）と、いささかひっかかるものがあった。

そのひっかかりを持った目で次の日から授業を見るようになる。

「これわからん者ッ」と先生が言って、例のハンサム単独飛行者が手を挙げたときは丁寧に教えるけれども、洟垂れどもが手を挙げると、

「こんなことがわからんのか馬鹿もん！」とどなられる。そこで、わからんときにはみんな手を挙げようと稲盛組の連中に言って試してみると、その差歴然たるものがある。

かくして親分の正義の刃《やいば》は依怙《えこ》贔屓《ひいき》されているその子に向けられた。放課後つかま

えて制裁をする。泣き出して逃げ帰るが毎日それをやる。

「おいっ、お前の母さんが先生にぺこぺこ頭を下げてなんかを渡したのを俺はちゃんと見て知ってるんだ。そんなことは男として卑怯なことだとは思わんか」

和夫を中心にその子を取り囲んでいる洟垂れどもは、暑さにへきえきしながらも、わが親分の言い分に、そうだそうだとうなずいた。

和夫は激してくると口がしだいにとんがって両脇に唾が溜まり、早口になるとそれが相手の顔にかかりそうになる。ハンサムボーイは顔をしかめてそれをよけるようにしながら、

「そんなこと知らん。先生がぼくを特別扱いしてるとは思ってない。ぼくもう帰る」

「待てよ。お前のうちは俺たちと違って金持だしなあ。母さんもきれいな着物きてるしなあ」

和夫はちらと自分や仲間の母親のことを思い浮かべると、玄関から垣間《かいま》みたその母親とはかなり違う。だれもみな小商人の小倅であり、家では母親があまりかまってくれないというひがみもある。

（おれはよく立たされるけど、こいつはいつもまっさきに手をあげる）

勉強ではどう逆立ちしてもかなわないというひがみもある。

「お前がいくら知らんと言ってもな、お前の母親は先生におべんちゃらして、先生はお前だけひいきにしてるんだ。俺たちは天にかわってこらしてるんだ。もし告げ口したらただではおかんぞ。制裁や」

セイサイという言葉に、ちらとおびえが相手の顔に走るのを和夫は見のがさなかった。相手が身につけているものや持物が自分のものよりだいぶ上等らしいということものがさず観察していた。そんなことが続いていたある日、稲盛組の面々がこれからの遊びのことでミーティングをしている隙に、その子はいつの間にか姿をくらました。

「しまった！」

と舌打ちはしたものの、（抜かった俺が悪かった）と非常態勢をしくためすぐさま円陣を組んで親分が指図をする。その子が帰るルートは近道にしても遠回りにしてもおおよそ見当がつく。逃亡地図を素早く頭の中で組み立てて、お前はこの橋、お前はあそこの駄菓子屋あたり、お前はあそこの路地といったぐあいに配置場所を決め、「おーっ」という掛け声とともに一斉に散らばった。やがて、

（だいたいあの辺でつかまっているはずだ）と勘を働かせて出向いていくと、見事にそこでつかまっている。自分の勘の冴えに親分は満足だった。

そしてまたある日、当時流行のメリケンをはめた子分の一人が学校でその子をいじめているうちに、ほっぺたに傷をつけてしまった。先生にはうまく言いつくろっていたその子だったが、帰宅してからそんなところに傷がつくはずはないと母親に問いつめられ、とうとう、それまで稲盛組から受けていた仕打ちを白状してしまった。

そんなこととは露知らず、きょうはどんな遊びをしようかと、想像に胸をふくらませながら登校した大将だったが、教室に入るとどうもいつもと違う雰囲気で、すぐそばへやって来るはずの洟垂れたちもきょうに限って自分の席に肩をすぼめてすわったままだった。

（おかしいなァ）

授業が始まらないままにやがて仲間が一人ずつ職員室へ呼ばれ、最後に和夫がよばれた。どうもあの子のことらしいと覚悟していたものの、やはり恐い。先生が怒りをあからさまにした口調でどなるように言う。

「稲盛っ、お前の仲間から話は聞いた。お前が先頭に立って毎日いじめていたようだな。どういうつもりだ。幸い顔の傷は大したことがなかったからよかった。しかし、先方のお母さんはどうしてあの子がいじめられたのかまったく理解に苦しむと、もうかんかんに怒ってる。どうも済みませんでしたとお詫びをするだけでことは済まんぞ」

「……」

「あの子はおとなしいし勉強もよくできる。お前ら洟垂れとは大違いだ。何かいじめるわけでもあるのか」

神経質そうな先生の手を見つめながら、和夫は、

「あの子だけが特別扱いされているからです」

「なに、それはどういうことだ」

「先生は、家庭訪問でもとくに長い時間、あの家にいました。ぼくたちの家にはちょっとしかいませんでした」

「馬鹿野郎！　この馬鹿もん！　生徒によっては長く話をせんならん場合もある。おとなしすぎるのが気がかりだとお母さんが言うから、ちょっと話をしていただけだ。そんなに長い間いなかった」

そう言われればそうだったかもしれない。暑かったし早く川に入りたかったから、長い時間に思えたのかもしれない。（でも、まんじゅうは食ってた）

「教室でも、先生はぼくたちが、わかりませんと言うと怒りますが、あの子には怒ることがありませんでした」

「稲盛っ、議を言うな。自分はろくに宿題もしてこないから、できる子がうらやましくてひがんでるんだ」

「いえ、先生のえこひいきです」

と思い切って口にした言葉が終わるか終わらぬかに、拳の一撃が和夫の頬げたを見舞い、ずしーんと痛みが脳天に走った。よろよろっとするところを襟首をつかんで引き寄せられ、平手打ちが三度、四度、倒れたところを強く足で蹴られた。それは先生に対する反抗的な態度のせいであり、戦時下のことであったからでもあろうが、薩摩では、目上や年長者に対して口ごたえすることは、〝議を言うな〟と厳しく戒められていたから、和夫の受けた体罰は当然すぎることだった。和夫の〝正義〟は無惨に叩きのめされ足蹴にされた。

（俺は悪くない、先生が悪いんだ）と胸の中で繰り返している和夫に、先生は、

「内申書ではどこの中学校も入れてくれんぞ」というとどめの矢を放った。今までいじめて来た分が、そっくりそのまままとめてお返しされた感じだった。

その頃は、電話が一般家庭にあるのは珍しい時代だった。校務員が和夫の家まで行ってキミを呼び出し、キミが和夫を連れ帰った。家では兄弟喧嘩一つすることもなかったから、キミにはまさしく青天のへきれきだった。

和夫はもう、じいさんのキャンデーどころではない。遊びに行く気にもなれず、神妙にして母の気配をうかがっていると、父に小さい声でささやいている。（もうだめだ）。日頃怒ったことのない父だが、きょうだけはきっと、しかも手ひどく怒るだろうと思った。いつもなら、食卓にすわると、きょうあったことを面白おかしく話してみんなを笑わせる和夫だったが、さすがにきょうは下を向いて、まだ痛みの残る口へおかずを運ぶ。

「和夫」

（そらきた）

「きょう学校でどうしたんだ」と、いつもの穏かな口調で父が言う。和夫はきょうばかりは重い口を開いて、先生の差別待遇に対する憤満をぶちまけた。

「教育者とあろう者が、生徒を少しでもえこひいきするのはけしからんと思う。先生が悪い」

日頃、軽口を叩くひょうきん者の和夫が、どうにも腹に据えかねるという強い怒りをこめて話すのを聞いている畩市は、わが子の意外な一面を見てはっとする思いだった。

（そのできる子の家はたぶん士族の出だろう。先生も平民の子と士族の子は区別するだろう。小さな印刷工場と紙袋屋の小倅ではな……）

その頃の鹿児島では、出席簿の生徒氏名のあとに平民か士族かを記入していたし〝士族ならでは夜の明けぬ国〟といわれていた。

「お前はええことをしたと思ってるんだな」

「うん、悪いことをしたつもりはない」

「お前はそうするのが正しいと思ってしましたんやな」

「うん」

「そうか」

それっきり畩市は口を閉ざして一言も怒らず、いつものように黙々と箸を動かしていた。キミは学校で先生に厳しく言われたことが頭に残っている。小さい頃の泣き虫が外で遊びまわるようになったと思ったら、よそさまの子どもをいじめたと言う。何をしでかすかわからない子だ、ときりきりする思いであまり食事も進まなかった。

一方、怒られるだろうと覚悟を決めていたのが怒られずほっとした和夫は、自分の正義を父が認めてくれたらしいのが嬉しかった。お前はそれでいいかもしれんが親のめんつを考えてみろ、ということも言わなかった。中学へ行けなかったらどうするんだ、とも言わなかった。日頃、母の勝気に気圧《けお》されている感じのおとなしい父が、この場面で自分のやったことを無言のうちに支持してくれたのだと和夫は強く感じた。

(男というのは正しいと思ったことはやり通さないかんのだ)

目の前にいる無言の父がそんなふうに語りかけている、それが強烈な思いとして和夫に残った。

この年、つまり小学校六年最終の成績は全乙。打ちひしがれるような幕引きであった。

病いと心の章

「勇敢は男子第一の美徳、懦弱は男子第一の悪徳」

ここで、薩摩における、男子教育のあり方についてふれておく必要がある。

日本人は「酔うては枕す美人の膝」といったふうのいわゆる豪放磊落《らいらく》を良しとする気風が強い。薩摩隼人《はやと》という言葉が敏捷・勇猛の代名詞のように使われていることからもわかるように、鹿児島県人の性質としてよくこの豪放磊落が挙げられる。

そして、昭和二〇年（一九四五）の敗戦は、鹿児島にとって八〇年遅れの明治維新であり、それまでは士族ならでは夜の明けぬ国であったと言われる（原口虎夫『鹿児島県の歴史』）。

七〇〇年の長きにわたって薩摩の支配者であった島津氏は、下臣の子弟をほかならぬ薩摩武士に育てあげるための郷中《ごじゅう》教育という制度を持っていた。薩摩藩出身で明治維新の功労者たちはみなこの郷中教育を経てきており、鹿児島生まれの作家海音寺潮五郎はその大著『西郷隆盛』の第一巻の初めの方でかなりの枚数をついやして西郷や大久保たちを育てあげた郷中教育を紹介している。

鹿児島において戦前の教育を少しでも受けたことのある人間は、反発とか同化以前に、いわば空気のように存在する郷中教育の流れを汲む男子教育の気風の中で育っている。和夫もその例外ではなかった。たとえば小学校時代にこんなことがあった。

利則と和夫が家の庭を駈け回っていると、いつの間にか縁側に割烹着姿で立っていたキミが、「男のくせにそんなところを走ってはいけません」ときつい声で怒るのだった。きょとんとした二人が母の顔を見ると真顔である。おっかぶせるように、「男は洗濯物の下をくぐってはいけません」といっそう強い調子である。以後、そうやってたびたび叱られるのだが、薩摩では男は女の干物の下をくぐってはならないという鉄則があり、女竿と言って男のものを干す竿とは区別され、それも女竿は庭の隅の目立たぬところにかけられた。だから女盥《たらい》があり女針がある。目のまわるほど忙しかったキミだが、洗濯盥や物干は男ものと女ものとを必ず分けていた。また洗面用のびん盥があって、家によっては家長が一番大きくて新しいものを使い女中は一番小さくて古いものを使うしきたりで、そういう家は板壁に下げて大きい順番から並べてあった。

また、祝いごとがあるたびに男には脚つきの高膳が出され、主婦をはじめとする女たちは必ず別室で食事をとった。「女は女中みたいなもので学校にやらんでもいい」という男尊女卑の思想が歴然とあった。男子はいったん緩急あれば主君のためあるいは国のため命を捧げる存在として、女とは別格に扱われるべきものだった。

それに、鹿児島市には戦前、三大行事と呼ばれるものがあった。

毎年旧暦の五月二八日が近づくと、鹿児島市内の町の家々を訪ね歩く子どもたちの姿が見受けられる。使い古した傘を一本、二本ともらって歩くのである。当時はみな番傘で、こうもり傘はごく一部の金持しか持っていない。天気のときは子どものチャンバラの道具にもなるし竹と紙だから破けるのも早い。キミはよく按摩膏薬をペタリと張りつけて修繕した。どの家にもそうした使い古しが一本か二本必ずある。「傘焼きの傘をもらいに来ました」と言えばどこの家も気持よく出してくれる。それを表に待たせてある大八車に乗せる。集まる傘の多い少ないが勝敗に大きく影響するから、少ないときはリーダーである七高の生徒にはっぱをかけられる。ときに繁華街まで足をのばすことがあり、そこらになるとまだ使えそうな上等の蛇の目があったり、利則は子ども心に、「俺のと替えようかな」と思うこともあった。

当日になると甲突川《こうつき》のどまん中に砂を詰めたかますで土俵みたいな台場を築く。両岸や木々には見物客が鈴なりになり、集められた傘は広げられて台場のまん中で燃やされる。子どもたちは越中褌一つでそのまわりを囲み、歌を歌いながらまわり歩く。

一、雲居に聳《そび》ゆる富士ヶ根の　み雪は消《と》けても消けやらで
　十有八年積り来し　恨を晴らしし物語
二、抑々《そもそも》曽我の兄弟《はらから》が　幼き時の名を問へば
　兄をば一萬、弟をば　箱王とこそは呼びにける

川にはあちこちにこうした台場が築かれ、火の勢いと耐久時間を競い合う。歌も気勢をあげるためだから声が小さいと言っては怒られ元気がないと言っては殴られたり川の中に頭を突っこまれたり、薩摩では長幼の序を厳格に重んずるから先輩には絶対服従しなければならない。鞭で気合いを入れときどき傘に川の水をかけるが、多くても少なくてもいけない。すると油を含んだ番傘はいっそう強く燃え盛る。小学校の

二、三年から中学生（旧制）までが参加できた。

これが建久四年（一一九三）五月二八日、富士の裾野の源頼朝陣屋において、曽我十郎祐成《すけなり》と五郎時致《ときむね》兄弟が、父の仇工藤左衛門祐経を首尾よく討ち果たした日を記念しその孝心をほめたたえる「曽我どんの傘焼き」である。討入の夜、二人が雨傘に火をともして松明がわりとしたという故事にならっている。

また、慶長五年（一六〇〇）天下分け目の関ヶ原の戦いに藩主島津義弘が島津軍を率いて石田三成に加担、西軍総崩れの中で正面突破を敢行して側近数十騎とともに辛うじて落ちのびた。この敗戦を記念して戦いのあった前日の九月一四日（旧暦）夜、鹿児島市西方二〇キロの伊集院《いじゅういん》町にある義弘の菩提寺妙円寺に、城下の青少年が甲冑《かっちゅう》姿で夜を徹して集団参拝する「妙円寺詣り」がある。

小学校五年以上中学（旧制）五年までの生徒が参加、全市挙げての行事で利則も和夫も参加した。市内を夕方の四時頃出て参勤交代に使われた旧街道を一晩中かかって歩き、明け方に妙円寺（現在の徳重《とくしげ》神社）に着く。刀を差し鎧兜着用の集団もある。小学生にとってはねむいし疲れるし大変な行事であった。

戦後、しだいにこの行事が復活するようになり、この妙円寺詣りの当日は、徳重神社境内を中心に、伊集院町の各施設で、弓道、剣道、相撲などの競技が行われる。

筆者が和夫の出身校西田小学校を訪れたのがちょうどこの行事のあった翌日で、校長室の片隅に、竹と白布で作られた幟《のぼり》があり「チェスト行け西田健児」と肉太で墨痕鮮やかに書かれていた。この行事がいつから始まったのか定かではないが、大久保や西郷が青年時代に参加していることが大久保の日記に明らかである。

もう一つ、旧暦一二月一四日。

小学校四年生以下は昼講堂に集まり、紙芝居などで赤穂義士の忠義について教えられ、五年生以上は夕方講堂に集まり義士討入りの頃あい、板張りの講堂に正座してむずかしい講釈の本を先生が読むのを聞く。寒の最中だから足は冷たいし痛いし本の内容はさっぱりわからない。「義臣傳輪読」と言われるもので正規の授業に組み入れられていた。赤穂義士一七回忌に片島深淵子なるものが書いた全一五巻の『赤城義臣傳』がもとになっており、徳川時代は禁制の書であったという。

この行事が終わって夜一〇時頃、利則が帰宅するとキミが待っている。チンチンと沸いているお湯でぬるま湯を作ってくれるからそれにまず足を漬けて暖まり、それから粟餅と黒糖で作ったぜんざいを火鉢のそばで食べてやっと息をつく。また和夫の記憶では、寒さで半べそをかいて帰ってくると大きい火鉢の上でぜんざいがぐずぐず煮えておりキミが「寒かったやろ寒かったやろ」と言って迎えてくれた。

この三大行事とは別に肝試しがある。和夫は先輩たちから怪談を聞かされたあと肝試しに行った記憶があるが、戦中の昭和一八年、東京の第一書房から出版された松本彦三郎著『郷中教育の研究』は肝試しとして「幣《しで》立て」と「冷物《ひえもん》取り」を挙げている。

幣《しで》とは御幣《ごへい》のことだが、妖怪変化の絵をかいた紙が竹の先にはさんであって、夜更けに山奥や谿谷、刑場や墓地、お寺など指定の場所に竹を立てるか幣を取ってくるもので、出かける前に怪談を聞かされる。

「冷物取り」は心胆冷えびえとする趣がある。新刀の切れ味を試すため藩の若者たちが処刑直後の罪人の死体に一斉に走り寄って組み付き、組み付いたまま最後まで離れなかった一番下の者から順番に死体（冷物《ひえもん》）を斬っていくもので、このため死体は寸断される。桐野利秋（中村半次郎）、黒田清隆、山本権兵衛がその出色の勇士であったという。

この冷物取りと関連があるが、明治維新前後の激動期に「薩摩の一の太刀をはずせ」と幕府方の武士を恐れさせた剣法に示現流《じげん》があるるがあ――（自現、示顕などの表記法があるが松本の著書に従った）。人呼んで人斬り半次郎がこの名手であったことは広く知られている。鹿児島では戦前までこの稽古が小学生にも課されていた。

学校の裏山から太い樫の木を切って来てそれを校庭の隅に一列に立て、手頃な樫の枝を木刀とする。冬、霜柱の立った校庭にはだしで立ち何メートルか離れた地点から木刀を振り上げて立木に駈けよりざま、腰をすっと落として腕も折れよとぱしっぱしっぱしっと右左右左と叩く。同じ部分を何度も叩くのでしだいにえぐれて行く。利則、和夫も自宅の庭の立木を毎朝そうやって打ち、日を重ねるとえぐれが深まりどちらが先に立木を倒すか競った。松本の著書には、直径一〇〜一五センチ、長さ三メートルの丸木を地中に一メートルほど埋め、八〜九メートルの距離から走りかかって左右に打ち太刀の使い方、型の修練、身心の鍛錬を積むとある。

最後に遊びがある。やはり武張ったものが多い。馬追い遊び、猪《しし》狩り遊び、大将取り、降参言わせ、旗取りなどを松本は軍事的な遊びとして挙げているが、鹿児島の子どもたちの戦争ごっこが軍国主義日本下の遊びである以上に、島津藩に連綿と伝えられた武士の子弟の鍛錬という色彩の強い遊びの流れを汲むものであったと言えよう。

「勇敢は男子第一の美徳、懦弱は男子第一の悪徳と武士美学を徹底的に叩きこむ」のが島津武士の子弟の遊びの目的であった（海音寺潮五郎『西郷隆盛』）。また松本は、郷中の運動はすべて集団で行われたことをその特色として挙げている。

母キミの勝気、負けず嫌いを以上のような鹿児島の男子教育の気風を背景に考えると、その負けず嫌いがある意味をもって浮かびあがってくる。

和夫が三、四歳の頃、利則と二人で近くの郵便局をやっている家へ遊びに行ったとき、あまりはしゃぎ回ったため、その家の七高生が「勉強ができん！」とどなって和夫の顔を強くひっぱたいたことがあった。キミは血を流して帰ってきた和夫を一目見るなり、やにわにその手を引っ張ってその家まで行き、「どの人が言うた、出て来い、こんな小さな子を叩いてどうするのか」と談じこんだ。畩市は例によって「行くな行くな、ほっておけ」という調子で工場へ姿を消す。

郵便局をやっているからには当時は由緒ある家柄だったろうし士族出に違いない。キミのすでに四〇年以前の思い出話の中に浮かんでくるのは、単に幼い子がぶたれたという以上に、そのとき子どもに向かって投げつけられたと思われる士族としての威丈高な言葉へ抗議するキミの姿である。

また兄の利則から見ても、臆病なところのある和夫だったが、小学校へ行き出してからよく喧嘩をするようになった。そして泣いて帰ってくると逆にキミに怒られた。どうかするとそこらへんにある庭箒を握らせて「行って殴ってこい」と言い、そこでためらうとぽかりとやってしまうようなキミだった。あるとき利則が泣かされて帰って来たのを見ると、和夫はやにわに箒を持って走って出て行き、兄を泣かした相手に果敢に組み付いてやはり泣かされて帰ってくるということもあった。

島津住宅の中で、士族でないがゆえに馬鹿にされまいとキミは気張った。貧乏がその気張りに拍車をかけた。近くに、西南の役に従軍して城山で奮戦、二九歳で歿した逸見《へんみ》十郎太の子孫が住んでいて、昔はみな土下座したなどという話を聞くと何か恐ろしいような感じのするキミだった。幼い和夫が一人では門外へ出ず、門の外を見まわして人が来るとさっと家に走りこむ姿を見ると、士族の子でないためにこうなのだろうかと口惜しかった。

和夫はまた和夫で、近所のどの家にも刀があるのに自分の家にはないのが不思議でたまらなかった。友だちに俺は士族だと言いつのるものの、挙げるべき先祖の名もなく系図などというものもさらにないから返答に詰まる。足軽の子だろうと馬鹿にされてしまう。その口惜しさと母の口惜しさが重ねられて、和夫の負けん気を作りあげていったのかもしれない。家は古かったので鴨居を探すと錆びた刀が見つかり、それを一生懸命研《と》ぎあげてわが物とできたのがせめてもの慰めだった。

稲盛調進堂、これが工場の名前で、左右から一本ずつ垂れた稲穂の間に大黒様がすわっている絵柄が商標だった。畩市、キミのうまずたゆまずの努力の甲斐あって工場には一〇人以上も工員がいる全盛時代が来た。

畩市は職人気質で寡黙、おとなしいながらワンマンみたいなところがあり、朝はあまり早く起きて来ない。キミは早起きしてご飯を炊《た》くかたわら工員がやって来たらすぐ仕事に取りかかれるよう糊を炊く。子どもたちに食事をさせ夫を起こしにかかる。畩市は紙を裁断して機械の調節をするだけであとの準備は全部キミがするからてんこ舞いである。子守りに遠い親戚から女の子が来ていた。利則が学校から帰って来ると両親が工場に入っている。よく茶碗洗いをし家の雑巾がけもした。和夫は薪割りが日課。校区内で毎朝新聞配達をしていた。

中学の受験失敗と結核体験

竹槍訓練などが始まった一九四四（昭和一九）年に学童の集団疎開が行われ、軍歌「予科練の歌」「同期の桜」「ラバウル小唄」がはやり、戦争映画「加藤隼戦闘隊」「あの旗を撃て」「轟沈」などが盛んに製作された。

この年、稲盛和夫は鹿児島第一中等学校を受験した。一番いい中学校だったからそこを受けた。合格発表日、合格者の受験番号が書きこまれた白い巻紙が張り出され、和夫は懸命に自分の番号を探したが、自分の前と後の番号はあっても自分のところが飛んでいた。不覚にもはらはらと涙がこぼれた。

肩を叩き合って喜んでいる連中を後にして、とぼとぼ歩いていると、餓鬼大将時代の楽しさがすっかり消えてしまって、何の意味もなかったことのように思われる。

仮分数、シモクロ、エチオピアなどと呼ばれ、陽気に振舞っていた自分が何やら道化じみてくる。城山に一人登って市内を見下すと、自分のしょげ切った心とは関係なく、いつもと同じ風景がそこにあった。口惜し涙がまたはらりとこぼれた。勉強してこなかった自分を心底悔んだ。だがそれも後の祭り。

（内申書で駄目だったんだろうか）

試験のできぐあいから見て、そう信ずべき理由は極めて薄弱だった。

それともう一つの衝撃が受験前にあった。受験の願書に族籍を書き入れる欄があり、�市はそこに何のためらいもなく〝平民〟と書き込んだ。

（そうだったのか）

かーっと頭に血がのぼった。くらくらする思いだった。母が七高生の家へどなり込んでいったときの見幕もそれで納得できるような気がした。

（平民の子だから一中を失敗したんだ、と人に言われても返す言葉がないではないか）

奈落の底に落ち込んだような気持を抱いて、悄然と家へ帰った。父も母もいつもと同じように立ち働いていて、和夫の傷心の置き場はなかった。

和夫が、人生の節目で何度か経験する挫折の、第一回目であった。

しかたなく高等小学校に入った。そしてこの年の一二月、兼一《かねいち》おじが満洲からある運命を和夫にもたらす。

このおじは、和夫が小学校に入った年の昭和一三年（一九三八）二二歳のときに徴兵で満洲に行き、三年七ヵ月在満、現役で除隊後帰国、兄畊市《けさいち》を手伝って県内のあちこちに袋売りに出ていた。半年後、満洲の警官となって赴任したがアメーバ赤痢にかかって手術を受け療養のため昭和一九年一二月、鹿児島に帰って翌二〇年三月までいた。帰満する前日、市内の目抜通りである天文館通りの中華料理屋へ利則、和夫兄弟を連れていってくれた。

油濃いものを食べるとすぐに下痢をする和夫は、やはり下痢をして寝込んでしまった。おじと一緒の床に入って寝たのだが、おじが満洲へ帰ってから発熱、キミは和夫に着せていたつぎはぎだらけのセーターを脱がせて仰天した。編目の一つ一つに虱が頭を突っ込んでいた。おじの満洲土産であった。体のあちこちに赤い発疹がぷつぷつ出、微熱が続き、医者は肺浸潤と診断した。

自転車で医者へ行くとき微熱でよたよたしている和夫は、自分の結核を信じて疑わなかった。ふらふらと自転車を走らせていると路上に二つ並んでいる石ころが目にとまった。「あの間をうまく抜けられれば結核ではない」と自分に言い聞かせていたが、やはりうまく抜けられなかった。

和夫がそう固く信じ込むにはそれなりに理由があった。七郎じいさんの次男、つまり畈市のすぐ下の弟が結婚して畈市の家で一緒に生活しているうちに結核にかかり、寝たり起きたりしながら療養していたが昭和一六年に死亡、その妻もやはり結核で死亡した（と和夫は記憶しているがキミは産後の肥立ちが悪かったからと言っている）。そのうち、兼一の下、つまり畈市の末弟が一九歳で喀血、離れで療養していたが三人目の病人でもあるし、その離れのそばを通ってはいけないということになった。

神経質でそういうことを気にするたちだった和夫は、本か何かで結核は空気伝染するものだという知識をいつのまにか仕入れていた。しかしその離れの前を通って裏門を抜けるとすぐ甲突川に出られるので、和夫は鼻を

おじ・兼一の出征時（自宅で）前列右端が和夫

つまんでそこを走り抜けようとするが途中で息が苦しくなるので思わずすーっと深呼吸するから何をしているのかわからない。畩市も利則もそういうことには無頓着で、キミと和夫がとかく気にした。キミは小さい子の世話をしなければいけないこともあって病人に近づかず、畩市が一切面倒を見た。

戦後何年かたって、結核に効果のある薬が作られるまでは結核は不治の病いとして恐れられ、まして発病者が続けばそういう血を持った家系と見られた。俺もいつかはかかるかもしれないと思っていた和夫は、その通り結核になってしまった。

表通りの一番日当たりのいい八畳の間で縁側の障子を開けての空気療法。もちろん薬などないがそこはいわしの頭も信心から。キミはほかならぬいわしの頭を焼いてごまをすって混ぜるなど、特別の料理を作ってくれた。幼いときは泣くことで、今は病気になることで母をそばに引き止めておくことができた。

ところで和夫の家の前に、林田《はやしだ》バスの運転手をしている長野という人が住んでいた。そこのきれいな奥さんが生長の家の熱心な信者で、谷口雅春の『生命の実相』全巻を和夫の枕もとまで持ってきてくれた。他人に何かをしてもらうということを、人並み以上に嬉しく感ずる和夫であったし、まわりの人間から、「この本を読んでみな

さい」などとすすめられるのは、このときが初めての体験であった。まして、きれいでやさしい奥さんが、

「和夫ちゃん、これを読んでごらんなさい。きっとためになることが書いてあるから、わかってもわからなくても最後まで読んでちょうだい。きっといいことがある」

と言ってくれるのだから、その思いやりが発病で心細くなっている和夫の心に深くしみいった。枕もとに積んでくれた本は、まさに枕頭《ちんとう》の書となった。

平民の子であるという自覚と一中の受験失敗、餓鬼大将時代への別れ、そしておとおばがそのために死んでいる結核に自分もかかったという不安、そんな渇《かつ》え切った魂に、初めて手にした宗教書の一字一句が、純白の布に描かれる絵のように、鮮烈な印象となって流れ込んだ。

「苦痛を不幸だと思うのは肉体心《こころ》のあやまりである。苦痛がたましいの生長にどんなに必要であるかということを知る者は苦痛でも喜べる」

「欧州大戦当時などにはずいぶん奇妙な病気が起こった。兵隊たちが、無意識的にもせよまた有意識的にもせよ戦争をはなはだしく嫌っている時に、イザ戦地に赴いて砲

煙弾雨に直面して、眼が急に見えなくなるとか、耳が急に聞こえなくなるとか、手足が急に利《き》かなくなるとか、一種の神経病的症状を呈するにいたるものがたくさんできた。これは奥底に潜んでいて自覚にはあらわれていない心が仕業《しわざ》したのであって、そういう病気に本人をかからせておけば、出たくない戦場裡に出なくともすむという〝隠れたる心〟のはからいでこうなった。ところが戦争が終結して、もはや病気になっている必要がなくなってくると、この種の病気がケロリと治ってしまった」

「人間の病的思想――こうしたら不衛生ではあるまいか、こうしたら病気になりはしないだろうかというような、本来〝病気〟が存在するということをあらかじめ信じておいて、それを避ける方法ばかりを考えている人間の思想の波動の中に住むから病気になる」

「たれでも〝災難にあった〟というような時には、外から〝災難〟というとんでもない乱暴な奴がやって来て、自分にはなんの罪もないのに、ぶっつかったと思うが、われわれが災難にあって自分が傷つくのは、その災難と自分の心の状態とが類似性をもっていて、互いに〝類をもって集まる〟ようになるからである。自分の心が招《よ》ばない物は何一つ、この世で自分に近づいて来ることはできない」

「自分の心のうちに刃《やいば》がなければ、われわれは刃にかかって死ぬことがない。人を審《さ》判《ば》く心のある人は審《さ》判《ば》かれる。ピストルの弾丸にあたるような人の心には、必ずどこかにピストルの弾丸と同じような、一徹な鋭い性質があってその心の引力はピストルを引き寄せているに相違ない。心の内にそれを引き寄せる磁石があって、周囲から剣でもピストルでも災難でも病気でも失業でも引き寄せる。ここの道理がわかると、どんな災難にあっても病気にかかっても外に対して恨んだり小言をいったりする必要がなくなって、自分の好まない事件が起こってきたならば、自分の心の中にその好まない事件と同じものがあるということをかえりみて、そのよろしくない性質を心の中から取り去るようにすればよい」

「本当は〝予知される未来〟というものは、念《こころ》の世界ですでに起こっている現在であって、ある事が〝念の世界〟に起こってしまった以上は、その映しである〝物質世界〟にその事件は必然的に起こってくる」

「確信は〝念の世界〟における運命のひな形で、この世の出来事はすべて、このひな形のとおりに出てくる」

「恐怖心や不安は消極的に小さくちぢかんで相手の目をのがれて身を完《まっと》うしようとい

う精神力だから、恐怖心や不安があるとすべての生理的器官は小さくちぢかんで完全に働かない」

「病人ほど強いものはない。病人は健康な人よりも強くて、自分は寝ていてわがままをいいながら、健康な人を自由自在に翻弄する」

「志す事物を招びよせるのには、その思いを中断せずに、気長くその希望と熱意とを持続しなければならない。

思念を長期間持続的に集中することは、必要な事物を引き寄せる磁力となる。すなわちその事物を成就するに必要な要素─霊知的生命体がその人の周囲に集まって来、それが自然にその事物の成就のために働いてくれる。要するに持続的に志す事物に想念を集中して、やまなければ、事物それ自身は、ただそれだけでできあがる」

人がことをなしうるのは、外的条件に恵まれることによってではなく、外的条件の困難さにもかかわらず、それをひたすら実現しようとする熱意と努力である。そして、お前が結核になったのも、結核を引き寄せる心の傾きがお前にあったのだ──『生命の実相』は和夫にそのように語りかけていた。世界をまったく違ったように眺める、その端緒を和夫はこのときつかんだ。

ナンマンナンマンアリガトウ

この結核と一種の宗教体験が同時に訪れ、さらに一中の再度の失敗、空襲、おじの死、敗戦といったことが折り重なるように訪れる。そういう過程を経て、和夫は自分の内部世界の原型を作りあげて行ったと言えるが、それはもう少し先のことになる。その前に、稲盛家の人びとの宗教心についてもふれておかねばならない。

江戸時代、「かくれ念仏」というものが興った。親鸞を開祖とする真宗本願寺教団は、江戸幕藩体制のもとで、真宗の信仰にもとづく、理想的な念仏者「妙好人《みょうこうにん》」の育成を通じて門徒の教化を図る努力を傾けたが、それに対し、権力に癒着した本願寺教団に批判的な立場をとる異端の徒として「かくれ念仏」と呼ばれる地下信仰者があった（小栗純子著『妙好人とかくれ念仏』）。

異端であるために強い弾圧を受けたのはもちろんである。三大行事にみられるような反幕府の傾向の強い薩摩の国でどのように「かくれ念仏」が広まり、維新後もどういう形で存続していたのか大変興味あることだが、利則、和夫兄弟は幼い頃、この

「かくれ念仏」とひそかな出会いをしており、二人の記憶はほとんどぴたりと重なっている。

小学校にあがる前、七郎じいさんに連れられて小山田村へ行った。夜の闇がすっかりあたりをおおってから、大人たちがみななぜか声をひそめて提灯を下げて山道を歩いた。ちょっと恐いような感じだった。やがてろうそくだけの薄暗い場所へ着いたが同じ年頃の子どもが数人来ていた。仏さんに手を合わせて拝んだあと、坊さんかだれかが拝んでくれて「ああ、この子はいい子ですよ」とか「この子はまだお参りをしないといけません」と言う。二人とも一回でよかったが、最後に頭をなでてくれながらこう言った。

「きょうからお前たちは仏さんの子になったんだよ」

かくれ念仏の救済の秘儀においては、室の正面に阿弥陀如来の画像が掛けられて、生き仏とされる人物が救いを与え、その時刻、何月何日何の刻を重んじてその時刻以後から救済されたという自覚を持つことが重要であった（前掲書）というから、兄弟の体験がこの秘儀と共通性を持っていることがわかる。そういうものが小学校へ行く前の幼児に記憶として残るとすれば、極めて強烈な体験として残るだろう。

和夫がまざまざと覚えているのは、「今から仏さんにお参りするときはナンマンナンマンアリガトウと言って拝むんだよ」と言われたことである。ナンマンは南無阿弥陀仏がなまったものだが、大人になった今でもどこへ行ってもそれで拝んでいる。弔い、お寺、教会、自宅で仏壇に灯明をあげるときすべてそうである。

またキミが子どもによく言っていたのは「シジンさん」のことである。たとえば流しに熱湯を捨てるとき「シジンさんにご免なさいと声をかけなさい」。シジンは水神《すいじん》のことだが、庭先や戸外で立小便するときも「シジンさんご免なさい」だった。すべてに神や仏が宿っているとする心である。そして「人間は一人になったときが一番恐い」とも言った。

「一人のときはどんなことでも考えられるしどんなことでもできるよ。けどねェ、だれがおらんでも仏さんが見てる。あんたたちは悪いことをする子じゃないけれども、一人になったときは気をつけなさいよ。そのときは必ず、〝見てござる見てござる〟と自分に言い聞かせなさい」

見てござる、見てござる。

不思議に一人のときは悪さをしなかった。長じて利則が月給取りになったとき、給料袋の封を切らずにキミに渡すと、一晩仏壇に上げたのち自分で封を切ってそこから利則に小遣いを与えた。明治生まれの母たちは、子どもたちの持ってきた給料はまず神棚か仏壇に供えたはずである。

考えれば明治生まれの日本の父、母はほとんどがせいぜい小学校どまりである。畍市、キミも例外ではない。とすれば人は学歴や知識によって親になるのではなく、心によって親になる、と言えるのかもしれない。

焼跡の章

空襲・疎開・敗戦

昭和二〇年（一九四五）一月、本土決戦が叫ばれ、二月、近衛文麿《このえふみまろ》が敗戦必至と天皇に単独上奏した二日後には米軍機一二〇〇機が日本に来襲。三月、硫黄島の日本軍玉砕と東京・大阪の大空襲があった。

このように、日本が破局へ突き進んでいた頃だった。

和夫が高等小学校一年の三学期末近く、担任の土井先生が空襲の中をわざわざ家まで訪ねてきた。とくに親しくしてもらっていたわけではないし、何ごとかといぶかる畑市とキミに向かって、

「和夫君をどうしても中学校へ入れてやって下さい」

と頼むのだった。受験の願書も届けてくれた。試験の当日、防空頭巾をかぶって来、

「和夫君を借りて行きますから」

と熱のある和夫の手を引いて一中まで連れて行ってくれたが、ほとんど勉強もしていなかったしやはり失敗してしまった。二度目の失敗だった。最初の受験のときはまだしも結核ではなかった。二度目の失敗と結核とが重なった上に、

(先生がここまで気づかってくれたのに)という気持も手伝って暗澹《あんたん》たる思いだった。

夜中にうなされて目が覚めると寝汗をびっしょりかいている。はっと額に手をやって、病気が悪化したのではないかと不安に締めつけられる。

(俺の人生はまっくらだ)

だが、土井先生は諦めることなくまたも家を訪ねて来て、今度は私立鹿児島中学校を受けさせてくれた。そして、合格した。

和夫は人生の節目節目に、自分を引き上げてくれる人との出会いを何度か持つこと

になるが、この土井先生はそうした〝一期一会《いちごいちえ》〟の最初の人であった。

受かったものの、いざ授業を受けて愕然《がくぜん》としたことがある。それは小学校四、五年の理科、算数をまるでわかっていないということだった。口惜しかった。そしてその口惜しさを勉強することに置き換えて行った。小学校時代は派閥をまとめて率いていくのがすべてであったが、それがここで初めて変わった。駄目だった理数科が逆に好きになり、年齢も一つ上だったこともあって他の科目もでき、自信を深めて行った。

一学期の成績表が家に郵送されて来る日、和夫は郵便屋が来るのを玄関でそわそわと待ち受けた。待ちに待ったものが来た。こわごわ開封して嬉しさに思わず顔を赤らめたほどだった。驚きでもあった。席次こそクラスで十何番かだったが、備考欄に担任で修身の斎藤先生の筆で、

「前途有望である。努力すればもっと立派になる」

と書かれてあった。全乙で小学校を終えた和夫にとって、そうした言葉はほとんど信じられないことだった。

「俺はやるぞ」という勇気が湧きあがってくる感動は新鮮でかつ深かった。しかも、前から願っていたことだが、全学から選抜された三五名の幼年学校組にも入ることが

できた。

幼年学校—航空士官学校—特攻隊—特攻一番機での死、それが望みであった。また、時代そのものが少年たちに課した定めでもあった。

空襲が激しくなって行った。

鹿児島市に初めて米軍機が飛んで来たのは鹿中入学の年、昭和二〇年の元日午前九時頃、B29一機。三月一八日、郡元町の海軍航空隊をグラマンが襲撃。四月八日が民間への初空襲、二五〇キロの大型爆弾六〇個が市内にばらまかれて死者五八七人、罹災戸数約二六〇〇戸。同月二一日には時限爆弾が投下され、翌五月一二日は初の夜間空襲があった。

これより先四月一日、米軍が沖縄上陸、五月七日、ドイツ降伏。

学校で朝礼のとき三〇分間ほどグラマンが襲撃、校舎に慌てて逃げ込む生徒たちに向かって、斎藤先生が「爆撃されるから外へ出ろ!」と必死の声で叫んだ。グラマンがやって来ると石塀の反対側に、別の方向から来るとまた別の側に隠れる。艦載機で機銃掃射も受けた。兵士ではなかったが、少年たちの「打倒鬼畜米英」の思いは拍車をかけられた。空襲のためろくに授業もできず、木銃で軍事教練をしたり、防火隊と称して家屋の解体にあたったりもした。

現在の城山観光ホテルがあるあたりに高射砲陣地があって、そこが攻撃されたことがあった。爆弾の破片が家のすぐそばまで飛んできた。この頃稲盛家ではすでに七郎じいさんは中風で寝たっきり、結核のおじがやはり寝たっきり、利則、和夫の下には、綾子（一一歳）、美智子（八歳）、豊実（四歳）、照子（一歳）と和夫たちの従弟博生（六歳）がいた。

またある日、城山への登り口にある新上橋《しんかんばし》に爆弾が落とされたときその爆風で家のガラスなどが吹き飛ばされ、キミや子どもたちはみな防空濠に入りこんだが、畩市《けさいち》は消防分団長として外出中で七郎じいさんを運ぶ人間がいない。しかし、あとからわかったことだが、それまでまったく動けなかったじいさんが自力で体を動かして戸口近くまで這い出して、そこへ、畩市が家が大変だろうとあたふたと飛んで帰り、這い出ていたじいさんを担いで息せき切って防空濠へ入ったとたん、待ち構えていたようにまた強烈な爆風が襲って来た。

みな無事だった。しかし、このまま薬師町の家にいてはみなやられてしまうと考え、畩市、利則、和夫、結核のおじ以外はすべて小山田《こやまだ》に疎開した。七郎じいさんの兄の一郎の家の堆肥小屋の二階を借り、八畳くらいのところにみな寝起きした。

それ以前からおじは兄の畈市に「どうせ私は助からない命だからほっといてほしい。甥や姪に病気を移してはいけないから防空濠には入らない。たこつぼを掘っておいてくれたら空襲のときは自分でそこに入るから」と言い出していた。もっともな言い分であるし、病人用にたこつぼを掘った。そのうちに空襲になっても起き出してこなくなった。もはや何があっても恐くないという心境のようだった。そして空襲が激しさを加えていくさなかの六月一五日、息を引き取った。二七歳。

この日、それまで何日か続いていた梅雨空がからりと晴れあがり、空襲も嘘のように一度もなかった。疎開先の小山田から父の七郎じいさん、キミ、長女の綾子を連れて来て、お通夜をし、畈市、利則、和夫の三人が火葬場へ棺を運び、なけなしの食料をかき集めて形ばかりの精進料理を作った。この弔いが終わった日、昭和二〇年六月一七日の夜は鹿児島市民にとっては悪夢の夜となった。

一一時すぎ、晴れていた空が急に雨に変わったのか、ざーっという雨の音がしてきた。弔いも終わり、きょうは雨で空襲がないぞとみなほっとしたが、雨の音は激しさを増すばかり。不思議に思って外へ出るとあたりはすでに火の海だった。空を焦がす炎だった。

煙にむせて窒息しそうになりながら、着物や毛布をみな防火用水に漬けてそれぞれ頭からかぶった。小山田から連れてきていた四歳の豊実をキミが背負い、綾子が一歳の照子を背負い、じいさんを畊市が担いで防空壕を出、ばらばらにならないよう手をつないでひとまず家の前の甲突川《こうつき》に出た。夜空をB29が飛び焼夷弾がブスブスと対岸に突きささる。新照院《しんしょういん》方面が炎上し、国道は焼夷弾が火を噴いて歩くもならず、川の中を大八車を引いて歩く人がおり、人びとは泣き叫んでいた。阿修羅の巷だった。

みんなはそこから原良《はらら》の田圃へ逃げていった。大勢の人たちがそこにうずくまっていた。ここも危いと思い川沿いに山の手へ逃げていくと火が遠くなり、やっと一息つくことができた。小山田へ行く途中の小野という坂に辿り着いた頃、悪夢の闇が白々と明けた。横穴がありひとまずそこで体を休めた。みんな生きていた。みんな泥だらけでみんな腹がぺこぺこだった。みんな無事なのが不思議なくらいだった。

一息ついた畊市は家のことが気になり始め、昨夜の精進料理も残っているはずだと、利則を連れて薬師町《やくしちょう》へ戻ってみると、これも奇跡的に自分の家は焼けずに残っていた。途中で風向きが変わったらしかった。

料理の残りを重箱に詰め握り飯を作ってひとまとめにして自転車のハンドルに結びつけた。小野の坂まで行くと、まだちっこい和夫が一人、じいさんの前にどっかとあぐらをかいていた。キミと綾子は恐いのと心細いのと、赤ん坊がいるのとで二人を残して先に小山田に向かっていた。横穴で腹をふくらまし、じいさんを自転車の荷台にしっかりとくくりつけて、国道の反対側の間道になる山道を登った。やせた小柄なじいさんとは言え、一人の大人を乗せた自転車を引いて上がるには坂が急すぎるので、畩市はじいさんを背負って下りて国道に出ようかとも考えたが、まあ行けるところまで行けと利則と和夫に自転車の尻を押させて、岩だらけの急坂をしょぼしょぼ降り出してきた雨に打たれながら登り、山を越え、小山田へ着いたのは夕方近くだった。のちに畩市は、「わが親ながらその場に捨てたくなるほどの苦労だった」とキミに洩らした。

悪夢の夜が明けた一八日、西部軍管区司令部の発表によると、マリアナ基地のB29約一〇〇機が一七日二三時頃から一八日四時二〇分頃まで関門地区、鹿児島市、大牟田市を攻撃したが、鹿児島、大牟田両市は焼夷弾が主だった。鹿児島市に投下された焼夷弾推定一三万個、長さ約五〇センチ、直径一〇センチの八角形、中に油脂が詰まっていて爆発とともに八方に飛び散り、あらゆるところに付着して少々の水では消えなかった。この夜の死者二三〇〇、負傷者三五〇〇、被災人口六六〇〇〇、被災戸数一一〇〇〇であった。

城山の頂上から見下した市内は灼熱の炭火をびっしり敷き詰めたように焼け、一瞬にして母と姉妹三人、五歳の姪《めい》二人を亡くした人があり、直撃弾で体をばらばらにされた肉親を目のあたりにした人もあった。

和夫は思った。もし結核のおじがこの大空襲の前々日に、あたかもみずから望んだかのように息を引き取っていなかったとしたら、父は七郎じいさんとおじの二人の面倒を見なければならなかったろう。肉親の足手まといになるまいと、おそらく死を覚悟していたおじは、あのとき仏の心になっていたのかもしれない。死んだ日、嘘のように梅雨空が晴れあがり、一機も敵機が飛んでこなかったのは、死者を弔うために天がそうしてくれたのではなかったろうか。

このあと七月二七日に六回目の空襲があり、八回目の八月六日の午後零時半、上荒田、原良、薬師町方面が空襲を受けて約一七〇〇戸が被災、昹市の家も焼けてしまった。（被害に関する数字はいずれも南日本新聞が昭和四七年に連載した「鹿児島空襲」

による)

この大空襲の前にキミたちが疎開したのは、前にもふれたように七郎の本家の堆肥小屋の二階である。八月六日に家が焼かれ、畯市、利則、和夫が加わって一家一〇人がその一間で寝起きすることになった。

八月一五日の玉音《ぎょくおん》放送は小山田で聞いた。村に一台しかないラジオが広場に出され、みな頭を垂れて何を言っているのか聞き取れない声に耳を傾けた。そのとき蝉が鳴いていたかどうか、空は真っ青に晴れあがっていた。

(神国日本が負けたのか)

芋がゆをすすっていても、日本が負けるとは毛の先ほども思わなかった。特攻隊員として大空に散る日を憧れた心は見事に打ち砕かれた。幼年学校組が幼年学校を受けるのはわずか三日後の一八日の予定だった。

塩たきと物々交換の日々

夢は破れた。しかし、破れた夢をつくろう暇《いとま》はなかった。

八月一五日をはさんで、命の危険はない平和がやってきた。しかし、衣食住すべて

が欠乏する中で、生き抜くための戦いに似た日々もまた始まった。

�市は戦前、細々とした事業を手がけるようになってから、子どもを抱く暇もない仕事仕事の明け暮れの中でいつもキミに言っていた。

「わしは五〇になったら仕事はせん。銀行利子で食っていく」

そういう計画で薄い儲けの中から少しずつ貯めてきた金が四万円ほどあった。

「お父さん、お金を半分残してあとの半分で土地でも家でも買っておいたら、万が一のときにどっちかは助かるでしょうに」

「んにゃ、物など当てにはならん。金があればいいんだ」

父と一緒に市内に出てきて、小学校を出てすぐの丁稚奉公いらい、金の無いことの辛さ痛さ情けなさ心細さは体にしみついていた。つましい職人としての自分の腕が大家族の生活を支えるはずもなかった。金の亡者になったこともなく、あぶく銭を一銭も身につけたことのない�市だが、最後に頼れるのは自分の稼ぎ出した金だと信じて疑わなかった。

「この前、家と土地を買わないかという人がまた来ましたけどねェ。今だったら捨て値で買えるって」

「んにゃ、そんなものいらん。金に利子はつくが家も土地もふえはせん」

あちこちから、家や土地の話が持ちかけられ、そのたびにキミの心は動くのだったが、�市は頑固に断り続けた。二人はよくその問題で言い争った。

だが、その金もみるみる減っていく。

働かなければならないが、もちろん職などない。そこで当時人気のあった塩を扱うことにした。阿久根《あくね》あたりまで出かけていって、塩たきで製塩をしている人から塩を買い、それを米、芋、醤油、お茶などと交換し、家族の分を残してあとは売りに行った。疎開してきた人たちは、栄養失調と腸チフスのため子どもたちを死なせていた。あちこちで「疎開どんが死んだ」と聞かされた。

キミは、このままではみんなが倒れてしまうと、生活の道を考えた。田舎の人たちが何を一番ほしがっているかを考えると、衣類である。自分の最上等の錦紗の着物を従妹に持っていき、それを抵当に一五〇〇円貸してくれるように頼んだが、着物はいらないと、快く貸してくれた。それを持って闇市でまず古着を買い、それを田舎で食糧と交換し、それをまた闇市に運んで古着と交換する。それを繰り返した。小柄な体に鞭打つ必死の日々だった。この商売は二年後の二二年末まで続けられた。

そんな中からキミは利則、和夫に弁当を持たせて学校へ通わせた。どんな寒い朝でも畦道を抜けて広い道まで送って出るキミを見て、村の人たちは、子どもが何人もいてどうしてそうまでして学校にやる必要があるのかと言いもしたが、キミは、学校に入れた以上は何としてでも出すのが当たり前だと思っていた。自分の体のことを考える余裕など無く、子どもたちを餓死させまいということしか頭になかった。

小山田から利則、和夫は徒歩で学校へ通った。授業は二〇年一〇月頃から焼野原のバラック校舎で再開された。床板がぶわぶわし横板の隙間から風が吹き込んだ。バラックでも校舎があるのはいい方で、焼跡を整理して青天井での授業もあった。机がないのでありあわせの箱をひっくり返して使い、椅子は自前で風呂で使う台みたいなものを作った。置いておくと取られるので、小脇にかかえての登下校だった。

では、和夫の結核はどうなったのか。不思議にもいつの間にかなおっていた。

空襲があると逃げ回らなければならない。俺は結核だから激しい運動をしてはいけないんだと、自分に言い聞かせておれるときはまだよかった。空襲が激化し、まわりも騒然となり、ゲートルを巻いて動き回らなければいけなくなってくると、俺は体をあまり動かしてはいかんのだなどと言っておれない。そんなことを言っていたら取り残されてしまう。また、家族も病人扱いをしているゆとりがなかった。そんな中でいつの間にか結核はなおった。和夫は、病気はまさに心の問題なのだと考えないわけにはいかなかった。

畩市はいぜんとして仕事がみつからず、やむをえずキミの父の家の一室を借りて、キミの古着商売と同じ九月頃から自分たちで塩たきを始めた。

キミの父溜蔵之助《たまりくらのすけ》は義侠心のある豪快な酒飲みで、近所の青年団をまとめていた人物だった。若いもんと喧嘩をして夜討ちに遭ったことがあるとかで、ちょっと足が不自由だった。戦前は、七郎じいさんの酒の相手をよくし、その面倒もよく見るやさしさも持っていた。家が当時の天保山、今の錦江町にありその一室で畩市と利則、和夫が自炊生活をした。

天保山には海軍の燃料補給所跡があって、ドラム缶がごろごろ転がっていた。熔接機がないので鏨《たがね》でドラム缶を縦に二つ割りにしたものをいくつかつないで登窯《のぼりがま》状にする。燃料は焼跡の残骸を使ったが毎日のことだから底をつき、製材所から鋸屑《のこくず》をもらって大八車で運び、乾燥させて燃料とした。それにはロストル（roaster）がいる。これは今でも銭湯で使っているところがあるが、缶の焚口《たきぐち》と火堰《ひぜき》の間で燃料を支える役目を果たし、燃えた分だけ鋸屑が少しずつ下へ落ちて行くようになる。もちろん、できあいのものなど無い。そこで野ざらしになっている戦車に目をつけ、厚い鉄板の銃眼をたたき切ってそれで組みあげた。海岸からバケツで海水を運び、最上段の缶に入れる。利則は今でもそうやって塩を作れるだろうと思っている。最初にできるのがにがりの無い一番いい塩で、氷砂糖のようになって上部にぱりぱりと張る。できた順番に品質を三つくらいに分けた。

塩を直接売りに行ったり、塩と交換したものを売りに行く闇市は、鹿児島駅の近く、現在の市役所がある通りからもう一つ海岸よりの狭い道路に面する易居《やすい》町一帯にあった。売春宿もあり、ありとあらゆる人間がうごめく活力ある町だった。

利則はそこで、蒸《ふ》かした薩摩芋や芋にメリケン粉を入れてサッカリンやズルチンで甘味をつけた団子をよく買って食べた。その芋も統制されていたから、売る方は警官が来るとすぐに逃げる。警官を見つける目ざとさと、ぱーっと消えるその素早さは見事だった。

和夫は、単純な和製ルーレットのような伝助賭博や詰碁、煙草のピースの箱三つをくるくる動かして印がつけてあるのを当てるのやらを大人の股倉からのぞいて見た。

あるいは紐の両端に輪を作って、そこへ紐を入れるとひっかかるかひっかからないかを当てるのがあって、それがだれも当たらない。じっと見ているうちにそのやり口を見破って、「それは違う」と思わず声を出して的屋にどなられたりした。的屋のせりふが面白く、それをたちまち覚えて学校でよくやった。ひょうきんな身ぶりが面白くて休み時間はよくみなに取りかこまれた。

「ないかないかの道頓堀よ（とポンと手を打ち）見ていて当たるのは鍛冶屋の火の粉と……サアナイカ　サアナイカ」

ところで、本家は食糧も豊富だったが、末子の七郎にろくな土地も与えないほどだったから、一〇人家族がいつまでいるのかわからないし、厭味を言うこともある。畂市たちが居づらくなってきた頃、その窮状を見かねて助けてくれる人が現れた。七郎じいさんの従兄で義侠心ある人が、家を建ててやるべきだと七郎の兄たちに掛け合ってくれた。山持ちの兄たちには立木を出させた。この人は木挽《こびき》の棟梁のような人で自分で山へ入って立木を切り出し、牛に引っ張らせて運んだ。稲盛家の子どもたちが物珍しげに見守る中、一本一本また一本と柱を作る。そのかわり鉋《かんな》もよくかかっていない。土地は、一郎の家から一キロ余りのところにある自分の畑地を棟梁が提供してくれた。

屋根は市内の焼跡から運んできたトタンや板ぎれ、それに瓦がわりになんと孟宗竹を用いた。この竹も七郎の兄たちから徴発し、適当な長さに切って割り、それを組み合わせた。強い雨が降ると雨漏りがした。家のまわりにはまともな板を張って内側は粗末なもの。床は細竹を縄で編んだものの上に筵《むしろ》じき。それでも二間のわが家だった。雨露をしのいで昭和二一年の一〇月から二三年の二月までここで過ごした。

あの七郎じいさんは中風もだいぶ良くなり、子守りもできるようになっていたが、二二年六月、七〇歳で亡くなった。あまりいい目を見ることのない人生だったが、孫たちに囲まれて暮らせたのがせめてもの救いだった。

二一年の四月、畈市の弟兼一が内蒙古から引き揚げて小山田の家に起居するようになった。栄養失調の体がいくらか回復して塩の物々交換にも加わるようになった。

物々交換に行く汽車の切符を買うため小山田を前の晩に出ておかなければならない。そうして鹿児島駅前の引揚者収容の急造バラックに泊まりこんだりして早朝から窓口に並ぶ。やっと順番がまわってきて、いざ利則が切符を買おうとポケットに手をやったが、入っているはずの金がない。だれも、気の毒に、という顔などしない。だれもが自分のことだけで精いっぱいだった。

ところで、戦前の旧円が通用したのは二一年三月二日までで、三日から新円に切換えとなった。一人につき一〇〇円までは新円に切換えて手もとに残し、それ以上は全部銀行に預金して封鎖され、その封鎖預金からの支払いは月に世帯主三〇〇円、家族一人につき一〇〇円までとなっていた。だから、利則が掏摸《すり》とられた金は大変貴重なものであった。

だが奪われたのは金だけではない。

塩はまだ統制品で警官に見つかると没収されるので一斗くらいの塩を三人で分け持ち、熊本から阿蘇の方へ行ったときのことである。ちょうど昼食時分で親切な農家のおばさんが、銀しゃりに納豆を出してくれた。利則も和夫も納豆というと甘納豆しか知らないから、とてもおかずになるとは思えない。しかし、さすが開明派の兼一おじが、これは大豆を腐らせて作った栄養価の高いものだと説明してくれたが、二人にすれば腐ったものが食えるとは到底思えない。

食わずにいる二人におばさんが握り飯を作って経木《きょうぎ》に包んでくれた。

すきっ腹と米を抱えて熊本まで出て、そこで乗り換える。軍服姿の引揚者やぼろに等しい大人の洋服を着た浮浪児がうようよしている。腹ぺこの二人は待ち時間を利用して握り飯を食おうと思い、和夫があばら屋みたいな駅舎の隅っこに空間を見つけて腰を下し、兄の方へ向かって「にいちゃん、にいちゃん」と声をかけながら包みを広げたとたん、すでに飢えた眼をぎらぎらさせて和夫のまわりに立っていた浮浪児たちの一人が握り飯をかっさらって逃げ去った。

「こらっ」という声を立てる間もあらばこそ握り飯抱えたぼろぼろの浮浪児は人ごみに消え二人の空腹だけが残った。キミは、どんなものでもみんなで分けて食べるというしつけをしていたから、全部食べずに家へ持って帰ろうと、後生大事に持ってきたものだった。

（どうしてこうも俺はドジなんだろう）と、すきっ腹がなおこたえて半べそをかく和夫だった。

野球少年から紙袋売りの〝螢雪派〟へ

こうして昭和二三年二月、小山田を引き払って薬師町に戻ることになった。竹瓦の風流な家は解体して、使える骨組だけ運んだ。人は助けておくもので、焼跡に家を建ててくれる人が現れたからである。

戦前、博労か何かの道楽もんで身内からまったく相手にされない男がいて、その従兄にあたる畸市だけが、人がいいばっかりに面倒を見てやっていたことがある。その息子が戦後のバラックからの復興期に、大学の建築科卒業の建築屋として、当時は珍らしかった製図板を置いて人を使っていたが、父が畸市から受けた恩義を忘れず、小山田から持って行った家にあと一間を継ぎたして家を建ててくれたのだった。

二一年頃の闇市全盛時代は過ぎていたが、六・三・三制が発足した二二年は外食券食堂以外の飲食店が休業となり、パンの切符配給が実施され衣料切符制も復活していた。物資不足とインフレによって餓死者も出、二三年になってもあいかわらず公共料金が四、五倍の値上げを続けていた。

この二三年（一九四八）三月に和夫は私立鹿児島中学校を卒業することになる。新制高校に進むかどうかという問題になったが、すでにキミの着物はすべて食料にかえられて底をつき、畸市は職がなく塩その他のものを買い入れてそれを売りに行くだけで、稲盛家の生活が楽であろうはずがなかった。畸市、キミにすれば和夫にはもう働

いてほしかった。しかし、

「お父さん、俺、高校へ行きたい」

「和夫、お前もその年になったら家がどういう状態か知っているだろう。お母さんを見てみろ、小さい子の世話をせんならん、買い出しにもいかんならん。あの小さい体で無理をしてやせている。わしも今みたいな世の中では大した稼ぎもできん。もうお前も働け、高校へはやらん！」

「家の状態はわかってるつもりだ。けど、旧制中学は五年まであったんだから、貧乏してても高校までやるのは親として当然の義務だと思う」

「また生意気な口をきく、やりたいと思ってもやれないんだ」

「お父さんは戦前は、人を使って印刷と製袋をやっていたのに、どうしてそれが今はできんの」

「これだけの家族がいて、失敗したら大変なことになる」

「それだったら、小山田の三畝の土地を売ったらどうなの。いくらかになるはずや」

和夫にすれば、戦前、人を使ってかなり盛大にやっていた父が戦後すっかり身を縮めて手も足も出ないような感じなのが物足りなくもあった。それに兄が鹿児島実業学校に通っているという気持もある。

「なんとしてでも行きたい」

「馬鹿、いい加減にしろ」

思いがけず畩市の右手がばしーっと和夫の頬に飛び、和夫は家の外に放り出された。小学校時代のあの制裁事件では少しも怒ることなく、和夫の心情と行為を認めた畩市も、自分でも思うままにならぬ窮乏生活に追われている今、和夫の言い分を認めるわけにはいかなかった。日頃おとなしい父の怒りようにはっとなった和夫だが、進学を諦める気にはなれず、（それでもやっぱり親の義務だ）とぷーっとふくれかえり、小屋の前に夜中までじっとすわりこんでいた。まだ小山田にいる頃である。

だが、結果は和夫の勝ちで、畩市は三畝の土地を売って金を作り、和夫は鹿児島市高等学校第三部に進学した。ここは昭和二三年四月の学制改革で、鹿児島市立高等女学校、市立鹿児島商業学校と和夫がいた私立鹿児島中学校とが合併してできたもので、和夫の中学時代の母校は廃校になった。

ところで、戦後の小中学生たちの遊びはもはや戦争ごっこではなく、平和な野球だった。子どもたちの憧れの星は赤バットの川上や青バットの大下らだった。道具が無くそこらへんに転がっている木ぎれや校舎の窓枠がバットになった。肋木《ろくぼく》（柱と柱の間に肋骨状に丸棒が等間隔に並びぶら下がったり登ったりする）をはずしてグリップを削るとそれが最上のバットだった。ぼろ布や綿を硬く丸めて糸でぐるぐる巻き、布で覆ったのがボールになった。布製のグローブを母や姉から作ってもらえればそれはほとんど宝に等しかった。

和夫の友人川上満洲夫は鹿中以後、高校、大学と同じ学校で過ごしたが、中学時代からの野球仲間で花形のピッチャーは川上と和夫が交代でやった。和夫のまわりにはよく人が集まり、面倒見がよかったので、みんなのポジションは和夫が割り振っていた。

親友・川上満洲夫と　1950年

父の強い反対を押し切って高校に進んだ和夫だが、中学時代からの野球熱は続き、放課後、川上たちと野球をやってから家へ帰ると日はどっぷり暮れている。

そういう日が続いていた高校一年のある日、その日のピッチングの出来ばえに満足して家へ帰ったとき、キミが改まった口調で言った。

「和夫ちゃん、高校に行くか行かないかでお父さんとごたごたしたのに、行ったと思ったら毎日野球して遊んでる。川上さんなんかの家とくらべたって、野球なんかしておれる身分じゃないでしょう。お父ちゃんが遅くまで一所懸命働いているのに……」

「ああそうだった」と素直に反省した和夫は一念発起《ほっき》、紙袋売りを始めることになった。

この紙袋売りだが、もともと�市よりはるかに商売気のあるキミだったから、心のうちでは、戦前、畩市が使っていた人が今は印刷所を開業してうまくやっているのにという負けん気もあり、もう一度印刷工場をやってもらいたい気持が強かった。

「お父さんは技術もあることだし、もう一度自分でやったらどうですか」と夫の尻を叩くのだが、慎重居士の畩市はうまく行かない場合のことを考えて、うんと言わない。借金ぎらいは変わっていないし、戦後の混乱の中で、できるだけ体を縮めて風当たりを少なくしようとする態度はいっそう強くなっていた。

「お父さん、もうお金が足りません。子どもが食べ盛りだしなんとかせんことには」
「いや、これでなんとかやって行くんだ。やって行けんことはない」
といった会話がたびたび繰り返される。職人として機械をいじる腕の確かさや、律義で実直な生き方といったものは、闇成金を生んだ戦後の混乱の時代には、ほとんど何の役にも立たなくなっていた。戦前においては美徳であった畦市の性格や生き方を、戦後社会は一挙に不要なものにした。

キミにすれば、戦前は売り上げを箱に入れておいて、それを無造作につかんで買い物に行った〝良き時代〟のことが頭にある。

この二三年三月に末子の実が生まれ、キミは四月から赤ん坊を背負って米のかつぎ屋を始めていたが、畦市は結局独立はせず、手なれた紙袋の内職でということになった。戦前の稲盛調進堂の顔を利用して闇の紙を買い、畦市が裁断した。紙を横流しする商売の方がはるかにうまみがあるのはわかっていたが、決して危険な橋は渡らない畦市だった。

紙の裁断は畦市が戦前身につけた技術を生かして、畳を切るような大きな包丁を使った。全紙から何種類かの大きさの紙を取るのに、各種類をうまく組み合わせて、できる限り無駄が出ないようぎりぎりに取るという器用さは畩市ならではだった。利則や和夫は父のそうした腕にほとほと感心したが、畦市は、無駄を出さないことで儲かったのだとよく言っていた。機械を使えば紙のロスが出るし、機械がないという不利は、手だちによる無駄の排除という利点を生み出した。

大きな木の定規を当てて切っていき、糊代《のりしろ》の部分は特別な刃を鍛冶屋で誂えたとんかちで叩いて切った。下手をすると刃がすべるが、畦市がやると機械で切ったように見事に切れた。それをキミが張り、内職に出したものは仕上げをし一〇〇枚ずつ帯をかけた。

さて、学校が終わるとすぐ帰るようになった和夫は、自転車の荷台に倒れるくらい袋を積んで出かける。初めは恥ずかしかった。未経験なことには大変臆病な和夫である。知った人に途中で出会うのは何とも言えずいやだった。「ご免下さい、紙袋いりませんか」と訪ねて行って、同じ年頃の女学生でも出て来ようものなら、もう物も言わずに飛んで逃げ帰った。戦前からの駄菓子屋や乾物屋へ行くと、「稲盛さんの坊っちゃんじゃないですか」と言ってくれるのが嬉しかった。

なにごとにつけ行き当たりばったりにことを始めるのを好まぬたちだから、効率的な売り方は無いものかと考えてみた。週七日の行動予定を組むには、市内の〝サービス圏〟を南北に七ブロックに分ければいい。そういうときは餓鬼大将時代、体にしみこんだ地図が役に立つ。各ブロックの得意先には、週に一度来ますからと言って歩いた。恥ずかしさも消え、闇市に行くと、ごついおばさんたちから、「坊やっ、ちょっと！」と呼ばれて大いに人気があった。ブロック作戦は効を奏して上々の繁昌ぶりなので、今度は中学を出た子を一人雇うことにした。その子のためにわざわざ自転車を買い、配達を手伝わせた。

そうやって、稲盛調進堂マークの紙袋が市内を席捲しつつあったある日、一軒の店で、「あんたか、紙袋を売り歩いている子は」と呼びとめられた。

「うちはな、地方からお菓子を買いにくる人に卸しで売っている店だ。ついでに紙袋も買って行くから、うちに置いとけばたくさん売れるぞ」

（はぁー、卸しというのがあるのか、知らなかったなぁ）

それまでは小売店を一軒一軒まわっていたのだがここで初めて、大量に買ってくれる卸しというものの存在を知った。棚をのぞいて袋が無くなっていたら補充するということになった。あちこちへ自転車を走らせて納めていた一日分が、一軒の問屋に全部納まった。

これはいい所が見つかったと他に問屋を探し、結局三軒の菓子問屋と取引ができるようになり、週に三日は〝残業〟をして問屋まわりをした。信玄袋に売り上げを入れて帰ると、父がにこにこしながら札のしわを伸ばして勘定をした。高三の初め頃までこの行商は続いた。自転車乗りがうまくなり、運動会の遅乗り競争ではいつも一等だった。

この頃、兄の利則は国鉄に勤務しており、出水《いずみ》機関区の機関助手だった。国鉄の争議が盛んだった。

出水から熊本や鹿児島まで乗務したが、その帰りに、敗戦直後塩を買いに行った阿《あ》久根《くね》で、まだ統制下にあった鰯《いわし》を買ったり、熊本で根深葱《ねぶかねぎ》や薩摩芋を買ったりして、機関車の石炭の上に置いた。そこだけはアメリカのMPでも立入りできないところになっていた。

鹿児島通信区に家の近所の人が勤めていたので、何時の便で帰るということを電話連絡して、家まで知らせてもらっておく。すると、その時間を見はからって新上橋の国鉄線のそばに和夫が姿を現す。その姿が見えると、利則は「ああ、来とるわい」と合図の汽笛をピッピッと鳴らす。そして、自分の足もとまで運んでおいた頑丈に包装した包みをポーンと蹴り落とす。その中味が夜の食卓を飾った。

しかし、油負けをしてできものが出来、国鉄をやめて温泉で治療し、いい機会だからというので袋売りの手伝いを始めた。そして、いつまでも袋売りをやっている気持がなかったところへ、袋の卸し先の一つである菓子問屋中塚実商店から、うちで働かないかと声がかかってそこで働くことになり、やがてその店の切り盛りをするようになった。瓢ならぬ袋から駒が出た。

ところで、この紙袋売りをキミが子どもに要求したのは当然と言えば当然のことだが、後年の稲盛和夫を考える上で極めて象徴的である。それは人生の早い時期に商売の体験をしたという意味ではない。

幼い頃、和夫たちが泣かされて帰ってくると、キミは箒を持たせて仕返しに行かせたことは前に書いた。薩摩の武士の妻は、子どもが喧嘩をして負けて泣いて帰ってくると刀を子に持たせて、「返報《かたき》をとって来い」と家に入れなかった。その意味でキミは武士の心をもって子に臨んだ。一方、薩摩の武士は、利益を目的とする話をする者は排斥され、金銭の出納や計算をしたり、品物の値段についてあれこれ言う者は無《ぶ》躾《しつけ》として嫌われた。しかし、キミは生活の必要に迫られて子どもに商売そのものを要求した。その点でキミはまさに商人の妻として子に臨んだ。つまり、武士の心と商人の才、キミは決してそう考えたわけではなく、ごく自然にそうしただけなのだが、その二つながらを子に求めたのである。

さて、この紙袋売りは和夫の高校生活に一つの変化をもたらした。授業が終わるとさっと帰るので、野球仲間と一緒に帰ることはなくなったが、そのかわり、別のグループと一緒になる。いずれもスポーツマンタイプではない面々である。

野球仲間の話題と言えば青田、大下、川上たちのことが中心だったが、この面々の話題と言えば、試験の点数や次の試験に出そうな問題とか、どの参考書がいいとかということばかり。あげくの果ては〝ケイセツジダイ〟などという耳なれぬ言葉まで出てくる。

「ケイセツジダイって何のことや」

「稲盛、お前勉強はよくできるのにそんなことも知らんのか」

というぐあいで、話題が嚙み合わないことおびただしい。

（はァー、人間が違うと話題まで違うのか）

と、新しい発見をしたような感じになると同時に、刺激も受ける。

この〝螢雪派〟の日課を聞くと、学校から帰るとすぐ復習や予習をし、ときに運動のため近くの小学校でテニスをして、夕食後は一二時まで勉強するという。

（はァー、人間が違うとすることがこうまで違う。信じられんなァ）

月遅れの『螢雪時代』を借りて、そこで初めてかの東大の写真などにもお目にかかったし、ここで、（俺も大学へ行きたい）という気持ちが芽生えてくる。

しかし、現実は子だくさんの貧乏家庭。夕方七時頃まで自転車を漕いで袋売りと配達、その帰り道には曜日によって螢雪派のだれかの家の近くを通ることがある。すると、そうか、あいつらは今頃はテニスをしているわけか、そんなら早く帰ってあいつらがテニスをしている間に俺は勉強しよう、という負けず嫌いが頭をもたげる。しかし、どうあがいても勉強時間の絶対量が不足していることは歴然としている。

どうする。食事をして寝るまでにやる間の密度の差だ。それしか無い。

そうやって螢雪派を追いかけた。

数学、物理は抜群の出来で、試験のあと友人の川辺恵久《かわなべしげひさ》などが和夫にできぐあいを聞くと答はいつも、「できなかった」だが、蓋を開けるといつも満点に近いでき。満点でないと、「できた」とは言わなかった。そういう和夫を、「なんときざな奴だ」と思う者もいないではなかったが、紙袋売りのときに市内を七ブロックに分けて各曜日に割り振ったことと言い、いわば〝完全主義〟とでもいうべきへきが和夫にはあった。

勉強の気分転換にと、自転車に乗って夜中に川辺の家までやってくることがあったが、そんなときは、「俺は頭が悪いから人と同じことをやっていてはいかん。人が二時間するなら俺は四時間やらないといかんのだ」と言って川辺を感心させた。

ことをなすにあたっての完全主義、そして、密度を濃く、時間の絶対量も多く、つまり〝目いっぱいやる〟というのはその後の稲盛和夫を貫く明瞭な特徴である。

こうして和夫の螢雪の功なって、大学入試のメンタルテストでは、全校でトップクラス。

しかし、にもかかわらず、和夫は頭の大きさを別にすれば一際目立つというような存在ではなかった。その小学校時代を知っている人たちは、「勉強はできなかった。おとなしくてとくに目立っていたわけではない」と言い、中学校、高校時代を知る人たちも、「目立たないおとなしい人だった」と言っており、まだ「紅《くれない》は園生《そのう》に植えても隠れなし」という存在ではなかった。

ところで、昭和二五年（一九五〇）四月、鹿児島市高等学校第一部と和夫たちがいた同第三部普通科とが合併して鹿児島玉龍《ぎょくりゅう》高等学校となった。二六年三月の同校の第一回卒業生が川上、川辺、稲盛たちである。この同期生が「二六会」なるものを作っている。

筆者は初め二、三人に会うつもりでいたが連絡が次々と行ったらしく、当日指定された場所に行ってみると一一人が集まった。話は戦後の食糧難や焼跡闇市の時期に過ごした高校時代の懐しい思い出話になる。それに初めて聞く鹿児島弁は異国語に近い。ほぼ三〇年前の鹿児島の高校生たちの青春が鹿児島弁とともに筆者の頭上を飛びかった。

にもかかわらず、というより、それゆえに、あたかも空襲の焼跡から桜島がすぽんと見えたように、あるいは青天井の下がれきの上での吹き曝しの授業のように、あの混乱した時代の中での昭和ひとけたの青春というものが、一種底知れない明るさとアナーキズムを体現していたのではないかという印象を持った。

話はやはり食いもんの話から始まった。ふすまをよく食った。また西郷開墾地というのが市内の寺岡にあり、市内から堆肥を運んで唐芋（薩摩芋）を作らされた。生鰯を学校で焼いて食った。特攻隊くずれの上級生が外地から引き揚げて来て、半長靴で幅をきかし、びんた（頭）をされるのが恐さに、自分の弁当を「どうぞ食べて下さい」とこちらから頭を下げてうやうやしく差し出した。駄菓子屋から唐芋飴をかっぱらったこともある。

煙草の煙を牛乳瓶に入れて回し飲みをした。煙草を吸っているところへ先生が通りかかり、あわてて吸い殻を完全に消さずに胸のポケットに入れたため、焦げ穴ができて、それを理由に殴る蹴るの仕打ちを受けたのもいる。らっきょうという仇名の先生がいて、生徒がしょっちゅう殴られたり蹴られたりだった。

昭和二四年頃まで、アメリカ進駐軍の軍政官ヴォートが鹿児島の教育改革を進めた。あるときヴォートが来校、学園民主化のため暴力をなくさなければいけない、先生から暴力を振るわれた者はいないかと発言、このらっきょう先生が生徒から槍玉にあげられた。以後、生徒のわるたちは、先生が殴ろうとすると、「シンチューグン」と言って牽制した。

体操の時間は墓掘りをやらされた。というのは合併によってできた新しい高校を市内池之上町玉龍山福昌寺跡に建てるので、玉龍高校と名づけられたのだが、この寺は島津家の菩提寺であった。また、徳川幕府最後のキリシタン弾圧によって長崎浦上の信者が同寺に預けられて、そこで死んだ人の墓や一般の墓地もあった。周囲には萱が生い茂った荒れ放題の場所で、昭和二五、六年（つまり二六会の人たちが二年、三年のとき）の在校生が整地に駈り出されたのだった。石棺や頭骸骨がよく出た。

和夫はまじめにこの作業に従事した。小学校時代でもそうだったが、公的な仕事は身を入れて熱心にやるというへきがあった。西田

玉龍高校のクラス旅行　1950年　白い帽子が和夫

小時代よく馬糞拾いをやらされたが、同級生がみないやがる中で、和夫はほいほいと、あっちにもあったこっちにもあったと喜んで拾い集めたものだった（この馬糞拾いの話は小学校の同級生から聞いたものだが、こうしたささいなことが印象に残っているのだから、そのときの和夫の行為はかなり奇異なものであったに違いない）。この墓地跡の整地のときも和夫は一所懸命にやったのだが、うまくサボって出てこないのもいるし出席も取らんし、まじめにやるのが馬鹿らしいではないかと、何回目かにサボった。が、その日に限って出席が取られた。

（どうしてこうも俺はついてないんだろう、運の悪い奴だ）としきりに嘆いた。

しかも、この三年のとき、和夫にとってまことに不運な、しかも和夫一人だけがとりわけ目立つ形になる〝事件〟が起こった。

「これでは将来見込みないなァ」

昭和二五年の一〇月、国体に出場するためピッチャーの川上満洲夫を中心に即席の野球チームが作られて、当時強かった鹿児島商業と優勝を争うところまで行った。川上と同級の川辺恵久や稲盛ら数人が応援に行くことになった。

当時、球場は市内の南端、鴨池にあり、球場から学校へ帰るとき定期券でキセルをしようとみな言い出した。臆病な和夫は執拗に歩くことを主張したが、大勢《たいせい》に引きずられていやいやながら電車に乗った。鴨池から七つ目の高見馬場で乗ってくる人間が多いから、下車するときは定期でごまかせるという目算があったのだが、電車は高見馬場から三つ目の朝日通で終点となる電車であったため、高見馬場では乗ってくる人がほとんどなかった。

和夫以外の連中はみな要領よくピャッピャッと定期を見せて降りて行ったが、初めから気乗りせず気がめいっていた和夫は降りるのが一番最後になった。しかも先に降りて行った連中の後の方は、ちょっと不審に思った車掌から、「ちょと待て、こら」と言われてずらかったような感じだったので、びりの和夫がとっつかまる羽目になった。

「学生だから特別安い定期にしてやってるんだ。その上にキセルか、どこの学生や」

「玉龍高校です」

「ギョクリュウ？　ああ、あの芸者の名前みたいな学校か。名前が名前なら生徒も生徒やな、最近の高校に一番たちの悪いのが多いと聞いてたが、ほんとやな。お前の名前は？」

「稲盛和夫」

「高校生だったらもっと高校生らしく折目正しくしろ。交通局から学校に連絡が行けば、お前の学校の生徒全部が学割を使えなくなるかもしれんぞ。そうなったらお前どうする」

　数人分キセルをされた怒りを、ここを先途と和夫にぶつけて厭味を言う。まだ残暑があり、太った車掌は額から汗をたらたら流し、和夫もたらたらと脇の下から汗が流れる。

（ほんとにそうなったら大変なことになる。しまったなァ、あのときやっぱりやめとくべきだったんだ）

もう、ぐうの音も出ない。和夫は自分に主張すべき正当な理由が無い場合、相手から何を言われてもまったく何の反論もできないというところがある。このでぶ、いったい何食ってこんなに太ってるのかなァ、という思いがちらりとかすめる。

（ようしこの太っちょめ、今に見ていろ。今に偉くなってこいつをこっぴどくやっつけてやろう）と、口惜しさがぎりぎりとこみ上げて来るけれども、それよりは、

（どうして俺はこうも頓馬で間抜けでいいかげんな男なんだろう。やりたくなかったら初めからしなきゃいいんだ。こういうありさまでは将来見込みなしだなァ）

という気持の方が強い。

もちろん定期は没収、しかも買ってから十日もたっていない。家は貧乏だが罰金を払わされ、交通局から学校に通告が行って和夫の名が張り出された。しかも、定期は三ヵ月間使用禁止。キセルのときは、何とかなるだろうと思ったが、その結果がこれだった。

あくる日の一時間目、担任で数学の辛島《からしま》政雄先生が開口一番、

「きょうは、ひじょーに不愉快である。実は市電の不正乗車をしてとっつかまり、わが校の名誉を著しく傷つけた者がいる。少しぐらい頭が良くてもそういう者は本校生徒として風上に置けん。馬鹿な奴がいるもんだ」

この辛島先生は、鹿児島中学のときは校長を務め、鹿中が廃校となって市高第三部へ併合されたときは、できのよくない暴れん坊ばかりの鹿中の生徒とともに一数学教師として赴任、さらに玉龍の先生となっていた謹厳実直な人であった。

和夫の得意な数学の先生であり、また敬愛する人でもある辛島先生が、ちらりちら

りと和夫の方を見やりながら皮肉たっぷりに言う。アイウエオ順で席がきめられていたが和夫はみずから望んで一番前の座席におり、キセル組の一人川辺と並んでいた。川辺が横目で和夫を見ていると、和夫はまさに青菜に塩、しょげかえって、肩を落として体を縮め、落胆し切ってじーっとしている。休み時間中も、いつもの陽気な和夫はどこへやら、机に両ひじをついて頭を抱え込んで溜息をつくことしきりだった。

実は、あのとき、一番最後に降りたのは和夫ではなく川辺だった。和夫がこっぴどく、徹底的にしぼられてから降りたので、幸運にも川辺はとがめられなかった。一方、見事キセルに成功した連中は、しょげかえっている和夫を小馬鹿にして笑っているふうだった。義侠心ある川辺はそれに義憤を覚えた。もともと稲盛がやめようやめようと言っていたのに、あいつ一人を犠牲にして卑怯ではないか、だちがい（友だち甲斐）がないではないか。

その日、川辺は心を決めて和夫に言った。「稲盛、お前だけ歩かすのはどうも気持が落着かん。俺も明日から定期を使わないで一緒に歩く」

川辺も薬師町に住んでいたので、近道の城山を下駄ばきで越えて学校の行き帰りをともにした。和夫は、その川辺の義侠心に、これは友に値する人間だと思い、急速に

親しくなっていった。（後年、川辺が結婚したあと、稲盛は川辺夫妻を京都に招待し、自分で車を運転して案内した）

市電のキセルというたかが知れた問題に対する和夫の態度には、和夫の性格がよく出ている。キセルをつかまえて威丈高になる車掌に、（こんちくしょう）と思っても普通はそこまでであって、決して（偉くなって見返してやろう）とまでは思わないはずである。和夫がそう思ったのは、人から馬鹿にされ軽蔑されたと思うことに対する、人並み以上の反発心からである。

また、たとえ名前が張り出され先生に皮肉を言われようとも、（たかがキセルが見つかっただけさ）とへへへと笑ってやり過ごすこともできたはずである。普通はそうする。だが、和夫はやり過ごすことなく、まともに人並み以上に深刻に受け止めたのである。それは小学校、中学校、高校と、明らかに自分より強い相手と、ちょっとした物のはずみで喧嘩しそうになっても、へへへと頭をかいてことを軽く済ませることなく、そこから逃げ出さずにまともに渡り合うことがしばしばであったという態度と同じものである。問題が起きたとき、斜《はす》に構えてやり過ごしたり逃げ出したりしないという姿勢は稲盛和夫に一貫している。そしてそれは決して大胆なためではなく、まさに臆病であるとともに負けず嫌いでもあるがゆえにそうなる、というところにその独自さがある。

さて、汗みずくの墓掘りの甲斐あって、卒業まぎわの二六年一月に新校舎の一部が完成した。和夫たち最上級生は悪さをする連中ばかりで、女の先生は教室の前を通れないほどだったし、外へ出したら何をしでかすかわからないと、修学旅行にも出してくれなかったから、新校舎が大事な学校側はついに三年生を新校舎に入れなかった。みな、ぶっ壊してやろうか、せめて泥でも塗りたくって卒業しよう、と言い合った。

出郷の章

阪大の受験失敗、鹿大へ

高校生活最後の難関は大学への進学という問題である。和夫個人の問題であり、また稲盛家全体の大事でもあった。

和夫は医者になりたかった。二人のおじが結核で亡くなっている。これという治療もなされず薬も与えられずに死んで行ったことが心に残っている。自分が結核だとわかったときの、あのくらくらするような失墜感覚は今もありありと思い浮かんでくる。寝汗をかいて夜半に目を覚ますと、再発したのではないかとはっとする。化学が好きだから、いい薬を研究しよう。自分がみる患者は全部なおす、そういう医者になろう。

大学へは兄の利則も行きたかった。鹿児島実業学校ではいつも級長か副級長だったし、学年一の成績をとって「お前たちでもやればできるんじゃ」と弟たちに威張ったこともある。国鉄時代は寮生活をして給料のほとんどは家へ仕送りし、和夫が中学校を卒業する前に大学へ入らないといかんと思って、寮で受験勉強を始めたが、勉強から離れていた空白は大きく、疲れた体に鞭打って一ヵ月ほどやってみたものの、とても続けてやれるとは思えない。そんな状態でたとえ受験しても受かるかどうか。また、こんな辛い思いを弟に繰り返させるのは忍びない。

「お前は大学へ行け、そのうち俺はいいところから嫁をもらって向こうの親から大学へ行かしてもらう」

しかし畩市は大反対だった。

長男が行ってないのに次男が行くことはない。しかも家中みんなが苦労しているのに、和夫一人が大学へ行くことはない、という理由である。

和夫も、高校のときと違って何が何でも大学へ行こうとは思わなかったし、家のことを考えて一番安定している銀行へ就職しようかと考えた。だが、あの辛島《からしま》先生は、どうしても君は大学へ行くべきだと言い、わざわざ家まで来て畈市とキミを説得してくれた。

「学校で一、二の成績だし、稲盛君の才能をそのままにしておくのは惜しいですよ。苦しいでしょうが、今就職するより、大学で勉強させて自分の好きな道に進ませた方がいいと思います。父さんもお母さんも、考え直してあげて下さい」

利則の言葉もあり、先生のすすめもあり、畈市も折れて来た。

「お前が自分でやって行くというのなら……」

「奨学資金とアルバイトでやって行く」

「それなら帝大へ行け」

「帝大なんて今どき無いよ」

「博多かどっかにあるだろう」

「それは九州大学や、そこ受けるわ」

喜び勇んで辛島先生にそのことを伝えると、「北九州に親戚でもあるのか」と言う。

「いえ、ありません」「それだったら阪大を受けた方がいい」

ということになり、大阪大学医学部薬学科を受験した。宿代がもったいないので、どっか無いかと思案したところ、大阪の天王寺にあった。

熊本から出て来て薬師町で自転車屋を開業している畩市の知り合いがいたが、それは極道もんで近所の評判がよくない上に、排他性の強い鹿児島でもあるため、店もあまり繁昌しなかった。その人の面倒を畩市がよく見たことがあり、酒好きで、和夫が小さいときに遊びに行くと、「来たか、来たか」とあぐらに入れて小遣いをくれたりした。そのおかみさんの妹の家が天王寺にあり、キミは土産に餅をついて持たせてやった。

ここから阪大の受験場に通ったのだが、見事失敗した。

（田舎の高校では優秀でも中央では通じないか。やっぱり俺は駄目だなあ。しかし、あれくらいの問題ならあと一年勉強すれば大丈夫だ。浪人しよう）

一方、キミは和夫の友人から、医学部は六年間もあると聞いて腰を抜かさんばかりにびっくりし、「落ちてよかったなあ」とむしろ喜んだ。そして、医学部を受けるのは許さない、と和夫に厳しく言った。

浪人をしても阪大に、という和夫に今度は利則も反対し畩市はもちろん反対、しぶしぶ二期校の鹿児島大学工学部を受けてここは合格した。一中は駄目で鹿中に行ったのと同じようなぐあいである。

(行きたいと思う学校はいつも失敗する。これでは先の見込みがあまり無いなあ)

国立鹿児島大学が発足したのは昭和二四年、学部は文理、教育、農林、水産だけだったので、同年、県立鹿大が医学部、工学部のみで発足、和夫が入学した二六年(一九五一)はまだ県立時代、まさに〝駅弁大学〟の典型であった。和夫はこの工学部の応用化学を選んだ。この両学部が国立に移管されたのは和夫が卒業した直後の昭和三〇年七月である。玉龍高校で整地だけさせられて新校舎に入れなかったのと同様、いつもめぐり合わせの悪さみたいなものが和夫にはついてまわっている。

(この俺に、宝くじが当たるような僥倖《ぎょうこう》などは絶対ありえないのだ)

和夫がいつしかこう思い込むようになったのも不思議ではない。だが、そうしたつきの悪さが和夫をときに落胆させ、望みがかなえられなかったことが失意のどん底に突き落とすことがあっても、南国的な陽性さが落胆や失意から救い上げていた。そして小学校から中学、中学から高校、高校から大学と迂余曲折はあったが、とにかく大学まで進むことができた。稲盛家によく遊びに行っていた川上は、兄の利則やすぐ下の妹の綾子には和夫に対する大いなる期待があるように思われた。

和夫がジャンパーに下駄ばきで大学へ通い始めた頃、キミが妹の家へ遊びに行った折にたまたま手相見がいた。キミの手相を見て言うには、「奥さんは恵まれています。立派な子どもさんがおられますな。年をとったときにお金にはまったく不自由しません、いいお子さんを持たれました」。信心深いキミは喜んだ。実は運勢判断で嬉しいことを聞かされたのはこのときが初めてではない。

戦前、畩市が仕事の全盛期に、業者の集まりで東京へ行ったことがある。その頃、鹿児島から東京へ行くのは大変なことだったからいろんな土産や自慢話がもたらされた。その中には、高島易断で見てもらった運勢が和紙の小冊子に筆で書かれたものがあった。それによると利則は実業家として、和夫は軍人として成功するとあり、家の一大ニュースとなったことがある。

和夫の軍人志願は敗戦で駄目になったが、小学校しか出ていない両親の子で泣虫の臆病者が高校をいい成績で卒業して、とにかく家では初めて大学へ入った。長男は中塚実商店の主人に信頼されてほとんど休む間もなしによく働いているし、苦労して育てた甲斐があったのかなあ、と畩市もキミも喜んだ。利則はこの年、警察予備隊に入隊した。昭和四年（一九二九）生まれだから、戦時中は軍事教練を受けている。畩市、キミは「軍人さんとおんなじじゃ」と祝宴を開いて送り出した。まさに、かつての出征兵士並みだった。

利則はあいかわらず給料の大部分の仕送りを続け、和夫は奨学資金をもらうほかアルバイトなどをし、県立図書館で勉強して本代を浮かし、毎月一〇〇〇円をキミに渡した。

キミの結核と斎藤先生の教え

この前年の二五年には電力制限令が解除され、魚と衣料の統制が廃止、煙草の配給制も廃止されたことからもわかるように、戦後の物資不足もある程度収まり始め、第一回ミス日本コンテストが行われたり（ミス日本、山本富士子）、六月の朝鮮戦争による特需景気でしだいに戦後色が日本から薄れつつあった。

和夫が大学入りした二六年には、初めて死因の第一位に脳溢血がなり結核が二位になった。しかし、この翌二七年に今度はキミが結核になってしまった。

三七度二、三分の熱が続き医者の診断で鎖骨の下に影があるとわかり、気胸《ききょう》療法（人工的に肋膜腔内に空気を入れ病巣を縮める）を始めた。この頃はすでに薬が開発されていたが、長年の胃弱のため薬を飲めなかった。しだいに食欲を失ってなおやせて来るので、腸結核ではないかとも言われた。この宣告を受けたときキミは、夫の弟たちが結核で死んでいるので、もう駄目だと自分の人生を諦めた。

「別に養生もせん、薬もいらん。医者にかかって借銭をたくさんからって（借りて）それで死ねばあとに残された人が気の毒だから医者にも行かん」。それに対して利則は、「お母さん、この家を売ってでも医者にかけてできるだけのことはしますから」と言った。

一方、和夫の気にするたちはいぜんそのままで、キミが、「和夫ちゃん、タオル持って来て」と言うと、いかにも汚いもののように二本の指先でちょんとつまんで持って来るというあんばいで、（あー、わが子でもこうかなぁ）とじーんと胸が締めつけられる。

（恐ろしい子やねぇこの子は、ほかの子はそうでもないのに）

金がないから入院できなかったが、痰を何回培養しても菌は出なかったし、今も病巣らしいものは残っていないから本当に結核だったのかどうか、戦中戦後にかけての苦労が溜まりに溜まって発熱したのだろうと、畯市もキミも今は思っている。初め医者に見せたとき、「あんた、この体でよう今までもてたもんだなあ」とほとほと感心したことが、キミの体の酷使と衰弱の様を物語っている。

考えれば、戦前は袋張りと袋売り、夫の二人の弟が結核で死亡、和夫の結核、空襲、大した労働もしていない小さい体で芋を二〇キロも担いだ戦後の買い出し、小山田での耐乏生活、物々交換、行商、戦中戦後を通じて変わらぬ子育て（二三年には末子の実を出産、命が危ぶまれるほどの虚弱児だった）。当時の明治生まれの日本の多くの母が背負った困難をキミもまた負い続けていた。

そのキミに今度は近所の医者の奥さんが『生命の実相』全巻を、「亡くなった主人が熱心に読んでいましたからあなたも読んでみたらどうですか」と持ってきてくれた。それを枕もとに置いておくと和夫が、「お母さん、読む気力がないでしょう、読んであげる」と読んで聞かせてくれた。

和夫は思った。父は結核の重病人であった二人の弟の面倒を見、その死を看取っている。息を詰めて病室の前を走り抜けた俺は結核になり、赤ん坊がいるせいもあって、やはり結核を恐れて病人に近寄らなかった母が今またこうして結核になった。病菌に一番近いところにいて物理的条件が一番悪い父は結核にかかっていない、それにくらべてはるかに物理的条件がよい俺や母は結核になった。まさに心のありようが病気を呼び寄せるのだ。心に曇りがあり妄想を抱いているからそれが現世に写し出されて病気となって現れる。自分がこうむるあらゆる現象、たとえ病気といえども、そのことによって自分は不幸なのだと思うその心がますますその人間を病いに追いこんでいくのであって、結核にならされたことすらも感謝しなければならない。

自分が結核になったときに読んだ『生命の実相』から自分の中にしみ通ってきた思想を反すうしていると、やはり中学のとき、通信簿で「努力すれば立派になる」と勇気づけてくれた修身の斎藤先生が教室で話してくれたことが改めて思い出される。先生が教えてくれたこともまさに、心を正しく保て、ということだった。

「私は卑怯なインテリが一番嫌いだ。それよりは無知無学でも義に厚いやくざの方がはるかに立派だ。こそ泥をしようと思って押し入ったのに、家人に気づかれて出刃包丁を振り上げて強盗に居直る。これが一番悪い。人を殺してでも物を取りたいと思うなら初めからそのつもりで行け。こそ泥だったら見つけられたら逃げるべきだ。終始一貫しない奴、豹変する奴は嫌いだ」

この先生は一中出身で、七高の先生をしていたが、定年後鹿中の教師になっていた人だった。鹿中には一中をすべって強い劣等感を持った連中が集まっていたので、誇りを持て、勇気を持てという話をことあるごとにした。

「だいたい、一中の生徒か鹿中の生徒かということは帽子や制服を見なくてもすぐわかる。そもそも話題からして違う。お前たちはくだらんことばっかり話しとる、なっとらん！」

とまず一喝する。

「昔、中学野球の県大会では一中が毎年優勝していた。忘れもしない。ある年、鹿児島商業と優勝を争ったことがある。試合の途中、一中の選手が打った球がファウルかヒットか非常にきわどいことになって試合が一時中断するほど紛糾した。フンキューというのはもめるということだ。結局、一中側に有利な判定が下って試合は続行され一中が勝った。その表彰式をやろうとするまぎわに、商業側はさっきの判定が納得できないと、再試合を強硬に申し入れた。『男らしく再試合を受けてみろ。改めてきれいな試合をやって雄雌《しゆう》を決しよう。それまでこの優勝旗はお預けにしようではないか』

で、一中側はどうしたか。監督、主将以下は表彰式が始まる前に優勝旗を担いですたこらさっさと学校へ逃げ帰った。そして、いいか、よく聞け、それ以後、あの強かった一中は決して優勝戦に出ることはなかった。

このことをお前たちはどう思う。もし、もしこのとき一中が『よしやろう』という正々堂々たる態度であれば、そういう態度であれば、いいか、よしんば負けたとしても、たとえ負けてもちっとも負けてはいないのだ。また、一中がそういう態度でやれば絶対商業が勝つわけがない。試合が終わってから再試合を言って来るのは卑怯だが、優勝旗を持ち逃げするのはこれよりはるかに、はるかに卑怯なことだ。

いいか、よく聞けよ。ここが、ここが大事なところだ。いさぎよい心をもてなかった一中は、以後優勝戦に出ることはできなかった。なぜなら、逃げることにおいて、逃げることにおいてすでに戦わずして負けていたのだ」

後年、この斎藤先生の話を、そのまま人に説くことになろうとは、もちろん和夫の思い及ばぬことである。

ところで、キミが発病した頃だろうが、畯市は和夫に「もう大学をやめて働いてくれ」と言った。警察予備隊の長男が送金してくれるけれども、和夫が働けば家の収入がふえることははっきりしている。それでも和夫は働きながら大学へ行き通した。働いている妹の少ない小遣いから本代をせびることもあった。そのときは必ずこう言った。「お兄ちゃんが勉強して偉くなったら一〇倍にして返すから」。言う方も聞く方も笑いながらのことだった。

鹿児島大学の研究室の仲間と　前列右が和夫　1952年

　アルバイトは家庭教師のほか百貨店山形屋の夜警をよくやった。同じ鹿大工学部応用化学で二年後輩になる樋《ひ》渡《わたし》真明が交代で引き継ぎをするときに、「この人があの稲盛さんか」と思った。実験室でときどき姿を見かけており、教授の竹下寿雄から、「ここ二、三年の先輩の中でももっとも人間的にすばらしい男だ」とよく聞かされていたからである。後年、二人が同じ釜の飯を食って一方は怒る側、他方は怒られる側になろうとはどちらも思いもよらない。この樋渡と机を並べて四年間一緒に勉強した徳永秀雄もまたそうなるのだが、それはこの先まだ数年の歳月を経てからのことである。

ところで、この山形屋を舞台に、げに儚《はかな》くも美しい悲恋物語が展開された。悲劇の主人公は稲盛和夫である。週に何回か、夕方から夜明けまで夜警の任に当たるが、この頃はのべつ幕無しに勉強しているので試験になってもとくに勉強する必要は無かった。ほかの連中は一夜漬けの勉強をしているのでこの時期の夜警はとくに喜ばれた。

しかし、夜警をしながら心に思うこと無きにしもあらず。

(青春というのは二度とない。毎日勉強とアルバイトだけで俺の青春が明け暮れるとすれば、いったい青春て何だ。しかし、ほかに何をすればいいんだ……。そうだ、あった、恋をしよう、恋を)

思い立つとすぐに実行したくなる。しかし、一念発起《ほっき》したのはいいが対象となるべきヒロインがいないではないか。よし探そう。夕方、山形屋へ行くとちょうど店員の退《ひ》け際《ぎわ》で、女店員たちが華やかな嬌声とさんざめきをまき散らしながら帰るのと出くわす。宝の山を目の前にしているのだが、どうしたらいいかわからない。とある日、いつもより早目に、心をはずませながら山形屋へ行き、夜しか歩いたことのない売場

をきょろきょろと探し歩いた。そして、見つかった。あつらえたように人形売場にいた。（恋をするならあんな子や）

しかし、薩摩の郷中教育には男を鍛えることだけがあって、女を口説くすべなど何も含まれていない。男が存在するのは主君または天下国家のために存在するのであって、そのことにくらべれば、女のことなどささいな私事にすぎない。

もともと和夫には、未知のものには手も足も出ないという臆病さがある。まして見ず知らずの女性に男性として声をかけるということなど不可能である。そこで川上に頼むことにした。川上はいやとも言えず、粘りに粘ってその女性を連れ出し、引き合わせることに成功した。和夫は無い中からやっとのことで金を工面して映画の券を二枚買って見に行くところまで漕ぎつけたのだが、川上後見人は後見が過ぎて一緒に映画館へ入り、和夫は、気をきかせて姿を消せばいいのにと内心思うのだが、彼女を家へ送って行くのまでついてくる始末。その後、やはり川上を介して二、三回会ったのだが、やっと二人きりで会うことができた晩、彼女は言った。

「東京の世田谷の郵便局に勤めている人のところへお嫁に行きますから……さようなら……」

言葉もなく、まして涙などなく、物語は閉じられた。

そんなことがあったことなど露知らないキミだったが、家に来た和夫の友人に「どうですか家の子は」と聞くと、「はァ、喧嘩も一番、勉強でも一番、親分ですよ」という返事だったので、「はァ、あの子がねェ」とびっくりしてしまった。事実、応用化学の連中はよく和夫に勉強を教えてもらい、親分と呼んで遊びごとでもよく相談に行った。

試験のときこんなことがあった。ほかの問題についてはすべて出来ているのに、コロイドに関する問題については珍しく白紙だった。先生が、稲盛らしからぬことだと思い、あとでわけを聞いてみた。その答は、

「風邪をひいて熱が出て、コロイドについてはあるところまでしか勉強できてませんでした。あいまいに書くのがいやで白紙で出しました」

というものであった。完全主義はここでも発揮されている。

一方、照國《てるくに》神社乱闘事件と空手傷害事件なるものがある。

高校を卒業したときか大学に入ったときのコンパが照國神社の近くの料理屋であった。それまでは酒といっても晩市は飲まないし、自分でもなめる程度しか飲まなかっ

たのがこのコンパで初めてへべれけになってしまった。仲間と千鳥足で蛮声をあげながら大鳥居にさしかかったとき、与太者何人かと遭遇して殴り合いになり、みな散りぢりになって和夫は果物屋の店先にぶっ飛ばされて、店の果物をめちゃめちゃにしてしまった。

そこで一念発起発奮して、護身用にと大学の空手部に入って少林寺拳法を習い始めた。家の立木に藁を巻いて練習もした。そして学校で部員と組手の練習をしていたときのことである。

相手の蹴りを手ではねて突きを入れ、相手はその突きをはねて蹴りを入れるという連続技をしているとき、和夫の突きを相手が受け切れず、口にまともに入ってしまった。そのためちょうど拳の幅に相当する前歯四本が折れて裏側にあがってしまった。

以後空手とはすっぱり縁を切った。何かことを起こしたときに、うじうじといつまでも後をひかず、すぐその場で問題の始末をつけてしまうという思い切りの良さもまたある。

この稲盛親分にも大いなる悩みがあった。実験器具破壊人であった。一番大きいものでは、蒸留水を入れた瓶をすとんと落としてがちゃん。また沈澱物を濾過するのに普通のフィルターでは濾過できないものがあって、島田欣二教授（無機化学）が大切にしていたフィルターを借り受けることにした。「これは昔、ドイツから取り寄せた高価なものだ。気をつけて使ってくれよ」と厳重に注意されて借りたものを、一時間もたたないうちに壊してしまった。

（どうして俺はこうも注意力散漫で、そそっかしくて頓馬なんだ）

何かにつまずいたときでも、そのことにあまりくよくよせずに自分を前へ進めさせてくれる鹿児島的な陽性さが、他方では、こういう緻密で細心な注意力と集中力を要求される実験器具の取り扱いといった場面では、そそっかしさとなって現れる。自分の陽性さに伴うそういう欠点を直していかなければならないと切実に考え始めるのは、大学を出て就職してからのことである。

一方、和夫が大学に入った頃、四〇を過ぎて間のないキミが悩むことがあった。

（自分は小学校しか出ていないし、常識の無いことばかり子どもに言ってるのかもしれない。子どもが大きくなって来るともう子どもについて行かれん。どうしたものかなあ）

和夫とよくぶつかるのだった。しかし、和夫が大学の専門課程に進むあたりからあまりぶつからないようになった。和夫の方から「それはこうだよ」と教えてくれるようになり、キミも、「そうかそうか」と素直に受け入れるようになった。それでも心残りはあった。

（どんな子になるもんだろうか、心配だなあ。よく行けばいい方、やがて共産党にでもなったらどうしようか）

和夫が大学に入った年の昭和二六年一〇月、日本共産党武装闘争方針決定。二七年五月、血のメーデー、アカハタ復刊。

和夫自身、とくに共産党のことは意識になかったが、小さい頃からの正義感と、貧乏な家庭の子として世の中を見た場合のさまざまな矛盾に対する批判精神は強くあった。士族でないがゆえのいろいろな差別という体験もある。インテリやくざにでもなろうかと考えたこともある和夫だった。

就職試験の失敗、松風工業へ

学生生活最後の難関が目前にある。就職である。それは畩市やキミが首を長くして待っていたものであった。

だが、ここでもやはりめぐり合わせが悪い。和夫が卒業する昭和三〇年頃は就職難の時代であり求人も少なく、試験が受けられるだけでも良しとしなければならなかった。川上満洲夫がこのとき働いてくれた。川上のおじが通産省に勤めており、その人から和夫を石油会社に紹介してもらおうと、二人が夜行列車で上京して早朝訪問したが、事前に何の連絡もなかったという理由で会ってくれない。奥さんのとりなしで川上だけはわずか一〇分か一五分だけ会うことができたが、和夫は家にも入れてもらえず、夜汽車の疲れを背負ったまま外で待っていなければならなかった。そんなありさまだから紹介の労など取ってくれるはずはなかった。

こうして、まず第一段階で和夫は苦い思いを味わわねばならなかった。

しかし、和夫は自分で願書を出して帝国石油の試験を受けることはできた。汽車賃がもったいなく、普通列車を乗り継いで三日がかりで東京は日暮里《にっぽり》の試験場に駆けつけた。しかし、受験生たちが、コネがないと絶対入れんのだという話をしているのを聞いて愕然となった。結果はもちろん駄目だった。大学の先生もどこかへ就職させたいと奔走したが駄目、発足してから年数がたっていない駅弁大学の悲しさであった。

(どうしてこうも俺はなすことやることがうまく行かないんだろう。中学駄目、大学駄目、就職駄目、コネなど見つけようがない貧乏で子だくさんの家。なるようになれ。斎藤先生は義に厚いやくざをほめていた。俺は空手もやっているし、頭が良くて腕っぷしの強いインテリやくざになってやろうか）

天文館通りにある小桜組の前を歩きながらそんなことを思案したこともあった。

一方、応用化学の竹下教授は、学生の売れ先が無いので東京、大阪と駈けずり回っていたが、昭和二〇年に朝鮮の京城大学を卒業した当時の知り合いが、京都にある松《しょう》風《ふう》工業という高圧線の碍子を作っているメーカーの技術部長になっていた。その人に頼み込んで和夫が四年生の夏に、松風入りが内定した。しかし、碍子のメーカーだから有機化学の者はいらない、磁器を専攻した人間がほしいという返事だったので、あわてて無機化学の島田欣二教授のもとで半年間だけ粘土鉱物の研究に携って卒論をまとめ、無機を卒業したということにした。つまり、和夫は、その後の専門となるセラミック（磁器）の勉強は大学でわずか半年やったにすぎない。半年間の研究を「入来《いりき》の粘土」に関する論文にまとめて卒論として発表したが、この卒論がもとでまた一人の先生との出会いがある。

その先生は内野正夫と言い、卒論発表の少し前に工学部に着任した。熊本生まれ、東大応用化学出身で、戦前は満洲の鴨緑江《おうりょっこう》発電所の電力を使って満洲軽金属の設計から運転開始まで携ったことのある人だった。

卒論発表のときは、その先生も前にすわって、みなの卒論発表に耳を傾けていた。そして卒業式の謝恩会のとき和夫のそばに寄って来てにこにこしながら肩をぽんと叩き、「稲盛さん、あなたはすばらしいエンジニアになりますよ」と言うのだった。ほめられたのもさることながら、赫々《かくかく》たる業績で知られた先生が、さんづけで自分を呼んでくれたのが驚きだった。鹿大の先生とは友だちみたいな感じで、親しい先生はみなくんで呼んでいた。

「先般のあなたの論文とあの説明は、東大の学生のものよりすばらしいと思う」。謝恩会のあと、コーヒーでも飲みましょうと、天文館通りの森永という喫茶店に連れて行ってくれた。和夫を親分と呼ぶ応用化学の連中四、五人が一緒だった。ジャンパーに下駄ばきで大学に来ているような和夫にはコーヒーなどはまったく縁が無く、せいぜいラーメンをすする程度であった。内野は鋭い目で精悍なつら構えながら言葉づかいは極めて丁寧で、「頑張りなさいよ」と励ましてくれた。

こうして京都へ出発するという前日、家族が集まって「稲盛一族から初めて都会へ勤めに行く人間が出た」とお祝いをして送り出してくれた。服装は、利則がなけ無しの金をはたいて買ってくれた背広である。

だが、この門出は決して希望に満ちたものではなかったし、京都では落胆の日々が待ち受けていた。

松風の章

「君にはフィロソフィーがある」

「おー、お前か稲盛というのは。鹿児島だけあって色が黒いなっ、はっはっはっ」

松風《しょうふう》工業へ入社した最初の日、大卒新入社員五人の顔を見ながら、経営者が稲盛にかけた言葉がこれだった。自分の席の古ぼけた木机が新入社員という気持になじまなかった。

その日から寮に入ったが建物は崩壊寸前、幽霊屋敷かと見まがうばかりのぼろ家で、畳はほとんど表がないくらいにすり減っていた。腰を下すのもちゅうちょするくらいで、先輩に教えられて蓙《ござ》を買ってきて敷き、やっとすわる気になれた。一緒に七輪と紙袋入りの炭を買いこみ、味噌汁を作って自炊した。

そもそも応用化学出身の学生が当時一番行きたがった職場は石油化学を中心とする有機合成化学であり、稲盛も人並みにそれを望んだ。だがそれはかなえられず、応用化学出身の者がもっとも行きたがらない磁器、焼物の世界に入らざるをえなかった。出来の悪い者しか行かない、そういう世界だった。

松風工業の正門前にて　1955年

それまでの松風は弱電用セラミックとは縁のない会社だったが、場所が国鉄東海道線神足《こうたり》駅の近くにあり、同じ沿線の高槻《たかつき》にあった松下電子工業から特殊磁器開発の依頼があって研究に着手され始めていたのが、稲盛たちの入社時期だった。その研究にあたっていたのが京大出身の平林正也研究課長で、稲盛はそのもとで研究員となり、他の大卒者は碍子部門にまわされた。

稲盛が入社する前年の昭和二九年（一九五四）は日本のテレビが一万台を突破する一方、電気洗濯機が普及し始め、三〇年にはソニーがトランジスタラジオを発売、年の後半から神武景気が始まってテレビが一〇万台を突破した（稲盛と同じ昭和七年生まれの石原慎太郎が『太陽の季節』で芥川賞を受賞したのが三一年である。映画監督の大島渚、作家の五木寛之らも同年生まれである）。

松風の同期と　右端が和夫　1955年頃

松下の依頼は、テレビのブラウン管に使用するU字ケルシマで、オランダのフィリップス社から輸入していた製品と同じものを作ってほしいというもので、松下はテレビの増産にそなえてケルシマの国産化を考えていた。

稲盛はこの研究に携わることになったのだが、初めは研究のことよりも、いかにして鹿児島弁を出さないようにするかに努力を払わねばならなかった。鹿児島では電話を使うことなどなかったから、研究室にかかって来た電話の応対もできなかった。大卒五人の中ではもっとも世間知らずの山猿というふうで、劣等感に悩まされた。

しかし、田舎大学ではあったけれども友人も先生も認める優等生であったという自負はあり、内野先生にほめられた記憶もまだ鮮烈に残っている。だが、いざ研究をやってみると大学時代の勉強が本質的には何も身についていないことを痛感させられる日々の連続だった。しかし、会社は再建途上にある赤字会社で給料も遅配、同期の連中が寄るとさわると「やめたいやめたい」と言い、しだいに環境になれてきた山猿もその尻馬に乗って「こんなぼろ会社やめたるわい」と、上っつらな陽性さが顔を出し始める。

そして、一年たらずのうちに二人はやめ、次の一人は松下電器に中途入社し、一人は自衛隊に入った。一人取り残された形の稲盛も自衛隊入りを考えたが戸籍謄本の届くのが間に合わずこれも駄目、他に転職の可能性があるわけでなし、自分の置かれているみじめな状態をありのままに見つめて、さらに自分の仕事のやり方を考え直さざるをえないところに追い込まれて行った。

たとえばAとBにCを投入すればしかじかの反応があり、それをフィルターにかけて乾燥したのち冷やして重量を出すという簡単な操作は、学校では〝わかっていた〟ことだった。しかし実際にものを作るという立場でそれをやってみると、非常に誤差が出てくる。

あるいは、粉体同士または粉体と液体を混合する場合、何をもって〝混合した〟と言えるのか。乳鉢で二、三分練っても〝混合した〟ことになるし、一時間やっても〝混合した〟と言えないこともある。こうした場面では、電話も取れない田舎者であるという自覚と臆病さが、素直に先輩たちの言うことに耳を傾けさせることになり、また誤差を少なくするために乳鉢やビーカーの掃除というわかり切った単純作業も助手まかせにせずに、自分の手でやるという形をとって現れた。それは、大学時代、実験器具破壊人であったという集中力のなさを自分自身で変えていくことにもつながっていった。

また、セラミックを焼く場合、原料を同じ密度で充填しておけば同じ比率で収縮して焼きあがってくるはずだが、密度が均一でないため寸法精度は期しがたいというのが窯業の常識であった。

この均質化はいかにして可能か、それを来る日も来る日も考えていった。原料を充填する際の圧力計が無いし、またそれを買ってほしいとは言えない新参者である。歩幅を決めて体重をかけ、それで圧力計がわりとした。その結果をデータにとっていった。そういう馬鹿みたいな作業を大学では学問と見なさないけれども、その一見非学問的な作業の果てに積みあげられていったデータが次の飛躍を準備していった。またそういう作業は、いやなことはすぐ忘れてしまうという、鹿児島的陽性さにはない忍耐力を必要としたし、大ざっぱではない細心さを必要とした。

そういうとき和夫は、寡黙な父、仕事の展開には歯がゆいほど慎重臆病であった父、製袋機のカムとローラーを一つ一つ丹念に調節して直していた父、裁断機がないため大きな包丁と別注ののみで紙を無駄なく裁断していった父畩市《けさいち》の姿を思い浮かべていた。父から直接教わったわけではなかったが、まさにそのとき、父は和夫の中で師であった。

こうして仕事に興味が出てくると独身者の気楽さ、七輪や鍋を研究室に持ちこんでそこで食事をしだした。給料は九〇〇〇円で一〇〇〇円が税金。昭和三一年当時の民間会社の初任給平均が一一八〇〇円、公務員の給与ベースが一五〇〇〇円強、もりそば三〇円、ビール一二五円、コーヒー五〇～一〇〇円、煙草の新生、ピースが各四〇円だった。おかずは味噌汁に干物二、三尾といったところで、月に二～三〇〇〇円家へ仕送りした。原資が乏しいから各経費を分けて封筒に入れて使った。週に二、三度家庭教師もした。

一方、努力の甲斐あって松下から依頼されていたケルシマの試作が軌道に乗り出し、注文が受けられるようになった。稲盛はそれまで研究課の一員として研究のかたわら特磁の製造にもあたっていたが、それが特磁課として独立した。

稲盛は、「ニューセラミックでこの会社を立て直す」という意気に燃えて仕事にあたり、特磁課の仕事もふえて忙しくなってきた。そこで碍子部門の人間を特磁課にまわそうという話が出て、それを稲盛がたびたび拒否するという問題が起こってきた。碍子部門は受注が減って余剰人員が生まれてきたが、組合もありすぐ削減はできず、特磁課は受注がふえて人手不足がち。会社としては当然、特磁に人をまわすことを考える。だが、会社全体が沈滞ムードで、給料も安いから定時間内は大して仕事をしないで残業代稼ぎをするのが当たり前のようになっていて、会社側も見て見ぬ振り。必要なときは徹夜してでもやるが、不必要な残業は許さないという方針で部下を統率していた稲盛だから、「雑兵《ぞうひょう》だけ集めてもいいものは作れない」と会社の方針を拒否、それでも、余剰の人員から使えそうな人間だけ選び出し、あとは渋い顔の社長から「勝手にせい」という許可をもらって、京都駅前七条の職業安定所で雇い入れてくるということまでやってのけた。

そうして雇われた一人に浜本昭市がいた。昭和一一年生まれで二九年に鳥取工業高校を卒業して国鉄に勤務することが内定していたが、半年ほど自宅待機のような形になった。おばが京都の向日町《むこうまち》に住んでいてそこでぶらぶらしていたが、いつまでもそうしているわけにはいかず職安に来ていて、稲盛の求人にぶつかった。

もちろん、松風工業が浜本の会社づとめの最初で、鳥取の生家は半農半漁、田と畑の仕事をやらされて肉体労働はなれっこになっていたので、どんなに忙しくても辛いとか厳しいとかいうことはまったく思いもしなかった。「金は天から降ってこん」、これが稲盛の口ぐせで、仕事のことでも個人のことでも稲盛に相談すれば解決してくれた。浜本から見ると、稲盛の仕事ぶりはパーフェクト、若いのに人間ができてるなあ、といつも感心させられた。

浜本の田舎には鉄道が通っていてトンネルがあった。学校の友だちとよく線路を歩いたが、トンネルがあると、臆病な浜本だけは、汽車がいつ来るかわからんから恐いと、必ず山を越えて歩いた。その話を聞いた稲盛は（うん、こいつは仕事ができる。そういう臆病さが仕事をなす上には大事なことなのだ、こいつはいい）と思った。

この浜本に続いて、倉敷の工業高校（電気）を出た伊藤謙介（昭和一二年生まれ）が重役の紹介で入社し、稲盛のフォルステライト磁器研究の助手をつとめた。先輩から「こんなボロ会社によく入ったなあ」などと言われたが、親分肌で兄貴みたいな稲盛が何かと面倒を見てくれた。仕事の面ではこんな注意を受けた。

「どんなに技術を持っていてもそれだけでは駄目なんだよ。たとえば、原料を調合するときの玉石《たまいし》をきれいに拭かないといかんのだ。たとえ粉砕理論を知っていても玉石の窪みにごみでもつまっていたら、もう実験にならない。そういう一見何でもない細かい点にも注意しないといかん」

同じ年、製造部長青山政次の夫人の知り合いである須永という人の娘朝子が、青山の紹介で入社、特磁課の事務員として働くことになった。入ってみて、工場がそこら中泥だらけで汚いのにびっくりしたが、二人の若者が目についた。一人は伊藤謙介（一九歳）、一人は浜本（二〇歳）、どちらも泥だらけの服装で、いかにもじじむさい格好であったけれども、二人の手にかかると客先から注文された通りのものができあがってくるのにびっくりした。そして稲盛は、工場に転がっていたような壊れた陶器にニクロム線を巻いて電気こんろとし、ミルクを沸かすような鍋で米を炊き、工場の隅っこで食事をしていた。須永は多くの工員たちのいる前でそういうことをしているのを見るに見かねて、やがて弁当を作っていくことになる。

特磁課の奮闘はあったけれども松風自体の業績は悪化の一途をたどり、碍子の輸出にあたっていた第一物産（のちの三井物産）が松風の主力銀行である第一銀行の仲介で、資金面のてこ入れをすることになった。その事前調査に物産から調査団が派遣され、団長として物産切っての海外通と言われた吉田源三という人物が来社した。

ある日会社の幹部が、吉田が会いたいと言っているからと稲盛を呼びに来た。俺みたいなちんぴらに何の用事かと思い、泥まみれの作業衣のまま行ってみると、今晩会いたいと言う。夜、指定された大阪中之島の新大阪ホテルのロビーへ一張羅の背広を着て行った。このときが、稲盛がホテルというものに足を踏み入れた最初である。

金モールつきの制服制帽のボーイがうやうやしく頭を下げて戸を開け、「いらっしゃいませ」と言うのにどぎまぎして、それまで踏んだことのないようなじゅうたんに思わず足をとられそうになりながら入ったロビーの広さにまずびっくりした。高い天井から豪華なシャンデリアがぶら下がっていた。きょろきょろしながら歩いて行くと、奥まったところのソファーに、いかにも海外生活の経験が長いという感じの吉田源三がいた。

「やあ、いらっしゃい。どうぞおすわり下さい。お忙しいところをお呼び立てして済みません。実は内野正夫君とは東大時代の同級生でね、彼からは稲盛さんのことをよく聞いております。ぜひ二人だけでお会いしたいと思いましてね」

「稲盛さんどうです、あなたの目を通した松風はいかがですか。将来性はありますか。この技術についてはどう思いますか」

どことなく外国人が話す日本語みたいなところがあり、「どうです」「思いますか」という語尾に必ずアクセントをつけた。そして、まさに紳士としての扱いであった。

「はい、特磁課の仕事は将来が大変楽しみで、今以上に発展させる自信もありますが、そのために必要な設備の導入には上の方が極めて消極的で、せっかくのお客さんの要望に応えることができず、ときに泣きたいこともあります」と、会社のミゼラブルな状態から始まって自分なりの打開策をしゃべり始めた。コーヒーを口に運びながらじいっと耳を傾けていた吉田は、突然ぱっと目を輝かせて稲盛を見つめ、大きな声で言った。

「あなたにはフィロソフィーがある、えらい！」

(フィロソフィー、とたしかに言った。なんや、フィロソフィーというのは)

何かほめられていることはわかったが初めて聞く言葉だった。

〝京セラフィロソフィー〟という言葉の淵源は実にこの新大阪ホテルのロビーでの会話にあった。

一方、内野正夫は鹿大で教壇に立ちながら、屋久島《やくしま》に水力発電を起こす計画に奔走し、東京と鹿児島をしばしば往復していた。屋久島は種子島《たねがしま》西南にあり、九州の最高峰宮之浦岳をはじめとする高峰がそびえ立ち、屋久杉の原始林がうっそうと茂った水量豊富な地域である。

この水を利用した電力による一大化学工場を作るべきであると、内野は通産省や関係大企業と折衝していた（のち、屋久島電工が完成）。

この東京への行き帰りには、京都駅を何日何時何分に通過する汽車に乗っているから京都駅で会いたいという電報をよく会社までよこした。稲盛は会社の許可をとって作業服のまま神足《こうたり》から京都駅に出、停車時間を利用して先生と会った。
「稲盛さん、どうですか、頑張ってますか」と必ず聞いた。製品開発の進みぐあいなどを手短かに報告すると、「そうですか、それはよかったですね、頑張って下さい」と発車ベルが鳴るまで、いつもながらの鋭い目で、しかし、やさしさをこめて稲盛の話を聞いてくれた。それだけで非常な勇気を与えてもらったような気持になる稲盛だった。

こういうことが続いているときの吉田の来社であり、とにかく物産の松風工業へのてこ入れは決定した。

「私は君に惚れたから」

翌三二年、春闘の賃上げ交渉がこじれて松風の従業員組合がストライキに入った。これには人員削減問題も含まれていた。このとき稲盛は、松下への納品の約束を優先させるべきだと考え、会社から頼まれたわけではなかったが、特磁課としてはストに参加しないという態度を打ち出し部下を説得した。

組合は、稲盛をはじめとする特磁課のそうした態度を喜ぶはずはなかったが、会社の黒字部門として唯一の〝希望の星〟であることはだれも否定できなかったし、また特磁課の結束も固かったため、スト破りとして表だった指弾をするわけにもいかず、特磁課の作業の継続は黙認、出荷もなるべく目立たぬようにしてほしいということになった。こうして特磁課の者たちは鍋釜持参で、碍子の工場とは別棟になっている特磁課の工場に泊まりこむことになった。

このストライキが起こる前の四月、会社が稲盛の優秀さを認めて同じ大学から取ろうということになって、鹿児島大学からもう一人特磁課に入ってきた。それは、稲盛が大学時代、山形屋の夜警のアルバイトをしていたときの樋渡《ひわたし》の友人徳永秀雄である。

徳永は松風工業とほとんど同時に大阪の特殊ゴムを作っている会社に合格したのだが、松風で会った稲盛のまじめで誠実な人柄が強い印象となって残っており、それに惹《ひ》かれて松風入社を決めた。徳永の給料は八五〇〇円、昭和三二年の大卒の初任給（民間）一二八〇〇円、よその会社に入った友人は一〇〇〇〇円だった。

しかし、松風がいい会社なのか悪い会社なのかもわからず、稲盛があしたいこうしたいと語る夢に聞き惚れ、稲盛が開発したニューセラミックが弱電方面で伸びてい

特磁課の仲間たちと　右端から和夫、徳永、浜本、北大路、須永朝子、前列左端は伊藤

くだろうと思い一所懸命働いた。酒好きで給料はほとんど飲み、ひげが濃く一見、薩摩のぼっけもん（豪傑、向こう見ずといった意味あい）の風貌をしているが、立居振舞言葉づかいにやさしさがあった。飲み出すと際限がなくなるので、稲盛に「きょうはこれだけ飲むと心づもりして飲め、二時間なら二時間で切り上げろ」と叱られることもあった。

　当時、稲盛は主任。課の仕事は忙しくて徹夜まがいの日も多く、朝帰りをして昼頃また出て来たり、体をこわすぞと徳永に忠告する人もあった。浜本は原料にいろんな糊料を加えて土練機《どれんき》からうどんみたいなものを引っぱり出し、伊藤はU字ケルシマの耐熱性の試験に取り組んでおり、その仕事の緻密さと根気強さに徳永は敬意を払わざるをえなかった。

稲盛は定時後、自分が研究開発したフォルステライト磁器の合成過程を黒板に書いて熱心に説明した。当時、とくに文献があったわけではなく学問的に研究されているわけでもなかったから、徳永には稲盛が自分の頭の中にあることをできるだけ理論づけようと努力しているように思われた。

また、稲盛がその頃も碍子の余剰人員を容易には受け入れないことについて徳永に言う者がいた。「お前と同じ鹿児島やろ。あれじゃ世の中渡れるもんじゃないよ。名人芸でものを作っても知れてる。それだけのもんだ。みんなでやらなけりゃいかんのだ」

さて、ストライキが収束したあとの夏、貿易部長の上西阿沙《じょうにしあさ》が炉をほしいというパキスタンの人間を連れて来た。製造部長の青山が稲盛の開発した電気トンネル窯がパキスタンの要求に合うと考えて稲盛に紹介し、翌三三年春には出荷できるようになった。

パキスタン人は稲盛を大変気に入っており、現地での指導を稲盛にしてほしいと要望して来たが、会社は特磁から稲盛が抜けると困るという理由で断り、特磁部長でもある青山が出かけて指導にあたった。しかし、パキスタン側では、稲盛に長期間指導をしてほしいという気持が強く、最終的に青山と二人で月給二〇万円という条件を出して来た。

稲盛自身、松風での特磁の発展はあまり望めないと思い始めていた頃であり、海外の事情を知りたい、とくにアメリカに渡って勉強したいというのは少年時代からの一つの夢でもあった。（パキスタンへ出ればそこを足がかりに欧米へ行くこともできるだろう）

それにパキスタン側が出すという給料であれば、一流のホテルへ入ってメイドを雇っても半分以上は残る。たまたま鹿児島に帰ったとき、警察予備隊をやめてまた中塚実商店で働いている兄の利則に話をした。

「兄さん、俺パキスタンへ行こうと思っている。兄さんは三年間俺のためにがんばってくれたから、俺もパキスタンで三年間がんばってできるだけ辛抱してできるだけ多く送金するからそれを貯めて、帰ってから一緒に商売しよう」

「うーん、お前の気持は嬉しいが一度先生に相談した方がいいぞ」

そこで、内野先生に相談に行った。

「あー、それはいけません。パキスタンあたりに行ってなけなしの技術を切り売りするのはおやめなさい。金に釣られてパキスタンに行ってこちらへ帰ってきたときはもう日本ではエンジニアとして使いものになりませんよ。日本でもっと勉強したら、稲盛さん、あなたは偉くなれるはずですよ」。これでパキスタン行きは断念した。

そういう際どいことがあった前後の三三年八月末、また大卒が一人特磁課にやって来た。四国は徳島の田舎の山育ち、高知大学文理学部（地球物理）卒業の岡川健一（昭和九年生まれ）といった。体ががっしりしている割には気が弱そうな文学青年タイプだった。

この年の四月に大学を出たのだが、前年からの鍋底不況でどこにも相手にされず、都会に親戚知人なく、高知でぶらぶらして、いっそ死のうかと桂浜の突端に終日すわりこんでいたこともあった。大学の化学教室に友人がいてそこへ遊びに行くうちに、そこの坂本先生が京大時代の友人である松風工業の平林課長を紹介してくれた。

忘れもしない八月二六日の面接日に出て来たのが総務部長、平林、それに稲盛で、稲盛からは、「若いのにいろんなことを聞く人やなあ」という印象を受けた。どういう仕事ができるのかといったことは一切なく、人生論めいたことばかり聞くので、

「今まで会って来た人間とはちょっと違う人だ」と思った。

一週間ほどして採用の通知があり天にも昇る心地だった。

入社の日、稲盛は在寮の浜本、伊藤、徳永などを連れてうどん屋で岡川の歓迎会をやってくれた。天ぷらうどんをぺろっと平らげた岡川に稲盛は「それだけでは足らんやろ」と自分の分を半分でやめて岡川に差し出した。そのときの記憶は今も岡川に鮮明である。

この岡川入社の前年三二年六月に新しい社長が就任しそれに伴ってもと骨董屋をやっていた人物が技術部長として着任、製造部長の青山は左遷された形で社長室付きとなって、新技術部長が稲盛の上に立つことになった。稲盛の入社以来、「稲盛の上に人を立ててはいかん」と思っていた青山だったがどうすることもできなかった。

その頃の稲盛はすでに優秀な成績を認められていくらか増しな方の寮に入っており、浜本、伊藤、徳永、岡川たちがいたのはもう天井はなし、床は抜け、ガラスは破れ、という幽霊屋敷だったが、食事のときだけは営業部長や技術部長、稲盛たちと一緒になる。

そのえらいさんたちの話はというと京都は木屋町のどこそこへ行ってどんな女がい

たとかいう話ばかりで、技術部長は食事のあと、とてしゃんと三味線をやりだす。ところが稲盛は食事のときでもお茶を飲みながらでも、仕事のことや人生のこと、学生時代の紙袋売りやアルバイトの話をし、「おい、きのうやった実験こうやってみたらどうや」などと話はとどまるところを知らなかった。

岡川はとにかく働く場所があるということがありがたく、滅茶苦茶に働いた。作業服を脱いで寝たことなど数えるほどしかない。寮はグランドを斜めに突っ切ったところにあり、仕事のつごうで夜中であれ朝方であれいつ起こしに来るかわからない（焼成作業は夜も行われる）。守衛が「お前は夜中に出たり入ったりしているけれども寝とるのか」と聞くほどだったが、こういう状態は浜本、伊藤、徳永にも多かれ少なかれ共通していたことだった。

特磁課の事務所には、徳永、浜本、伊藤、岡川たちが机を並べてすわり、稲盛はみなからちょっと離れた場所に稲盛を気に入っている専務がくれた特別な机をもらってすわっていた。蓋が机の背後に収まるようになっていて、稲盛がそれをがらりと引き出して蓋をし、くるりとみんなの方を振り向くとそこからまた仕事の話や人生論が始まった。稲盛は何か話したいことが心に浮かぶとすぐにそれを口に出したがり、問題が起こればすぐその場で問題にし、その点ではいみじくも青山が評するように〝忍耐不要の男〟であった。

仕事が終わってからみな連れだってパチンコをしたり、京都駅前のれん街の一杯飲屋に行ったりするのも珍らしくなかった。行きつけのその店には小太りでおとなしく気のいいおかみさんがいた。腰を下して出された小皿、箸の数と稲盛組の頭数とが合っているかどうかをさっと一瞥《いちべつ》して「みんなあるな」と確かめるのが親分のへきだった。そしてここでも親分の話は尽きることがない。

ところで、新任の技術部長は製造上のいろいろなアイデアを出す人物だったがどれ一つとして成功したものはなかった。怒った青山がいくら社長に忠告しても「わしが責任を持つ」の一点ばりで耳を傾けなかった。

ある日、稲盛が碍子の工場へ行ったとき、大きな碍子の前に一人の工員が三味線を抱えてすわり込み、ぴーんとはじいては碍子の反対側に行って耳を澄ませている。「何してはるんですか」「いやあ稲盛さん阿呆らしゅうて。あの部長がね、碍子の内部のひび割れを発見するにはこれが一番いい言うんですわ」

稲盛は思わず声を失った。碍子中に空洞があれば絶縁破壊を起こすので、空洞の有無を調べる必要はあり、それは外から音波を当てることによって発見できるということは原理的に正しい。が、どういうエネルギー、どういう波長の音波がその物体を通るのかという問題はまったく無視されている。三味線の音でそれができるはずがない。

(あの部長はだれからも信頼されていないから、何かを部下に命じても言われた方はそれを機械的にやるだけで、その方法を改善しようとはしない。原理的に正しいということを納得していれば、方法を変えてみようという気持も起こるだろうが、初めからそんなもんでわかるはずがないと思っているからわかるはずがない。部下から信頼されないリーダーが命じる仕事の結果は実に惨めなものだ)

ほどなく稲盛自身がその部長と衝突することになった。

その頃、日立製作所から、アメリカでセラミック真空管の概念が出ているのでそれを作ってくれないかという依頼があった。稲盛は日本で初めてのフォルステライト磁器の開発をしているので、それを使ってこのテーマに取り組んでみたがなかなか日立を満足させるものができなかった。そこへ技術部長いわく、

「君の経歴と技術ではそこまで。あとはわれわれがやる、君はこれから手を引いてく

れ」

稲盛はまさに鼻であしらわれ小馬鹿にされた。そうした仕打ちに耐えられないのは原良《はらら》の田圃での「泣こかい飛ぼかい」以来、少しも変わっていない。それまで積もっていた不満も爆発した。

「きょう限りやめます」

稲盛の実績と声望を知っているだけに、社長はまあまあと仲裁に入り、その年の一二月まで在社するということになった。会社の専務、常務はそれ以前から特磁部門を別会社にしようと考えていたが資金難で実現せず、すでに退社する腹づもりでいた青山が、稲盛を中心とする新会社の出資者を探し出すことになった。これが契機となって稲盛はまた、自分を引き上げてくれる人物との出会いを持つことになる。

話は昭和の初めにさかのぼる。青山政次(明治三五年生まれ)は昭和三年、京都帝国大学工学部電気工学科を卒業してすぐに松風工業に入社したが、一年先に西枝一江《にしえだいちえ》が入社していた。同じ大学の同じ学科の卒業、学生時代から一〇歳年上の女性ジャーナリストと結婚している老成した人物で、新潟の坊さんの息子、親分肌で一家言を持ち〝筋を通す〟ことを重んじた。経営者を除けばこの西枝、青山だけが大卒だったが、西枝は支配人と衝突することがしばしばで、昭和五年の不況の際の人減らしで首を切られてしまった。

当時は大学さえ出ていれば特許弁理士になれたので、その事務所を開設、松風で電気関係の責任者となっていた青山が電気関係の特許出願をすべて西枝にやってもらうことにした。そして青山、西枝と同じく京大電気工学科卒の交川有《まじかわたもつ》が特許庁に勤務しており、西枝は弁理士としても交川と関係を持つようになった。

西枝は弁理士では兵役に徴用される恐れがあったので、特許の仕事で関係のあった宮木電機製作所（工業用低圧特殊開閉器や配電盤のメーカー）に昭和一九年九月取締役として入社した。また、交川は技術屋では部長になれないからと特許庁をやめて軍関係の仕事をする鐘ヶ淵通信という会社を設立、他方では昭和二〇年六月に監査役として西枝のいる宮木電機に入社した。こうして二人は宮木で、青山は松風で敗戦を迎える。

鐘ヶ淵通信は解散して交川は浪人の身となったが、宮木電機の取締役東京営業所長となり、のちに同社の株を半分所有して常務となり、西枝は専務となった。

戦後も、青山と西枝・交川との交友は続き、青山は新会社設立の相談を西枝に持ちこんで、稲盛と西枝・交川との運命的な出会いが実現する。昭和三三年秋のことである。

稲盛は青山に連れられて鹿ヶ谷にある西枝の邸宅の応接間で西枝・交川に会った。青山と稲盛はニューセラミックと新会社のことを話し始めたが、交川はいきなり、「やめとけやめとけ、二六歳ぐらいの子を当てにして万に一つ成功するかどうかそんなもんわからん」と言い放った。

稲盛は（なんと失礼なおっさんやな）と思ったが、交川は宮木電機以外にも二、三の会社に出資しておりどの会社も赤字だったから、交川としては当然の言葉だった。「こんな学校を出たての若い子を一人前と思って、会社でも作ろうかなどと浮かれて、金の面倒を見てくれというお前は馬鹿だ、青山」と交川は一蹴、西枝は無言。青山は、西枝に話を持っていけば何とかなるだろうと思っていたが、この日はそれで辞去した。

西枝と交川は宮木電機の社長宮木男也《おとや》に相談した。宮木は明治二四年広島県生まれ、明治四五年に京都の奥村電機商会に入社し大正七年に会社を興した人物。この三人の間でどういう話し合いがなされたのか、三人ともすでに故人となっていて明らかにすることができないが、後日、交川が青山に、「君がやるんだから応援することに決めた」と伝えた。

青山は友情のありがたさをしみじみと感じた。その後、稲盛は西枝と会った。

「稲盛さん、私はあんたの話を聞いて感じるものがありましたよ。それで仕事をやってもらうことに決めました」。その話は二年ほど前、吉田源三が「君にはフィロソフィーがある」と言ったのと同じような響きをもって稲盛に聞えてきた。

（これで俺は、内野先生が言ったようにエンジニアとして自分の技術を世に問うことができる）

「しかし、金に使われるようなことをしてはいかんよ。私は君に惚れたから会社を作ってあげるけれども、君を中心に集まった人たちみんなの会社なのだから、みんなが株を持ってがんばりなさい。私は家内にこう言ったんだ。『私に金はないからこの家屋敷を抵当に入れて金を借りてあげようと思う。会社が失敗すればこの家は取られるかもしれん』。すると家内はこう言ったよ。『いいじゃありませんか、男が男に惚れてそうなっても本望じゃありませんか』ってね」

金に使われてはいけない——この言葉は稲盛にはあたかも天啓のように響いた。それは資本主義のある側面の否定でもあった。

西枝は単に言葉としてそれを言ったのではない。宮木電機の宮木男也以下何人かの重役に出資を依頼したが、それは株を所有して支配するためではない、と念を押した。「私はあの青年に賭けたのであって、成功するかどうかはわからない。出してもらった金は消えてしまうかもしれない。それは覚悟して下さい」。西枝・交川は新会社を宮木電機の系列会社にすることには強く反対し宮木らもそれを納得した。

そして資本金三〇〇万円のうち宮木男也六〇万円、西枝四〇万円、交川三〇万円、他の重役ら五人で七〇万円、計二〇〇万円を出資し、あとの一〇〇万円は青山、稲盛ら一〇人の〝同志〟の技術出資とした（青山三五万円、稲盛三〇万円、他の七人が五万円ずつ）。もともと文無しの連中ばかりだからだれもそんな金などない。現金ではなく技術という現物出資でありこの分は二、三年かけて償却していくという形にした。こうした手続きは大変面倒なことなのだがすべて西枝・交川が事務処理をし、稲盛たちは金を出さずに新会社の株主となった。こうした二人の配慮を、青山は心の底からありがたいものとして心にとどめている。当時は、会社さえできればいいと思っていたから、宮木電機の子会社にすると言われても文句は言わなかったろうし、また言えなかったろう。そうなれば今日の京セラの発展は無かったかもしれないからである。

これ以前、会社を作る腹を決めてから稲盛は、特磁の部下たちに声をかけた。浜本は入社以来、稲盛に人間としての生き方を教わったという気持があった。給料が約束の日に出ないときなどはみんなに声をかけて野球をやり出すというふうな稲盛の人柄に惹かれており、稲盛が語ってきた夢に誘われるようにして「やめます」と答え、やはり、人間としての生き方を教わって来たと思っている伊藤は一沫の不安はあったが稲盛について行けば大丈夫だと思った。徳永も「やりましょう」と答えた。

また稲盛にうどんを食わせながら「がんばれ」とよく励ましてくれた営業課長の北大路季正《すえまさ》にも稲盛は声をかけた。北大路は、年下の稲盛に人間として教えられることが多くすっかりその人柄に惚れこんでいた。やめたあとのことはほとんど考えずただ稲盛と離れるのが辛く、一緒だったら火の中水の中、いつでも死ねるという思いで稲盛に従った。

稲盛と知り合ってからわずか四ヵ月たらずの岡川は定時後、稲盛から電気炉の横でぼそぼそっと、「済まんが俺やめることにしたから一緒に行くか」と話しかけられた。おうむがえしに「連れてって下さい」という言葉が出た。職がなくて死のうかとさえ思ったときにやっと入れた会社は、工場正面に先代社長の見上げるような大きな銅像と噴水があり、碍子の焼成炉は三〇〇メートルもあるという途方もなく立派な会社だった（実際は一〇〇メートルたらずだが、岡川にはそんなふうなでかさで記憶されている）。残り福に当たったと一心不乱に働いていたし、そういう状態で「連れてって下さい」ととっさに出たのが不思議、つくづく運命的なものを感じている。いつも「お前は阿呆か」と怒られてばかりで、しかも短い付き合いだから、声をかけられたのも不思議と言えば不思議だった。

こうして、とある日、松風寮の六畳の一室に青山、稲盛、浜本、伊藤、徳永、岡川に堂園《どうぞの》、畔川の八人が集まった（青山以外はすべて在寮者ばかりで、あとの二人は京セラ時代に退社）。稲盛が全員の結束を固めるため誓詞血判をしようと提案、血の気の多い連中ばかりでみんな「そうしましょうそうしましょう」となった。五六歳の青山を除けば、間もなく二七になる稲盛以下二一から二五、六である。

岡川が、「私利私欲で血盟するのではない。われわれは能力はないけれどもみな一致団結して世のため人のためになることをなしとげたいと、ここに同志が集まり血盟する」という趣旨の文を書きあげ、「あまり切ったらなおりにくくて仕事にさしつかえるから適当に切れ、まず俺が切る」と親分がまず小指を切って血判し、みなが後に続いた。

一二月一三日、稲盛は退社、一日あとの一四日、蹴上《けあげ》にある京都市庁公舎の一室で稲盛と須永朝子とが北大路の媒妁で結婚式を挙げ、コーヒーとケーキだけの披露宴を済ませた。結納などは交わしておらず、稲盛がペンダントを、須永が二つ折の財布を贈った。稲盛は「お前だけは俺の尻を押し続けてくれよ」と言った。

結婚式　1958年12月14日

双方とも金がないから六万円を宮木電機から借り、式の費用から新婚旅行、鹿児島での披露宴、新居の準

備金などすべてをこれでまかなった。

新婚旅行に立つとき、鹿大の後輩で徳永と同期の樋渡《ひわたし》が顔を出した。樋渡は昭和三二年三月に鹿大卒業後、大阪市内にある平安伸銅という金属の建築材料のメーカーに入社し、寮にいる徳永のところへ遊びに行ったり技術上の問題で稲盛に相談したことがあり、徳永から「新しく会社を作るけれども一緒にどうか」と言われ、「加えてほしいな」と答えていた。その樋渡に稲盛は駅頭で「お前も来てくれたのか、新しい仕事に加勢してくれるか」と話しかけ、樋渡は「はい」と答えた。

稲盛夫妻は洛北高野《たかの》の鴨東荘《おうとう》に新居を構えた。六畳一間、便所と炊事場は共同だった。

翌年の正月明けから、四月一日を目標に宮木電機の一室を借りて会社の設立準備に取りかかった。まだ松風にいる同志たちは休みのたびにここに集まり設立準備を手伝った。

新しい会社については、稲盛がまだ二七であり、朝子自身もまた朝子の周囲の人間もつぶれるだろうと思っていた。母のキミはどうなることやらときりきりと心配し、あの慎重居士の畩市は「そうか」と暗黙のうちに一見無暴な息子の行為を支持した。

II部　男どもが疾駆する

宿命の章

がらんどうの工場で

それはひそかな出立だった。

かつて、桜島が見える野っぱらの溝を飛び越えていった少年は、そのときからほぼ二〇年後の昭和三四年四月一日、京都は中京区西ノ京原町の間借りの工場に立っていた。

一人の技術屋である自分の技術で作ったものが商品として売れ、それで会社が成り立ってここで働くみんなが最低限食っていくことができればそれでいい、というのがささやかな願いであった。

　会社は宮木電機社長の宮木男也《おとや》が社長、青山が専務、稲盛は取締役技術部長、西枝は取締役に就任、幹部が北大路、徳永、岡川、樋渡、浜本、伊藤ら九名、新たに高卒女子一名と中卒男子一一名、同女子五名、計三〇名弱の陣容だった。

　この日、創立記念式典と電気トンネル窯の火入れ式が行われた。式典のあと、稲盛の先導で来賓を工場に案内したが、設備は松下のケルシマを作りうる必要最低限度しかなく、一階に電気炉やトンネル窯、二階に成型の現場と事務所があるだけで上下ともにがらんどうに近い。案内するところがないからしかたなく宮木電機の工場を案内したほどだった。がらんどうの工場を歩きながら来賓の一人は、「稲盛さんがこの上下全部を使い切るくらいになるんだったら大したもんだがなぁ」と同行説明役の徳永に言った。言外に、

〈そうはならんよ、事業というものはそうは簡単に行かんぜ〉

という意味合いがこめられていた。

　さて、工場は操業を開始したが思いがけないことが起こった。京セラの第一号の商品となるべき品物は、炉から焼きあがってくるものすべてがひん曲がっていた。電気炉の責任者である岡川の部下三人は連日の徹夜でばたばたと倒れ、残ったのは岡川だ

設立式典で玉串を奉奠する和夫　1959年4月1日

けとなった。

きょうが駄目だったらもう打つ手がないという日の朝、稲盛が、「おい、どうや」と声をかけた。期待と不安が交錯する二人の目の前に焼きあがって出て来たものは、やはり見事にひん曲がっていた。

「馬鹿かっ、お前はっ！」

という稲盛の怒声が飛んだ。岡川は暗澹たる思いで、どうしようかとふっと横を向くと、どなりつけた稲盛自身が泣いていた。

岡川は徹夜三日目あたりから猛烈な睡魔に襲われ、炉の出口の前に椅子を置いてすわって、出てくる品物のケースに胸を押されてそれで目が覚めるようにし、品物をケースごと横に積むという作業を無意識のうちにやっていた。頭だけは冴え渡って、胸から下はどうにもならずけだるい感じのまま、五日間の徹夜をやりとげた。結局、原料からやり直してやっとのことで第一号製品はできあがった。

松風時代、浜本に続いて稲盛の部下となった伊藤は二階でハンドプレスを使うことがあった。使い出すと、床は板張りのためしなり、力を入れるたびに床が抜けるのではないかと心配した。一階にある炉のため夏の二階は殺人的な暑さで、一階にいれば二階の足音だけでだれが歩いているのかわかった。原料、成型、焼成、試験、すべての作業が休みなく行われた。

式典の来賓の一人でもあった松下電子の資材担当者が、品物をもらい受けにやって来る。いつも車の中で待っていてまさに窯から出たてのほやほやを持って行くのだが、なかなかできないと、「何か手伝いましょうか」と言い出す。稲盛たちは「いえ、われわれが今夜ぶっ通しでやりますから」というあんばいで、折からのテレビブームに乗って仕事量は日ごとにふえていった（創業した四月の一〇日が皇太子と正田美智子の結婚式のあった日で、ミッチーブームが巻き起こった）。

稲盛の大学時代の後輩で徳永の友人である樋渡《ひわたし》は開発途上のアルミナセラミックスの研究にあたった。いろんな原料をいろんな混ぜ方をし、どういう窯で焼けばいいいのか、小さい装置を使って実験した。すべて稲盛から指示があったが、とにかく怒られ通しだった。

小さな窯で焼くアルミナがうまくできずよく徹夜したが、ある日、「どうしてもできませんわ」と稲盛に愚痴をこぼした。とたんに稲盛は烈火のごとく怒り出し、徹夜続きで心身ともにへたっている樋渡にはひどくこたえた。口惜しいやら腹が立つやら、とうとう泣き出して窯の横にすわりこんでしまった。窯を足で蹴って八つ当たりした。

いつの間にかその場を離れていた稲盛が戻って来てまだ泣いている樋渡に「これ食えや」と差出すものがあった。どこかで買って来たらしい稲荷寿司だった。

〈あんだけぼろくそに怒りやがって顔も見とうない、そんなもの食ったるかい〉

という気持だったけれども、空腹には勝てずつい手が出てしまう。食いながら、

〈やっぱりこの人も人間やな〉

と思った。

稲盛の厳しさは松風時代の比ではなかった。徳永はひとこと何か言うたびに怒られたから、稲盛の足音が聞こえて来ると身震いするほどだった。初めはどうしてこんな

会社正門に立つ和夫　1959年4月1日

に厳しく言うのかなとも思ったが、物を作る上でいささかのミスもあってはいけない、完全さというものが要求されるということが、しだいにわかっていった。

これら徳永、岡川、伊藤、樋渡に浜本、堂園《どうぞの》を加えた六人が稲盛夫妻と同じ鴨東荘の二室を借りて三人ずつ入った。交代で炊事当番をしたが、おかずはできあいのコロッケ、佃煮とか豆腐に醤油をかけてという程度。夏頃まではアパートに帰ることもあったが、オーバーワークと不規則な食事でこれら独身連はしだいに青びょうたんの様相を呈して来た。このため、炊事のおばさんを一人雇って、工場の中の小さな炊事場で食事を作ってもらうようになり、この餌につられてみなほとんどアパートには帰らず、電気炉の下にベニヤを敷いてそこでごろりと横になればあとは白河夜船。

川口孝は創業の年に中学卒で入社した一人である。昭和一八年生まれで京都の二条中学を卒業してすぐに入社した。が、いざ出社してみると、立派な建物だと感心していたのは実は宮木電機の建物で、京セラの工場は道を一つ隔てた粗末な木造建てなのにがっかりした。八月頃までは定時で帰っていたが、物を作りあげる楽しさを知ってしまうと時間のことなど、もう一向に気にならなくなってしまった。

同僚と、「おい、うまいことできたか」「うん、うまく行った」などというやりとりをしながら、やがて家には弁当を取りに帰るという感じになった。家まで自転車で一五分の距離だったから、弁当を同僚の分まで持って来たりしていたが、みんながお互いに助け合うという感じで働いていたから、川口もごく自然にそういうことができた。家へ帰るのが明け方というのも珍しくなく、近所の人からは朝帰りのどら息子のように思われ、家族からも「働き過ぎや」と言われたが、会社の連中は問題が起これば親身になって一緒に考え、励ましてくれたし、給料はいいわけではなかったけれども、できたばかりの会社だから世間並みでなければならんとは思わなかった。

稲盛の出張〝土産〟

専務の青山と稲盛は月に一度、製品見本を持って東京に出張した。なぜかいつも二人一緒だったが理由は簡単、未経験なことに対してはいつも臆病で、一人で出て行くことに対する気後れが稲盛にあったからである。だが、一週間ほど出張して帰ってくるたびに稲盛は成長した。幹部たちにはそう映った。「男子三日会わざれば刮目《かつもく》して見よ」の感があった。そして〝お土産〟を必ず持ち帰った。

「おーい、みんな集まれ」

という稲盛の声で幹部連がごそごそ集まって来る。出張先から持ち帰った見本を並べると、見せられた方は「ほう、おもろいもんやな」とつい手を出す。稲盛は、「ちょっと待て、ちょっと待て、勝手にさわるな馬鹿っ、さわっていいですかと聞いてからじゃ」と大喝してから、おもむろに端っこに置かれたものから一つずつ取り上げて説明を始める。それは、闇市で、たくみな手さばきと口上よろしく品物を売っている香具師《やし》の手もとを、好奇の目を光らせた見物人がじいっと見守っている風景にどこやら似ている。

「このセラミックはこういう機械のこういうところに使われてこういう機能を果たす。今輸入しているけれども一個一〇〇円なら注文を出すと言っている。原料はあれとこれを使ってこういう押し出し機を使ってやったらできると思う、お前やってみろ」

と言われた方は、納得したようなしないような「はあ」というあいまいな返事をするがそんな程度で稲盛は承知しない。その品物の用途、可能性、作り方を説いて相手が体全体で心底から納得してすとんと腑に落ちて、やる気になっているとわかるまで話は終わらない。客先で見本をもらった瞬間から稲盛は、それをどうやって料理して注文に漕ぎつけるか考え、帰りの汽車の中で原料から焼成までの全プロセスを組み立てる。

〈これはあいつにやらそう。しかしちょっと緻密さが足りんからあの男をつけよう。原料はあれを使って、もしうまく行かん場合はこっちの原料を使えば膨張係数が少しあがってうまくいくかもしれん。機械はあの先生の紹介で借りてやってみて、うまくいきそうなら買うことにしよう。計算通りできあがれば他の用途にも使えるはずだ〉

限られた数少ない手駒を最大限に動かし、人のもっとも有効な組み合わせを考える。一個ずつそういう調子でやり、それぞれの分担が決まるまで会議は終わらない。夜中の二時、三時が珍しくない。それは、ついばんで来た餌を親鳥がひなに口移しするのに似ていた。

こうして迎えた創業の年の暮れ、全員出席のもとで忘年会が行われた。

稲盛は料理が運ばれてくるのをぼんやりと待ってはいない。だれでもいいからつかまえて話しかける。もちろん仕事の話である。やがて料理が運ばれて稲盛が八ヵ月間の反省をする。乾杯が終わると稲盛はすぐにコップを持ってみなの中に入って行き、差しつ差されつ話しかける。一人で黙って飲むなどということは性に合わず、体が自然に動いてみなの中へ入っていく。現在やっている仕事の内容と問題点を聞き、自分の意見をのべ相手が担当している仕事の今後の見通しについて話す。稲盛の心に何かひっかかるようなことをだれかが話すと、相手が「わかりました」と納得するまで腰を据えて話し続ける。

やがて宴たけなわになり、一つ歌でも歌おうかという気分が盛りあがって来て、年輩の旋盤工が替え歌みたいな猥歌でもやらかそうとするが、稲盛はそれを許さない。歌うのは童謡であり流行歌であり何よりも軍歌である。そして、酒席で飲んだくれて馬鹿話をするということは彼のさがが許さない。

こうして、酒席もまた社員同士の討論や社員と上司との対話、ひいては稲盛の説教の場となるというのは、京セラの伝統となるが、それはすでに一主任としての松風時代に始まっているものであり、稲盛が経営者であるがゆえに意識的に求めてそうなったのではない。鹿児島時代からいわば肉体化されているまじめな話し好きがこういう場でも流露した一種の自然現象であると言っていい。だが、稲盛にとっては、ごく当たり前な自然現象であったものが、社員にとっては大変な意識的な努力を要求されることであった。酒の席だから色気ばなしの一つでもという常識は稲盛には通用しなかった。

選びとった〝宿命〟

会社が発足したときの最重要課題はまず食うこと、月々のみんなの給料を稼ぎ出すことだった。早急に物を作り早急に売らなければならない。

最初の製品が果たして使いものになるかどうか、もしうまく行かなかった場合は、幹部が働きに出るなり、夜鳴きうどんかラーメンの屋台を引っぱってでも金を稼いでみんなで分け合い、稲盛とあと一人が研究をやり直して品質を改善して出直すことも考えていた。

松風時代の血盟の誓いのときには、親のおかげで学校を出たからには、企業人として世の中に少しでも役立つようなことを思う存分やってみよう、何か一つ作りあげようじゃないかと話し合い、その話を徳永から聞いた樋渡は、文無しになっても構わんからやってみようと、給料が減ることがわかっている京セラの創業に加わっている。だが、このような〝同志〟としての心根《こころね》心情をそのまま新規採用者たちに押しつけることはできない。

会社自体とり立ててあげるべき魅力があるわけではない。建物は借り物でみすぼらしく、グランドなどの施設があるわけでもない。生まれたばかりで将来性があるかどうかもわからない。無い無い尽くしの中で何を年若い社員たちに与えることができるか。

それは、全社員が何とか喜んで食べて行けるようになろう、みんながみんなのためにがんばろう、それしかないではないか。言葉によって未来を約束することはできないけれども、みんながみんなのためにがんばっているのだということは、日々の仕事

創業の同志たち　前列右から浜本、伊藤、岡川、
後列左から徳永、北大路、１人おいて樋渡

そのものの中でお互いに目で見、耳で聞き、体で感じることができるはずだ。そこでは、使う者と使われる者という差異は存在しないはずだ。西枝一江の「金に使われてはいけないよ」という思想がそこで生きて来る。

稲盛は朝礼でよくこんな話をした。

「われわれはあまり知恵は無いけれども何人かが集まってそれぞれ知恵を出し合えば人並みなものはできるはずだ。あまり知恵は無いわれわれが人並み以上に働けば、人並み以上なものはできるはずだ。まず、建物を貸してもらっている宮木電機よりも大きくなろう。そして西ノ京原町一番になり、中京《なかぎょう》区一になり、京都一になろう」

貧乏だったがユニフォームも作った。

稲盛は何か考えることがあれば、いつでもどこでも主だった人間を集めて話をし、夜、ラーメンをすすりながらでも話をする。話すことも怒ることも働くことも松風時代以上だった。

経費の節減についても厳しく、仕事を始めるにあたって、次のような伝達を行っている。

一、私用の電話料金は各個人が払うこと。
一、勤務時間中に私用の電話はかけないこと。
一、勤務時間中に外からかかって来た私用電話は緊急と認められるもの以外は一切とりつがない。
一、自分の商売道具と見なされるそろばん、計算尺、製図用具等は会社から支給しない。自弁とする。
一、仕事に必要な参考書も自弁とする。
一、業者からの接待は一切受けてはならない。もし業者の協力を願うのであれば、こちらから接待すること。

稲盛は先頭に立って汗みどろで働いた。だが、記念式典で、まだ子どもっぽい中卒者たちの顔を見渡したときから重く心にのしかかって去らぬものがあった。

会社を作ることが決まったとき、あの鹿児島大学の内野先生が言ったように、いよいよエンジニアとしての自分の能力を世に問うことができる。思う存分腕がふるえるという喜びに胸がふくらんだけれども、いざ会社を始めてみると、目の前にいる年若い社員たちの人生に対する責任はたとえようもなく重いものだった。

〈どえらいことを始めてしまった〉

と稲盛が思ったとき、それまでの二七年の生涯のすべてが、ついこの間まで見も知らぬ存在であった他人の人生に対する責任という一点に引き寄せられた。

心細いときに泣けば手を差し伸べてくれる母はいない。どうしても学校へ行きたいとごてることのできる父親もいない。会社の発足にあたって、〈他者への責任〉それをひたすらな純粋さで思いつめたということ、そのことが凡百の経営者と稲盛とを分かつ最大のものではなかったろうか。

それは、社員を一労働者として、労働の単位として、物理的存在としてのみとらえるという立場の対極にある。そしてその責任の重さに、臆病者である稲盛は目がくらむような思いだった。

そのとき、しかし、一つの啓示がやってこなかったろうか。

〈人は森羅万象すべてに感謝しなければならない。結核になったことに対してすらそうである。私に与えられた逃げ出したくなるようなこの重い重い責任こそは、あたかも掌中の珠のようにもっとも大切にしなければならないものだ〉

稲盛がもし鹿児島的な豪放を看板とするぼっけもんであれば、そのような責任を感じたとしても、深刻には感じなかったろう。なんとかなるさ、と考えたに違いない。

稲盛が鹿児島時代に会ったあるぼっけもんは、自分の家の近くの製材所から夜な夜な丸太棒を担いで来て、あくる日家の前で堂々とそれを切って薪にした。戦後の物資不足の時代で、その製材所は盗難防止に暴力団まがいの人間を雇っており、木材を取りに行って殺された者もいたというところである。

あるいは米軍占領下の大島からの黒糖の密輸。当時、鹿児島税関はこの黒糖密輸の摘発に必死で、夜には天保山などにみな出て行くため税関はがら空きになる。そこをねらって伝馬船を税関のそばにつけて荷揚げをするという、あっと驚く大胆不敵な男だった。

稲盛は、そうした大胆な奇策である局面を切り開いていく人間ではない。幸か不幸かその点では父に似て、新しいことをやるには慎重な上にも慎重な人間である。そして、人づかいとかいうものは、試験勉強のように、わからないときは勉強すれば一〇〇点を取れるというものではない。人づかい、そう言って悪ければ、社員に対して取ることのできる態度は、家長として、父として母として、子に対するように対することではなかったろうか。そのとき必然的に、何が正しいことなのか、人間として何が正しい生き方なのかと、自身にも他者にも問いかけることになる。

松風時代、一管理職として、部下たちに萌芽的にではあるがそのような態度を取り、そのことが臆病な稲盛をいやおうなしに経営者の座へと押し上げてしまった。本当は、稲盛和夫は、いつまでも野球チームのピッチャーでありたいし、洟垂れ連の餓鬼大将のままでいたかったに違いない。

それはひそかな出立だった。

けれども、そこに至るまでには、稲盛とさまざまな人との出会いがあり、その出会いなしにはこの出立はありえなかった。

鹿児島大学時代の内野正夫との出会い、松風工業時代の第一物産の吉田源三との出会いと青山政次との出会い、そのはるか以前、戦前にさかのぼる西枝一江、交川有、青山三人の交友、青山を介しての稲盛と西枝・交川との出会い、そして稲盛に惚れ込んだ何人かの男たち、そこから京セラは生まれ、京セラフィロソフィーの礎石はそうした出会いと稲盛のそれまでの人生体験の上に据えられたものだった。

その意味で、京セラは、企業の形態は取っていたけれども、本質において、非企業的な存在であることを宿命づけられていた。

その宿命は、「技術をベースにした商品を世に問い、それを売ることによって得た利潤で生活していく」という京セラの原理からも読み取ることができる。この原理はとくに取り上げるに値しないごく当たり前のものかもしれない。だがこの当たり前の初心をどのような環境条件の変化の中でも貫き通すということは難しい。しかも、それを孤立した一個人としてではなく、一つの集団として貫き通すということはさらに難しい。

ここで言う「技術」を「創造性」と言いかえてもいい。それはすでに市場に出回っている商品の製造と販売ではない。確実に売れて一定の利潤を確保できるという見通しがあるものを商品化するのではない。既成のものではないが確実に売れるもの、それは客先がほしいものであって、同時に既存のメーカーが到底作れないと思っているもの、これであった。

京セラに大資本の背景があるわけではない。稲盛は名家の出でなし、縁故を頼って仕事をすることもできない。名門大学の出であるならば先輩を頼ることもできようが、悲しいかな歴史の浅い駅弁大学である。「何か仕事がございませんか」と何のつてもない先を訪ね歩いた。電話で「京都セラミックでございます」と言っても、正確に聞きとってくれる人はまずいなかった。その市場開拓はときに、

〈物乞いのような〉

ものであった。

そのようにして得た注文の品の商品化に稲盛たちは全力を傾けた。このとき、京セラのいわば第二の宿命が始まった。

その商品が単なる思いつきではなく、技術的合理性をもとにしたものであり、その合理性を求める限り、そこでは科学者、研究者としての地道な日常の努力の積み重ねが要求される。

しかも、その日常の積み重ねによって他のどの企業も実現し得ていないことを、後発の少人数、小資本の企業としてどの企業よりも早くしかも安く実現しようとすれば、他企業以上によく研究しなければならない。一日二四時間という限界の中で密度を濃く時間の絶対量はどこよりも多く——がそこでは要求される。それは額に汗して限られた時間に全力を投入する、地に足を着けた日々の連続である。

しかし、既成のものに取り組むのではないから、爪さき立ちをして、思い切り背伸びをして、先を読む姿勢を要求される。ときに飛ばねばならない。

こうして、密度と量において他を凌駕する地に足を着けた日々であるとともに、ときに大胆に飛びうる姿勢。足もとを見つめたままで前を見る——これが京セラ、少なくとも稲盛に課された宿命であった。

不断の技術革新が行われている電子工業界において、「技術をベースにして」と考えたとき、意識しようとしまいと、そうした宿命を稲盛は選び取っていた。

〈他者への責任〉を引き受け〈創造性〉を原理としたとき、休むことなく走り続け、絶えず前を見続けることが稲盛のさがとなった。

無借金経営の原点

創立後一年目の昭和三五年四月一日、一周年の記念式典が行われた。社員は重役を除いて六〇人余り、人数は倍増している。新しくふえた社員の中には、東京経済大学卒業の安城欽寿《あんじょうきんじゅ》と大阪大学工学部卒業の青山令道《よしみち》（青山政次の息子）のほか、高卒十一名がいた。

安城は昭和九年新潟生まれ、六人兄弟の末っ子で、本人によれば「一番できの悪いどら息子」でいつも母親を心配させていた。文科系はまだ就職難時代、大企業の歯車となることはいやだったが、迎え入れてくれる企業もなかった。

宮木電機の重役に知人がいて、「京都セラミックという会社があるがつぶれるかも知らん。それでもいいか」と言われ、「それは自分にどれだけ力があるか、どれだけそこでやれるかということであって、つぶれるかどうかはどうでもいいことだ」と答えた。それまでは好き放題をして来たのだから、これからは身を入れて働こうと心に決めた。

青山令道は稲盛と同じ昭和七年生まれ、高校を卒業してから迂余曲折があり、大阪大学工学部応用化学を卒業したのが昭和三五年、普通の場合より五年遅い卒業だった。応用化学出は当時引く手あまただったが、普通の会社に入っても年功序列のため大したこともできないだろうと、父がいる京セラに入ることにした。初任給一三〇〇〇円、一番給料のいい会社で一九〇〇〇円だった。小学校時代からの秀才でクラスではいつもトップだったが、与えられた枠から飛び出すのが恐いという、秀才肌にありがちな保守的な性格があり、そのせいか入社して一、二年は稲盛にこっぴどく叱られることがたびたびで、やめたいと思うこともまた、たびたびだった。しかし、頭を冷やして考えてみると、怒られて、〈やめようか〉と思ったときは仕事がうまく行ってないとき。

〈一番調子の悪いときに飛び出すのは敗北することだ。この仕事を完成してうまく行ったときに改めてやめるかどうか考えよう〉と思いとどまり、今日に至っている。

この年の五月、最初の決算役員会が開かれた。

一年間の売り上げ二六二七万六〇〇〇円、税引前利益三一六万九〇〇〇円、純益一八六万九〇〇〇円だった。株主配当二割、資本金は倍額増資で六〇〇〇万円となった。創立記念日には一年間の功労者を表彰しているが、増資にあたっては功労者に功労株を割り当て、同時に社員すべてを株主にするという基本方針が決定された。

自分の家を担保に入れて金を借りてくれた西枝は、一年目で利益が出るとわかったとき、稲盛にこう言った。

「三年や四年は損をして苦労せんならんと思っていた。君の尻ぬぐいをしてやろうと思っていたんだがな」。内心の嬉しさをそんなふうに表現する西枝だった。

稲盛は一年目の税引前利益が三〇〇万円を超えることがわかったとき、「これで西枝さんが借りてくれた一〇〇〇万円は三年で返せる」と思った。三年後には自力で金を借りて設備投資をすれば、なんとか電子工業界の動きについて行けるだろう。

ところが税金で一三〇万円を持って行かれて一八六万円しか残らない上に、株主への配当金を引くとわずか一〇〇万円ほどしか残らない。これでは一〇〇〇万円の返済に一〇年かかる。脳天をがつんとやられたような目がくらむ思いである。

もともと、金を借りるなどということは両親に似て性に合わない。会社を作るためやむをえず借りたけれども、それも西枝が家屋敷を抵当に入れたものだ。とにかく早く返さないといかんと、ひたすら思ってみんなを叱り飛ばしながらやって来たのに、返すのに一〇年もかかる。一〇年間も設備投資ができないとすれば、このがらんどうの工場のままでは業界から取り残されてみな路頭に迷う。

信じられないことだが、稲盛は借金を返すまでは設備投資をせずに今のままで頑張るとだけ考えていた。借りた金で会社を大きくしていくなどという経営の常道は少しも念頭になかった。借金はできるだけ早く返そうという、律義な生活人のままだった。西枝は「お前さんは優秀な技術屋かもしれないが、しょせん経営者にはなれんなあ」と言った。まさしく、稲盛はそういう意味では経営者ではなかった。

稲盛は、税金を払うのが阿呆らしいという中小企業の親父さんたちの言葉が実感としてわかった。国は税金をがばっと持っていくけれども、会社がうまく行かなくなっても、国が手を差し伸べてくれるわけではない。

こうして稲盛は、二年目の決算にあたって、私利のためにではなく、会社の自立自存のため五〇万円ほどの利益隠しを図った。セラミックの結晶化にあたっては、その核として金《きん》を使うという方法があり、そのための金《きん》ということで辻つまを合わせようとした。

原料の調合表は会社の極秘事項だから、原料担当の徳永が調査に来た税務署員の前で一世一代の名演技をしてみせた。署員がその調合表を見せろというので、徳永はあくまでも見せんと言って突っぱねる。

「部長、そういうものを見せていいんですか。いくら税務署でもこれはわれわれの命じゃありませんか」

すると、稲盛がさもしかたがないという表情で、「見せてあげてもいいじゃないか」。もちろんその調合表は金《きん》を使うことにした作為的なものである。だが、鹿児島人同士の名演技も税務署員には通じなかった。たちまち露見、稲盛は実に恥ずかしい思いをした（ただし、実際には税務署で油を絞られたのは経理を見ていた専務の青山である）。

そしてこの恥ずかしい思いが稲盛に、会社の利益というものについて考えさせる決定的な転機となった。それは、税引前利益を利益とは考えずに、税金は経費と見なし、税引後利益のみを利益と考えることである。人あるいは、それは当たり前のことだと言うかもしれないが、現実には決して当たり前ではない。

世にあまたいる経営者のほとんどは、税引前利益が多いときに儲かったと考え、これだけ儲かって税金に取られるのは阿呆らしいと考えるがゆえに脱税を図り、ボーナスを振舞ったり、賃金をあげたり、社員の慰安と称して飲み食いに使い、交際費で落とす。そこに社用族が生まれる。その一方で、企業が豊かにならない理由を税制に帰する。

しかし、税引前利益が多くなるから、税金に取られるのは惜しいからと、社長も社員もほいほいと金を使うことによって、税引後利益そのものをも食っていく。会社に血肉を与えて行く内部留保はそれだけ細くなり、本来つくはずの体力もつかなくなる。つまり、会社を生命ある法人として見ず、単なる物、手段として考え、社長も社員も同じように会社を搾取している。会社にもし声があるとすれば、「ひもじい、私に栄養を与えてくれ」と哀訴するはずである。バランスシートが泣いている。

そのことに稲盛が思い至ったとき、経営者は会社に生命を吹き込まねばならない、という思想が成った。それはテクニカルな経営手法ではなく、思想である。手法は環境条件に応じて取り替えることが可能であるけれども、思想はどのような環境条件の中でも自分自身を貫徹しようとするものである。

税金を取られることを恐れずに経費と考え、内部留保をふやして会社に血肉を与えて行く。自分が経営者であることを忘れて、私人に立ち返った瞬間に、会社は生命を失った物体となる、あるいは抜け殻となる。だから経営者は、自己と会社を一体化させなければならない。それが経営者としての責任をまっとうする道である。

創業二年目にして、無借金、高い自己資本比率という今日の京セラの原点が据えられたのである。経営者としての特異な才能や手法がそれを可能にしたのではない。

後年、高収益会社ともてはやされ、それだけ利益をあげてどうしてまだ狂ったように働くのかと言う人間に稲盛はたびたび出くわすことになる。しかし、それは単に数字だけを見て、それを支えている思想を理解しようとはしないし、あるとも思わないからである。それは、その本人の経営に思想がないからであると言うこともできる。

さて、会社創立の日、「この一階と二階を全部使い切るようになればな」と言われた工場も一年足らずで手狭になったが、まだ独立した工場を外部に建てる力は無く、宮木電機の食堂を二階建てにしてその一階を京セラが使うことになり、それがこの二年目の七月に完成、最初の工場の二階も検査、事務所、応接間の三室に仕切られて、立錐の余地無しの工場も多少落ち着きが生まれた。

営業の悪戦苦闘

この年、東京に出張所が設置された。と言っても、やはり宮木電機の東京営業所

（銀座東五丁目、三原橋ビル）の一室。と言ってもビルの屋上に付け足して作った室に通ずる階段の踊り場に木机を一つ置いただけというのが、京セラの初めての東京出張所だった。

だれを出そうか、と稲盛は考えたが、会社を一緒に作った面々の顔を見渡すと、どいつをとっても口下手で営業ができそうなのはまずいない。その中で、もっともましなのは例の誓詞血判状を起草した岡川である。当の岡川は「俺は四国の山猿や」と思いこんでおり、京都という都会に出て働くのにも抵抗感があったのが、東京へ営業で行くなど思いもよらない。岡川にとっては二六歳のそのときまで未踏の地である。「いやです、いやです」と言うのも無駄な抵抗、ついに東京へ追いやられることになった。地球物理専攻で、技術的に一番劣っているからそうなったのだろうと、今でも岡川は思っている。

東京へは専務の青山政次が寝台車で連れて行ってくれた。

一週間、客先で顔つなぎをしてくれた青山は、「もう帰るからがんばれよ」という声を残して東京駅で夜汽車に乗った。岡川はホームで寝台車の赤い尾灯が遠去かって行くのを見送り、やがて見えなくなると、心細さに思わずほろほろと涙がこぼれ落ちた。のちに本社へ帰って〝鬼の資材部長〟などと呼ばれるようになるとは思いもよらない。その夜、下宿のある豪徳寺方面へ行く電車に乗ったつもりが別の電車に乗り、真夜中になってやっと下宿に辿り着くという、何とも不安な東京暮らしの始まりだった。

事務所に専用の電話はないから宮木電機の電話が空いたときを見すまして電話に駈け寄り、恐る恐る使わせてもらう。得意先と言っても創業の一年間でできた客先が五つだけだから、行く先はほとんど新規開拓。職業別電話帳で「電気」とつく会社を全部リストアップして見本箱を持って回るのだが、行けども行けども門前払いされざるはなしという日々。東京弁でまくし立てられると話が半分もわからない。人と会うのも恐かった。

〈油まみれ、ほこりまみれでいいから、工場へ戻してもらって隅っこでもいいから黙々と働く方が俺の性に合ってる。毎日、お前馬鹿かと、ぼろくそにどなられても工場の方がいい〉

下宿へ逃げるようにして帰って、真夜中までふとんの上にじーっとすわっている。

その姿勢は、大学卒業後、就職口がなくて高知の桂浜の突端に日がな一日すわり続けて、いっそ死のうかと思い詰めたときと似通っている。朝目が覚めると「逃げて帰ったら申しわけない」とやっとのことで重い体を起きあがらせて電車に乗る。

納期遅れの詫びを言うのがまた辛かった。もともと「どこでもやらないもの、どこかでやってうまく行かないもの、これから新しくやってみたいものどれでも結構です。納期はどこよりも早くさせていただきます」と受注して来た品物ばかりと言っていいから、なかなか納期通りにいかず、よく叱られた。

「お早うございます」と岡川が九〇度上半身を曲げてあいさつするのには目もくれず「おい、あれまだか」と機嫌がよくない。「実は…そのー…あのー」と言いわけを始めようとすると大喝一声「また遅れるのか」。「ははーっ」と米つきばったの岡川は、その場で消えてしまいたい。

東芝のトランジスター工場が多摩川大橋のたもとにあって、門の前を行ったり来たりするが入る決心がなかなかつかない。〈入ろうかやめようか〉と、とつおいつしている岡川に守衛が声をかけ、それをきっかけに中へ入って資材部のドアを恐る恐る開ける。

「こんにちは」と声を出すけれども、用事があるなら言えという表情でだれも相手にしてくれない。創業の年に稲盛と青山が大研化学という会社を通して一種類の注文をもらったことがあるきりで、その資材担当者の方をちらっちらっと見、やっと視線が合うと「ははーっ」と頭を下げてそれからやっと話が始まる。そうやって毎日通っているうちにようやくのことで部品技術課長に引き合わされて、注文をくれるようになった。後でその人いわく、

「一ヵ月間、どれだけ続くかとお前をじいっと見とったんだ。続かんのなら注文の話をしてもろくなことはないからな。ところが粘っこいと言うか辛抱強いというか、感心に毎日来るじゃない。田舎もんにしては芯があるかもしれんと思って技術課長に紹介したんだ」

日立製作所は何度行っても門前払いなので交川《まじかわ》に相談した（交川は宮木電機東京営業所担当重役として東京にいた）。幸いなことに、特許庁時代の部下である通産省の課長を紹介してくれた。岡川にとっては生まれて初めて足を踏み入れる中央官庁で、見るからに偉そうな人間がうろうろしている。

朝九時に行って「〇〇さんおいででしょうか」と聞くと「まだ来てない」。一〇時半頃それらしき人が現れたがすぐ新聞を広げて一時間ほどそのまま。大事な記事を読

んでいるのだろうと遠慮して、顔が合ったら頭を下げようとじーっとその人の方を見つめているが、一一時半頃ぱっと立って行ってしまった。便所かなと思っているとなかなか帰って来ない。近くの人に聞くと食事らしい。しまった、と思うが、いつ帰って来るかわからないのでじっと待っている。やっと席へ戻ったと思うと二、三人集めて何やら打ち合わせ。取りつく島もなくしょぼしょぼ帰って来た。次の日また行くけれども同じことの繰り返し。三回目あたりに思い切って、新聞を広げたその瞬間につかつかと寄って行って、「恐れ入りますが交川の紹介で……」と名刺を出すと、「なんだい、この間から待っているのに全然来んじゃないの」。すぐに日立に連絡をとってくれた。

翌日、武蔵工場を訪ねると守衛は、この若僧がという顔でじろじろねめまわしたが、美人秘書が迎えに来て、赤いじゅうたんを敷きつめた廊下にある三つの室の一番奥に案内された。足がすくんでまっすぐ歩くのがやっとという感じで工場長に会ったのが日立との最初の接触だった。

こういう事情は京都でも似たり寄ったりだった。

岡川が東京へ出た三五年に入社した安城欽寿は翌三六年、営業担当となった。入社したときは、人と会って話をするのは下手だからと言うと、給料計算など総務の仕事を任されたが一年たつと、「やりたくないという営業をやってみろ」と稲盛に言われ、人がやっているなら俺もやれるはずだと考え直した。母親は本当に営業が務まるのかと心配した。

稲盛はいつも夢みたいなことを安城にも語った。「君がこうやることによって将来はこうなるんだよ」と遠い先の夢を聞かされて「ははぁ」とただ感心するだけで、その言葉に押し出されるように市場開拓を始めたが、先方の担当者に会うことも簡単ではなかった。

「技術に渡辺さんという方がおられたと思いますが」と出まかせの名前を口にして、「そんな人間はおらんよ」と出て来る人があればその人をつかまえて一所懸命話をする。「セラミックて何や」から始まり「焼物なんてうちに関係あらへんで」と押し売り扱いをされ、目の前で名刺を破り捨てられることもあった。

口惜しい思いを抱いて帰って稲盛に報告すると、「そんなもんや、そういうところこそ何回も行かないといかんのや」と言われ、逆に、「とてもいい人で注文が取れそうです」と報告すると、「油断するな、そういう人はだれにでもいい顔をしているはずや」と注意され、怒られたと言うと、「お前だけに怒ってるのと違う」と慰められる。

「きょうは注文がありませんでした」と帰って来るのは屈辱であるし、オーダーメイドの製品ばかりだから現場の仕事が無くなるのも目に見えているから、〈これではあかんぞ〉と自分に鞭打つが、「駄目でした」と報告するときは稲盛にくそみそにやっつけられる。

翌日、行先と帰社予定時刻を書いた外出届けを出して夕方帰って来ると、ちょうど降り出して来た雨の中で傘をさした稲盛が、開閉のたびにぎーいと音を立てる木の門の前に菜っ葉服を着て立っていた。顔を見るなり「どうやった」と声をかけた。

〈あれだけきついことを言っても俺の身になってくれるんやな〉

そこまで思ってくれるのなら、もっとがんばらないかんなという気持が湧いて来る。そういう日々の繰り返しだった。

それに、年々受注量もふえ、人間もどんどんふえるのでやりがいもあった。会社がいつまでも入社したときのままだったら、ずっと働き続けることがなかったかもしれないと思う安城である。

一方、東京の岡川は月に一回本社へ顔を出し、稲盛も月に一回上京するだけ。岡川は、何日の何時、どこへ行ってだれが出て来てその人は機嫌がよくて……という微に入り細をうがった長い報告書を毎日書き送った。

それでも二日に一度は電話をした（当時、市外電話は申し込み制）。「何や、この忙しいのにそんなしょうもないことで電話かけて来たんか」と稲盛に叱られるけれども、そうやって叱られないと気が済まない。何日間も叱られないでいると見放されたような気持で何か落ち着かない。それは、稲盛に対する甘えた心情があるからではないかと、今でも思う岡川である。

この岡川はのちに危機的な状況に遭遇するが、その前に稲盛がある危機に直面する。

反稲盛の〝乱〟

それは創業二年目、昭和三五年の高卒新入社員たちが、一年後の三六年に起こした〝反乱〟である。

昭和三五年、京都の伏見工業高校に、京都セラミックという初めて聞く名前の会社から求人があった。創立一年目、社員三〇人ほど、給料も最低の部類でだれからも無視されていた。ちょうど高度成長期のはしりで工業関係の就職状況は好転しつつあった頃だが求職者も多く、金属工芸科の柴田五十二《いそじ》（昭和一七年生まれ）はあちこち当たってどこにも入れず、就職運動にくたびれていた。

柴田は宇治の農民の倅で、「つぶれんところへ行けよ、大きい会社へ行けよ」というのが親父の口ぐせ。ホンダなどが伸び盛りの頃で、自動車関連のメーカーに行きたいと思っていた。

〈京都セラミックてどんな会社かわからんし、いつつぶれるかもわからんなあ〉と思っていたが、会社から来た人の説明では、セラミックは金属ではなく焼物で、これからの電子工業界で大いに伸びていくらしい。

先生は、「お前みたいなはんぱもんはそういう小さい会社でがんがんやった方がいいのと違うか」と言う。たしかに成績もよくないし、ひねくれ者で通っていた。しょうことなしに一応面接を受けてみた。稲盛という「恐い部長さん」がいた。筆記試験は形式的なもので、面接だけで採用となった。ちゃんとした試験だったら落ちていたろうと思っている柴田だが、採用する京セラにしても、ぜいたくを言える状態ではなかった。

この柴田の友人で、同じ金属工芸科の波戸元《はともと》省三も似たような入り方である。行きたいと思っていたところからはみな袖にされ、みなに無視されていた京セラのことを親父に相談すると、「高校しか出てないんだから、大きな会社へ行くより小さくても将来性のあるやりがいのあるところが面白いと思う」と言われて面接を受けた。「若いくせにえらいきついことを言う人」というのが稲盛から受けた印象だった。

柴田は、遊んでいる友だちを見ると、自分も遊びたいなと思うものの、仕事が月月火水木金金という感じで遊ぶ時間はなかった。

先輩たちが文字通り寝食を忘れて働いているからそれに引きずられるようにして働き、窯の下にもぐって寝たこともある。

稲盛から「お客さんは神様だ」という考え方を徹底して叩きこまれた。

「男が約束したら、その日にはどうしても納めんといかん。しかし、どうしてもできないという場合もあるだろう。そのときは礼を尽くして謝れ。しかしそれまではベストを尽くせ。とことんやってできなかったら、そのときはお客さんもわかってくれるはずだ」

やはりよく怒られた。人数が少ないから稲盛の目も細かいところまで行き届く。あるとき、セラミックのほこりをとる工業用の掃除機が壊れているのを見つけ、柴田はだれが犯人か調べておくように言われた。柴田たちは入って間もなく三、四人ほどのチームのリーダーをやらされていた。

二、三日して「だれがつぶしたかわかったか」と聞かれ、柴田は見当がついていたが、「ようわかりません、たぶん私です」と答えると、「馬鹿か！」と大喝された。「ここはやくざの世界とは違う。白黒だけははっきりつけんといかん。お前はだれがやったのかわかってるはずや。それを自分でひっかぶっていきがって嬉しがっている。ちんぴらやくざと同じだ。その男には俺の方からも注意せんといかんしお前からも注意せんといかん。でないと本人も駄目になってしまう」

ちんぴらやくざ、と言われたのがひどくこたえた。

柴田は宇治の家から工場まで一時間半かかったから、仕事が九時か一〇時に終わって家へ着くのが一一時、一二時。朝八時に工場へ入ろうと思うと六時には家を出る必要がある。家族には「もうやめる」と愚痴ることもあった。親父は「そこまで言うんだったらやめたらええ」と言っていたが、兄貴には「とにかく三年間やって納得がいかんのであればやめたらいい。それまでがんばれ」と言われていた。

仕事のきつさは波戸元も同じ。一週間か二週間に一回、宿直があったが、炉の当番があり、上司と二人で四時間交代をする。成型したものを炉に入れて焼きあがったものを横に並べて行くのだが、製品が変わると途中で炉の温度を変えないといけないから、宿直と言っても四時間しか眠れない。きついなあ、という気持はある。しかも仕事のことがろくにわからんうちに、どんどん責任を与えられる。

同期の一人が製造の各工程、労務、経理など各ポジションに配置されて、一年もたつとみな力がついて「俺たちがいなけりゃ会社が困る」という気持も出てくる。それに、世間というもの大人というものは汚いものであって、経営者は口あたりのいいことを言って人をうまく使うものだという観念が何となく波戸元にあった。ところが稲盛と来ると、そういう〝常識〟から飛び離れた、建前だけの、そこまで言わんでいいのにと思うような見えすいたことばかり言うではないか。〈ほんまかいな〉と疑心暗鬼になる。先行きの不安もある。

団体交渉というつもりはなかったが、柴田ら同期入社の連中と語らって、とにかく話をしてみよう、一人でも崩れたらいかんし、意思・結束の固さを誇示するためと要求書に血判を押し、要求が一つでも通らなかったら一緒にやめようと申し合わせた。

要求は定期昇給の約束と、五年先、一〇年先については物価のスライド制をとってほしいといったことなどで、何よりも先行きの保証が眼目だった。みな、小人数の会社で占めている比重の大きさに自信があったから「まあそう言わんと……」という話になるだろうと思っていた。

だが稲盛は、

「約束をしろと言うが俺にはできん。できたばかりの会社だから、一緒にこの会社を立派にしようじゃないかと言って採用したはずだ。会社は始まったばかりで会社自身どうなるかわからん。お前たちの要求通りにはできないというのが本当のはずだ。それは経営者としておかしいと言うかも知らんが、できると言えば嘘になる。できないという方がはるかに本物だと思わないか。先行きの給料を保証しろと言うが今より低くなってるかもしれない。もし良くなったら返してくれるのか。悪くならないためにわれわれは毎日がんばってるんじゃないか」

〝反乱者たち〟は予想外の稲盛の言葉にたじろいだ。が、要求がまったく入れられないのであれば、申し合わせ通りやめると言った。

「結構や、一年前、君らはおらんかったのだから一年前に戻ればいい。私の気持がわからないのであればとっととやめてくれ。やめても会社はつぶれん」

やめられたら困るという気持は稲盛にはあったがこう言い切った。

その日、会社では話がつかず、鴨東荘から引っ越していた嵯峨野の市営住宅の稲盛の家まで行って夜中まで話し合い、次の日、会社の応接間で車座になって話を続けた。

稲盛が一所懸命「わからんか、わかってくれ」と説得してみな考え直す気配を見せるが、波戸元だけは「わからん」という表情できーっと稲盛を見つめている。話し合いは三日三晩続いた。

「約束はできないけれども必ずお前たちのためになるようにするつもりだ。それを信じてみないか。今やめるという勇気があるならば、俺を信ずる勇気を持てないか。信じられんというなら欺される勇気はないか。一緒に働いてみて欺す男か欺さん男か確かめて、そのとき欺されたと思ったら俺を殺してもいい」

夜もあまり寝ない話し合いでみなの神経もたかぶって来て、しまいに泣き出す者も出て「考えさせてもらいます」ということになった。血盟は崩れてしまったが、一人波戸元だけは稲盛の前でぶるぶる足を震わせながら「もう結構です、やめさせてもらいます」と言った。

その後、波戸元だけが差しで話し合った。

このとき、どんなことを言われたのかその記憶は定かではないが、「欺すかどうか見てくれ、俺も腹に晒《さら》しを巻いてどすをつけておくからお前もどすをつけとけ。裏切ったら差しちがえてもいい」という強烈なものだった。

そのとき、稲盛のすべてがわかったとは思わなかったが、〈この人は本当に真剣なんだな〉ということが腹の底に沁み通った。疑心暗鬼がさっと流れた。

〈この人とだったら一緒にやれる〉

柴田は、〈ようしわかった。俺の意思を預けようやないか。焼いて食おうと煮て食おうと好きなようにしてくれ〉と、一年間溜まっていたものが全部吐き出され、腹がぴしーっと決まった。以後、家では一言も愚痴を言わなくなった。

波戸元もそれ以後は仕事そのもの、遊びたい気持よりも仕事をやらないかんという気持が強かった。体がもたないので、自腹でタクシー通勤するのも珍しくなかったが、それも別に苦にならず、仕事は金ではないということがわかりかけて来た感じだった。

稲盛のこの問題の解決の仕方は、労使が交渉のテーブルについて双方の言い分の妥協を図るというものではない。それが常識というものだろうが、そういう常識は稲盛には無い。もしそうなれば両者の関係は〝契約〟という〝水くさい〟ものに堕してしまう。だがそういう関係は稲盛のもっとも嫌うものだった。稲盛が求めたものはいわば〝血の結びつき〟である。

俺を信じるか信じないか、信じることができなければ去れ、である（だから見方によっては、稲盛はもっとも反動的な経営者であるとも言える）。

もしこのとき、妥協という形で事の解決が図られたとすれば、京セラの労働組合史は泥まみれのものとなっていたかもしれない、と思う稲盛である。

だが稲盛は、そのような将来の見通しの上に立って事に処したのではない。

事が起きたそのときの最善の策と自分が信ずるものを求め、それが後になっていい結果となって現れただけである。だから、問題が起きたときの態度は常に全力投球しか無い。

惚れてしまえば…

この団交問題があった昭和三六年、稲盛が京セラに入るよう声をかけている人物がいた。松風時代、寸法精度の高い金型を短期間で安く作り上げて納品したことのある高橋基《もとい》という人物である。

実は京セラを作るに際しても、稲盛は工場の機械設備などを高橋の工場に作らせている。

「父ちゃん、うちへ来ないか」という誘いに高橋は、「いえ結構です。今は新聞広げて工場長で威張っておれます。これからどうなるかわからんところへどうして苦労しに行かないといかんのですか」と断った。しかしその後も折にふれて、「われわれ若いもんが父ちゃんの骨を拾うから」と声をかけて来る。高橋の五〇歳前の頃である。あまり熱心に誘われるので社長に、「やはりお応えしなくちゃならんのではないでしょうか」と相談した。社長はぶすっとして何も言わない。その工場は七、八人の時代から高橋が大きくして来て一〇年目、高橋がいなくなると病身の社長が一番困ることはっきりしていた。そして暮れも迫って来た頃、また稲盛からせっつかれ、そのことを社長に話すと、ようやく「考えさせてくれ」という反応があり、御用納めの二九日に「もう諦めた」と、たくさんの記念品と特注の時計、それに当てにしていなかった退職金までくれた。

こうして年が明けた正月の四日から京セラへ出社した。高橋三度目の職場である。機械部長補佐として設備の点検や改造に当たることになったが、セラミックについて五〇からの手習いを、するというよりさせられた。だけではなく、ひざつき合わせての稲盛の〝教育〟が始まった。

「父ちゃん、今までのんべんだらりとやっておったのと京セラとは全然違う。来たからには京セラの人間になってもらわないと困る」と連日仕事が終わってから一、二時間。「ものの考え方というのはこうでなくちゃいかんでしょう。父ちゃんの方が年いってるからわかると思うけれども、私のやり方はまちがいじゃないですよね」と鍛えられた。

高橋が京セラの人間を見てびっくりしたのは、まず家へ帰らないことだった。ねむくなったらその場で寝て、目が覚めたら仕事をする、そんなふうだった。若いみんながこぞってそうしているのだから、この会社は何とかなるだろうと思った。稲盛がよく言っていたのは、「人と同じようになるなら、同じことをしていたらいい。それより少し上を行こうと思えば大変な努力がいる。よくなるパーセンテージだけの努力では済まない」ということだった。

あるとき、いつも忙しい忙しいと言っている稲盛が、いちいち出金伝票を見ているのでつい口をはさんだ。「忙しいのになんで塵取り一つ箒一本の伝票にまで目を通して判子なんか押さないかんのです。ほかの人間にさしたらいいんですよ」「そうじゃないんだ。こういうものを疎《おろそ》かにするからいかん。好きこのんで時間つぶしをしているわけじゃない。こういう細かいところに気をつけていかないと大きなところがざーっと抜けるんだ」

うーん、えらいな、と高橋は思った。「もう何にも口をはさむところありません。惚れてしまえばあばたもえくぼで文句言うところ一つもなし。頭の下げっぱなしです。年じゃありません、物の考え方です」と話す高橋である。

西枝一江の〝帝王〟教育

このように、人を教育することと仕事をすることとが稲盛にあっては表裏一体となっていたが、その稲盛を教育する人間もまたいた。「金に使われてはいけないよ」と言って金を出してくれた西枝一江《にしえだいちえ》（明治三四年生まれ）である。

稲盛は困ったことがあるとよく西枝に相談に行き、人の面倒を見ることの好きな西枝は稲盛をあちこち飲みに連れて行ってくれた。たまにはお返しをと稲盛は思い、「私も行きつけがありますから」と松風時代からのなじみである京都駅前のれん街の小太りのおかみがいる店へ案内した。

「お久し振りですね」と、いつものやさしい笑顔で湯豆腐などを出してくれた。稲盛は酒をついであてをすすめるが西枝はどちらにも口をつけようとせず、すぐに「帰ろう」と言い出した。せっかく案内したのに、と後ろ髪ひかれる思いで店を出た稲盛に西枝は言う。

「あのね、稲盛さん、いいおかみかもしれないし酒は安いし楽しいかもしらん。けどね、酒は飲む場所というものがいるんだよ。安くていい酒だというだけで飲んじゃいかんの。お酒というのは難しいんであって、人を堕落させる酒とアウフヘーベンする（高める）酒とがある。ああいう酒は堕落させる酒です。二度と行ってはいかん」

「どうしてですか」と稲盛は不満気である。

「横にいる人がわれわれのレベルと違う。類は友を呼ぶで、そこにいる人によって向上もするし堕落もする。ああいうところで飲んでは人間を駄目にする。酒は高い酒を飲みなさい。高い酒は何回も飲めないはずだ。安い酒は何回も飲めるから飲めば飲むほど堕落する。思い切って自分で払い切れんぐらい高いところで飲みなさい」

西枝一流の〝帝王学〟であった。

西枝は、「酒が少ないときでもお銚子を持った瞬間に中に入っているかどうかわからんようでは酒飲みではない。お銚子を振ったりしたらいかん」とよく言った。それがわからんようでは営業マンではないし、酒を飲む資格もないのである。また残り少なくなった銚子から他の銚子に移したりするのもお客さんに失礼である。においのするおしぼりを出すとそこのおかみを叱った。

一緒に飲んでいて酌をしないと機嫌が悪いし、しょっちゅうつぐと、そうつがんでもいいと言う。そこであてをぱくぱくやっていると、「一杯ぐらいついだらどうや」。酒は酔うために飲むもんだ、酔わないといかん、と言っておきながら飲み過ぎると注意をする。

物事にのめり込まないことも、のめり込みすぎるのもいけない。その両者の接点をすーっと自然に渡って行く、それが西枝哲学の要諦《ようてい》であった。稲盛が部下に仕事を指図するにあたって激しく熱することと常に醒め切っていることの両者を要求するのは、西枝直伝のものである。稲盛が、「会社で私がしゃべったことが原因でトラブルが起きて困っています」と言うと、「阿呆じゃ、嘘は言っちゃいかんがほんとのことは言わんでもええのや」と答えるあたりにも、その哲学が出ている。

酔うとくだを巻いて送ってほしくなる西枝で、おかみが送ろうとすると稲盛が、「いや、私が送りますから」と言うのだが、「野暮なこと言うな」と西枝はさえぎる。送って行くと夫人が出て来て、「ご苦労さまでございます」と深々と頭を下げるので、送って行った方はいっぺんに酔がさめてしまうのだった。

あるとき、飲みながら西枝が言った。

「ちんぽも立たず屁もひらず、ということがある。将たるもの、これではいかん」

初めて聞く言葉で、稲盛はいたく感心した。

〈ははァ、聖人君子みたいな顔をしてはるけれども、やっぱり立つんやな。人の前で屁をぷっと出してもそんなことにこせこせしたらいかんわけか〉

これはいいことを聞いたと、家へ帰ってさっそく妻の朝子に話した。

「きょう西枝さんが、ちんぽも立たず屁もひらず……」

「あんた阿呆と違う。それは沈香《じんこう》も焚《た》かず……ということでしょう」

「ばかァ、ちんぽも立たず、と言わはった」

「なんと落ちる人でしょう、あんたという人は」

（正しくは、「義理も糸瓜《へちま》も瓢箪も、沈香も焚かず屁も撒《ひ》らず、上手名人というは扨《さて》置《お》き、下手といわるる芸もなく」）

　稲盛は、この西枝の話をこう受け取っている。

「働くときは物乞いのような姿で働いてもいいではないか。ぜいたくするときは百万両積んだ沈香を焚いてもいいではないか。ここぞというときに沈香を焚く勇気、金を出す勇気が無くて何が武将か」

最初の渡米

　創業四年目、昭和三七年五月、稲盛は常務となり、七月、単身でアメリカに旅立つことになった。敗戦後の財閥解体で、三井物産から第一通商、第一物産などに分かれてできたうちの一社である極東貿易の大阪支社から、京セラの製品をアメリカで扱わせてほしいという依頼があり、ニューヨークの駐在員が稲盛を案内することになっていた。

アメリカ行きは、稲盛の鹿児島時代からの夢でもあった。社の連中も、行け行けと言う。費用の八〇万円もなんとか捻り出せそうである。ようやくその気になったのはいいが、よく考えると、アメリカには日本の便所はない。洋式のトイレなるものは経験したことがなかったから、その点でがぜん臆病になる。幸い、東京にいる大学時代の友人の一人が公団住宅に住んでいるから、わざわざそこへ泊まって使い方を教えてもらった。

東京へ立つ前、京都では会社始まって以来の未曽有の壮挙であると、壮行会が京極のスター食堂二階で行われた。

〈われわれの常務をアメリカへ送り出せるまでになった〉というみなの喜びがあった。会社創立以来の幹部たちがそろってわざわざ東京まで行き、東京出張所近くの歌舞伎座向かいにある旅館大和屋に泊まり、仕事で抜けることのできない幹部は汚れた作業衣のまま夜行で東京へ向かった（新幹線ができたのは二年後の三九年）。

出発の当日は今にも降り出しそうな雲が低くたちこめ、出発する頃にはぱらぱらと降り始めて来た。二年前の昭和三五年に生まれた稲盛の長女しのぶを、東京出張所の岡川が雨に濡れないように抱きかかえている。エプロンまで出た見送りの中には朝子もいる。

見送る側も涙、見送られる側も涙、お互いに永い別れのような気持だった。

飛行機が飛び立ち、窓から見えるちぎれんばかりに手を振っている人びとの姿はあっという間に小さくなり、垂れ込めた雨雲を突っ切って雲の上に出たとき、澄み切った青空と初めての白い雲海を見ながら、三〇歳の稲盛は言葉にし得ない感激にとらえられていた。

〈つまずきを何度も繰り返して来たこの俺が、今こうしてアメリカへ向かっている〉

技術系の大学を出た人間として、一度は世界でもっとも技術の進んだアメリカで勉強したいという願望が実現しようとしていた。しかし、未知のアメリカへの不安と必死に手を振って送ってくれたあの社員たちの期待に応えなければならないという緊張にとらえられ、体全体がきゅっと縮む思いだった。スチュワーデスが運んでくるうまそうな機内食にも手を出す気になれなかったが、いざ口にしてみると何とも言えずうまい。乗心地もまた快適である。飲み物をごくりと飲みほしたときにふいと胸をつい

て出て来たのは、

〈なんとすばらしい旅なんだろう。苦労をともにしているみんなにもぜひ体験させてやりたい〉

という思いだった。一人の男のそんな夢を乗せた飛行機はやがてニューヨークの空港に着いた。一方、極東貿易のニューヨーク駐在員の永井立昇《りゅうしょう》（昭和六年生まれ）は本社からの指示で空港まで出向いたが、それらしき人物が飛行機から降りてこない。しかし、日本人の若い技術屋らしき人物が急ぎ足で向こうに行く。あんなに若い常務などいるはずがないと思っていたが、それが当の稲盛だった。

永井は稲盛の一ヵ月の滞在期間中、毎日お供をするというわけにいかないが、英語の話せない稲盛にとっては唯一の頼りである。プリンス・ジョージという名前は立派だが汚い安宿に泊まって、朝早くから極東貿易の事務所に顔を出し、「時間がもったいないですから早く連れてって下さい」と頼み込み、紫の風呂敷に見本箱を包んで永井とまわる。

稲盛は品物を見せながら、「不満足なものだからあなたの方の製品を買わせてほしい」と言う。永井の目に映じた稲盛はまじめ一徹、大変謙虚だが相手の顔色をうかがうという気配は少しもない。何社かまわるうちに永井が気づいたのは、どこへ行っても、これはすばらしい技術を持った会社だ、という驚きの色が先方の顔に表れていることである。逆に「こっちの技術を売り込んだらどうですか」と稲盛にすすめた。

だが、全社員の期待を担った稲盛が望んだような成果はまったくあがらず、稲盛は焦りに焦った。いつでもどこでも、目いっぱいに仕事をしないと気が済まないのに、時間の無駄はあり、一人では行けない上に通訳を介しての折衝だから、その焦りは倍加される。食堂で出されたものもろくに喉を通らない。夜もろくに眠れず、ときにうなされてはっと目が覚め、焦燥の果てに、何か啓示があるかもしれないと、神に祈ることもあった。

アメリカ国内を飛ぶ飛行機の中で稲盛は、永井に社員に語るように仕事についての夢を語った。その熱っぽさや夢の大きさ、社員の幸福に対する責任をひしと感じている様に心打たれ、そこにカリスマを見る思いの永井だった。のちに、この永井もまた京セラ入りをすることになる。

行くあてのない日には、極東貿易の女子事務員たちの前で五、六枚重ねの硬いリノリュームを空手で割ってみせたりした稲盛だが、ほとんど成果が無かったことと、初めて接した異文化へのアレルギー（松風入社の頃は電話もとれなかった稲盛である）などがあいまって、激しい頭痛に悩まされ、もう二度とアメリカへは来るものかと思いつつ帰国した。

だが、わずかながら試作品の注文もあり、自分の技術に自信を持つこともできた。帰国するやいなや、「みんなを飛行機に乗せてアメリカへ連れて行きたいなあ」と言ったけれども、「そういう常務の気持は嬉しいですが、またオーバーなこと言うて……。できるわけがないじゃありませんか」と笑われてしまった。だがこの「オーバーなこと」は一二年後の全社挙げてのホンコン旅行として、また一四年後から毎年行われる社員の子どもたちの海外旅行として実現することになる。

最初の工場建設

この渡米前後から、先に増設した間借りの工場も狭くなり過ぎたと、工場用地の物色を始めることになった。滋賀県が工場誘致をしていて、中でも蒲生《がもう》町が熱心だった。戦前、八日市陸軍飛行場のあった国有地が戦後の農地改革で開拓農民に払い下げられ、畑となっていた土地八〇〇〇坪を買うことに決めた。そばを走る名神高速道路が工事中の頃だった。

「お父ちゃん」こと高橋基が中心になって工場建設にあたることになったが、敷地整備を始めようとして、たちまち水の問題にぶつかった。敷地の地続きにある一軒の離れ家では、井戸を掘っても水が出ないので雨水を溜めてそれをこして日常生活に使っていると言う。しかし、どうしても構内から水を取りたい。高橋は、ほかの人が五〇メートルで出ないと言うなら一〇〇メートル掘ればいい、と考え、裏手の谷の最低部を掘ることにした。無駄だからよせ、と地元の人からは言われた。

八日市高校の先生に水の専門家がいて、その人の文書は公文書になるという権威ある人だった。測定をしてもらったが、「井戸を掘ることには不賛成」という文書が届いた。だが、そうですかと引き下がるわけにはいかない。測定の助手には高校生たちが来ていたから、遊び半分でやったんじゃないかという気持も高橋にはある。測定は、中心点に機械を据えてそこから左右に何メートルかアースを取り電気を流すのだが、その距離が短かければ電波はそれに対応する表層しか走らないし、そのため水の所在を突きとめられなかったということも考えられる。

〈とにかく掘る〉と高橋は心に決めた。社内の了解を取り付けねばならないが、費用が稲盛の渡米費用を上回る一〇〇万円という大金で、高橋自身は京セラではまだ新入り。どうなるかと心配したが、役員会は「やらせよう」という結論を出してくれた。ありがたかった。

掘削地点のそばに小屋を建て、筵《むしろ》の屋根を掛けて雪が降る中をがんばった。井戸掘りは高橋には初体験だから掘り進んでも水が出ているのかどうかわからない。なかなか出ないのを稲盛に報告すると、「祈るんだ、祈ればそのようになる」と言った。そして八七メートル地点で岩盤に突き当たってしまった。

「水が出るかね」とボーリング屋に聞くが「わかりません」と言う。直径三〇センチほどの穴に水を入れるとそれが減っていく。ということは、どこかに水が浸み込むか流れて行くということだ。ところが翌朝見るともう水位は下がっていない。もう一度たっぷり入れるとやはり減るが一定のところで止まってしまう。とすれば、下から何かの力で水を押し上げているのではないか。電源など無いから石油発動機でポンプを動かして水を吸い上げるが、出て来るのは泥水ばかり。神仏にすがる思いだった。しかし、二四時間過ぎる頃からしだいに澄み始め、夕方にはきれいな水が出て来た。さっそくその水でお茶を沸かしてみたが黒くならない。鉄分を含んでいない。

〈こりゃしめた〉と、一升瓶三本に詰めて京都は蹴上《けあげ》の水道試験所へすっ飛んでいった。が、必要な手続きをしていないからと受け付けてくれない。「出ないと思った水が出たんです。これが使えないと大変なことになります。なんとか試験してもらえませんか」と押し問答になった。ちょうど一ヵ月で一〇〇万円使い切った。必死の高橋である。声も大きくなる。

そこへたまたま白衣の所長が通りかかって事情を聞き、「すぐしてあげなさい」と係員に言ってくれた。ありがたく、涙がこぼれそうだった。

滋賀工場第一棟の竣工式　正面左から稲盛、青山、宮木　1963年

翌日行くと、分析表に「地下水としてはまれに見る良質なものである。京都の水道水となんら遜色が無い」とあり、大きな四角い判がぽんと押してある。分析表を押しいただいて本社へ

すっ飛んだ。

敷地は地盤が硬く、雨が降るといつまでも表層にとどまっているのでいつもぬかる。トラックが動けないときもあり、近くの鹿島建設の工事現場に頼み込んでブルドーザーで引っ張ってもらったこともある。そのうち、鹿島の下請けの飯場ができたが、水が無いというので、「水ぐらいで良かったら使って下さい」と二五〇メートルもパイプを引いた。そんなことまでする必要が無いという社内の声もあったが、高橋は、現場にいれば周囲の厄介になることがある、という気持だった。工場ができたのもみなさんのおかげ、と高橋は思っている。こんな体験を経ながら、京セラというのはこういうふうでなくちゃいかん、ということがわかって来るように思える高橋だった。

昭和三八年五月、第一棟の竣工式が行われ、あいも変わらぬぬかるみに板を敷き、バスに料理屋のおかみや京都のきれいどころを乗せて会場に繰り出した。

敷地を初めて見た社員たちは、借り物の狭い工場で働いていたこともあって、石ころがごろごろする原っぱのあまりの広さにどぎもを抜かれ、「こんなとてつもない場所どないするつもりや」と言い合った。社員にすれば、稲盛のやっていることが奇想天外に思えるのだった。高橋も、これが最初で最後の工場だと思っていた。

　創立五年目の翌三九年五月、稲盛は専務になった。社長の宮木男也は取締役会長に、青山政次が社長となった。これには、宮木電機の株を半分所有している交川の、宮木社長への働きかけによるところが大きかった。

〝感謝報恩〟の具体化

昭和三九年、五周年記念式典は和歌山・白浜の旅館で行い、会場正面に日の丸、左手に社旗（白地に赤でKのマーク）を掲げるという創業以来の厳粛な形式を踏襲している。

稲盛は会社が前途洋々であるとしながらも、社員が好況になれて製造、資材消費などすべての面で真剣味が薄れていることを指摘し、少しの無駄も排除する努力をした創業時の精神に立ち返るよう訴えた。創業後の売り上げと税引後利益の伸長および社員数を見ると、二四〇ページのようになる（四〇年の分も含めた）。

創立満5周年記念式典　挨拶する宮木社長　1964年

輸出は三八年まではゼロ、この三九年にわずか二五万円あったのみだが、五年間で人員は五倍になったのに対して売り上げは九・四倍、利益は九倍の伸びを見せている。三八年にはソ連の視察団が工場見学に訪れ、この五周年式典で決意表明に立った社員のすべてが、合い言葉のように〝日本の京セラから世界の京セラへ〟を口にしている。

　こうした発展にくらべれば現象としてはささいな事柄に属するが、稲盛の思想を理解する上で見のがせないことが前年三八年の末にあった。京都と蒲生町での歳末助け合い運動への全社的な参加である。

「お蔭で今日ようやく従業員二百名を数え、中小企業の仲間入りが出来、一応会社らしくなり、我々の生活も少しは楽になって参りました。これはひとえに吾々周囲の凡ての人々の好意によるものと感謝いたしております。一寸先もどうなるか分らず生活も不安定だった創業当時の苦しかったことを偲び、現在でも数多くの不幸な方々のあることを思い……」

こういう趣意書のもとに、京都新聞善意の小箱に従業員から二三〇〇〇円余り、会社から二〇〇〇〇円、蒲生町に従業員から一〇〇〇〇円余り、会社から一〇〇〇〇円が贈られ同町では〝町始まって以来の美挙〟と言われた。

これは、大企業であるがゆえに体面上、社会的責任を唱えて社会への還元を行ったという性質のものではない。稲盛が経営者になる以前からその中に内在していた〝感謝報恩〟の思想においてそうしたのである。その思想は、昭和五四年、創業二〇周年の年に入社してきた新入社員の入社式において、これからは家族や社会にお返しすることを考えなさい、とごく当たり前の

売り上げ高と利益の推移（昭和34～40年）

	売り上げ高（千円）	利益（千円）	従業員（月平均、人）
昭和34年	26,276	1,869	36
35	49,871	3,822	56
36	80,734	4,793	87
37	119,114	11,298	105
38	161,360	10,565	160
39	247,565	17,055	185
40	298,034	19,752	223

こととして話していることからもうかがうことができるし、内在化しているゆえに一貫しているその思想は、昭和三八年以後の京セラの発展の過程において、さまざまな形で具体化されていくのを見ることができる。

〝屁のような〟ことばかり言う

この〝世界の京セラへ〟を象徴するようにこの年一〇月、稲盛は再度外国に飛び立った。それもお供を連れて。しかも、極めて優秀で語学に長じ貿易経験豊かという、当時の京セラとしては考えられないような人材だったが、その優秀さが問題を引き起こすことになる。

前年一〇月に入社した上西阿沙《じょうにしあさ》である。松風工業時代、稲盛の考案した例の電気トンネル窯のパキスタンへの輸出にもあたり、稲盛の優秀さに驚きつつ「がんばれよ」などと声を掛けていたかつての上司だが、昭和三八年に松風を退社、みずから京セラ入りを望んだのだった。稲盛は、滋賀工場を作った高橋基が入社したときと同様、夕方五時か六時になると上西を呼び、その日にあったことについて議論をし、年上でベテランの上西が自分と同じ考え方をするよう努力した。

欧州へ出張　手を振る右から二人目が和夫

上西は一九二二（大正一〇）年カナダに生まれて育ち滋賀の上西家の養子となって彦根中学―三高―京大というコースを歩み、自由主義的かつ個人主義を重んずる環境で育って、昭和二三年、京大卒業後すぐ松風工業に入社、そして京セラへは創立四年後の入社である。

学生時代から暗記ものはあまり得意ではなく語学力はなかった稲盛は、上西の英語と松風時代の貿易体験を大いに頼みとし「鬼に金棒です。さあ、明日からでもやりましょう」と張り切ったが、当の上西は、〈あんた阿呆か〉というまさに軽蔑のまなざしで、

「専務、貿易というものをわかってはるんですか。まず一年くらい準備期間を置いて、その間にマーケットリサーチして、二年目ぐらいからぼつぼつ売れるというところです」

「そんな、まどろっこしい。明日からでも売るんです」

「非常識もはなはだしい。LC知ってますか、FOB知ってますか、ユーザンス知ってますか」

「そんなこと知ってるわけないですよ」

「貿易のイロハも知らんで貿易しようと言っても……」

「しかし、LCとかFOBとかいうことは、今ここであんたから聞いたらそれで済むことですよ。これまでは、青山さんと二人で何のつてもないところを訪ね訪ねて戸を叩いて行商して来たんだし、準備期間など無かった。アメリカでも同じはずです。言葉と習慣が違うだけであって、あんたはその両方に通じているから、条件はそろってます」

「貿易はそんな簡単なものと違います」

という上西を、とにかく手伝えと稲盛が抑えこんだ形での今度の外国行きだった。

まずヨーロッパに飛び、ウィーン、デュッセルドルフ、パリとまわったがホテルは必ず二人で一室、パリの店頭に蒸した貝が積んであるのを見て貝好きの稲盛が「うまそうやな、食おうや」、上西は「いや高そうだからやめましょう」。貧乏旅行をしてアメリカに渡ったが、やはり成約はなかった。疲れた足を引きずって、これだけはぜいたくをさせてもらおうと、一ドル二〇セントのビフテキを食べてコーヒーを飲んでいるとき、一人の日本人が目についた。上西が松風時代に知り合った貿易会社の人で、その連れの人がラジオのロータリースイッチの輸出専門メーカーの社長。セラミックのサンプルを見せると、「こんな立派なものが売れんはずがないのに」と、注文をくれた。これが二回目の訪米で初めてもらった注文だった。だが、行く先々で技術者たちの強い関心をそそったことはまぎれもなかった。

翌昭和四〇年の社内報で社長の青山は、この二人の欧米市場開拓の成果について、「製品は至る所で好評を博し、その後見積照会がますます多くなって来ました。今に驚くべき量の受注が決定しそうです。京セラの技術水準が諸外国に比して高位にあることを物語っています。海外進出の年です」とのべ、稲盛は、「先進国の技術も学ばず独自に研究開発し生産したわれわれの製品が世界一流国に立派に通用したのです」と誇らかに書いた。

この間に、成績のふるわない極東貿易にかわって（永井立昇の名誉のために書いておかなければならないが、昭和三九年から四一年八月まで永井は在東京）丸紅が代理店となり、四〇年にTI（テキサス・インスツルメント）からアポロ計画に使う抵抗用ロッドの注文が取れて大いに気勢があがった。アメリカの半導体業界に売り込みをすべく、それまでにトランジスター用のヘッダーの注文を取っていたシャーマン商事大野哲人、丸紅の課長代理、上西、稲盛の四人がサンフランシスコに乗り込んだ。

のはいいが、大野はさっそくチャイナタウンにいる知人の中国人のなじみの女性が経営している料理屋に行こうと言い出す浮かれ気分で、何としてでも売らなきゃならんという思いの稲盛の心を逆なでする。その大野が、モトローラ社への売り込みに使ったらいいと、イタリア人ジョン・シアノなる人物を紹介してくれたが、シアノは「絶対売れるから任せろ」と豪語して、〈こんなのは信用ならん〉と稲盛に思わせる。

そしてモトローラへ乗り込むという前の日の晩、ホテルのバーで話をしていると、シアノはあいも変わらぬ怪気炎で、大野も丸紅の課長代理もその尻馬に乗って、どうも話がシアノに一任という方向に進んでいるようだった。稲盛は上西に、「それはいかん、こんなのは口先ばかりだしわれわれで売らないといかん」と注意したが、稲盛以外はみな中年以上で大野は豊富な女性経験を面白おかしく話している。ピューリタン的な稲盛にとってはこの場面で女の話など愚の骨頂、その場の雰囲気は不愉快極まりない。しかも日本人と見れば煙に巻いて商権でも握ろうというようなイタ公にみな同調している。

怒った稲盛は上西を通じて、「なぜ売れると思うのか、ほんとに売れると確認ができるまでは任すわけにいかん」とシアノを問いつめようとしたが上西は、「そんな失礼なこと言ったらいけません」と通訳しようとしない。

「あんたはだれの通訳や、どっちの味方や」と怒った稲盛は、「こんなくだらん連中と仕事ができるわけがない、あんたの協力もいらん」と言い出した。

上西との最初の外国旅行のとき、考え方が違うと泣きながら話したこともあり、歯車が噛み合わない、波長が合わないという感じがどうしようもなく稲盛にはあった。

そんなことがあった後、似たような状況で似たようなことが京都のバーでも起こった。上西が仕事の話を稲盛が考えているような方向に進めなかったことを憤慨し、「お車どうですか」という上西に、「いらん」という声を残して一人で帰ってしまった。

稲盛にすれば、幹部というものはただ議論のための議論をするためにいるのではない。稲盛が実現したいことをどうすれば具体化できるかを提案せずに、稲盛の決定が不十分であるとそのまちがいだけを指摘することがしばしばであった上西だから、まちがっているという議論になっても肝心の問題の核心に触れていくことにはならない。それでは一緒にやってもうまく行くはずがない、という考えが稲盛には厳としてある。

「以後出社に及ばず」

二、三日後、社長の青山を通して稲盛の意向が上西に伝えられた。が、その何日かあと、杖をついた老人が稲盛の家を訪れた。昔、滋賀で肥料問屋を営んだことのある上西の養父春造である。

「アーサー（阿沙）に首になったわけを聞きました。このじいがどうしてもアーサーの考え方を変えさせますから、私に免じてどうかもう一度使ってやって下さい」と、玄関に土下座して動こうとしない。実は議論のための議論が多すぎる、と稲盛が話すと、「そうですか」と春造はうなずいて言う。

「そうなんです。屁のようなことばっかり年中言うんですわ。注意しても、学校出てるもんですから鼻であしらって言うことを聞きません。養子ですからこの年まで辛抱して来ましたが、言われてみればまさにその通りです。私も腹に据えかねておったところです。それはもう会社を首になって当たり前です。それがわからんようであれば私も娘と別れさせて養子縁組を解消しますから、どうかもう一度だけ使ってやって下さい」

稲盛は翌日、上西を訪ね、「お父さんに頼まれたが……」と改めて話をした。上西は「一所懸命やりたいと思います」と言ったが、その程度で稲盛は承知しない。ついに上西が、「そこまで私のために思っていただくとは……」

とはらはらと涙を流した瞬間、

「わかりました」

という稲盛の言葉が出た。「その瞬間から二人は親兄弟以上に通じている」と稲盛は言う。

当時の京セラではスタッフは限られており、三高、京大出で海外経験豊富な上西は珍重すべき人材であったが、心が通じなければ無用である。中途半端な妥協によってではなく非妥協によって問題を解決する、そういう道を稲盛は選んだ。

この件で上西は西枝一江を訪ねている。

一九六七(昭和四二)年八月六日、西枝から「自己中心に考えてしかもそれを自覚していないのは始末におえない」と言われたことが、上西の心覚えのノートに記されている。その上西はのちに、京セラの副社長、京セラ・インターナショナルの副会長を務めた。

東京営業所の乱

この頃、東京営業所の岡川健一が、一つの危機に遭遇した。

その前史をかいつまむと、京セラ創立が昭和三四年、東京出張所開設が翌三五年、翌三六年三月に佐々木武夫が入社して工場勤務ののち三七年に東京勤務となった。

佐々木は工場時代、定時に帰ったのは入社後三日間だけで以後は徹夜につぐ徹夜、トンネル炉、大型水素炉、小型水素炉、単独炉を一人で見るので便所に行く時間もない。三分ごとに水素炉の操作をして八分ごとにガラスをるつぼで溶かし、トンネル炉から出て来る品物の温度測定をする。どうにも我慢できず便所に行ってる間に各炉の操作時間が終わっていてどれから手をつけたらいいかわからなくなってしまった。莚《むしろ》を敷いて夏の夜空の下で仮眠もした。そんなハードワークの連続でも、若い連中だけでキャンプに出かけるとき、稲盛をはじめとする幹部全員に「気をつけて行けよ！」

と送り出されたのが嬉しかった。

そんな一年を経た東京行きである。大人を相手に話をするのがいやなたちで、営業という仕事がどんなものかもわからずに東京駅に降り立った。部下が来る、と喜び勇んで迎えに出た岡川は、太股にぴっちりのマンボズボンに真紅のネクタイという佐々木のスタイルにびっくり仰天、すぐに別のネクタイを買ってやった。

佐々木は川崎にある岡川のアパート近くに下宿して、行きも帰りも一緒という生活が始まった。その後、中川隆、大平《おおひら》哲、石平《いしだいら》健二といった連中がふえていき、岡川が東京営業所営業部長となった昭和四〇年、新入社員の三宅新一が東京へ赴任することになった。

夜一一時頃の夜行で東京へ立つのだが、驚いたことに稲盛、青山（政次）、安城、浜本ら幹部がわざわざ見送りに来てくれた。新入社員のためにそこまでしてくれるのに三宅は感激した。〈これはやらなあかんな〉

そして、三宅が来て二年ほどたった頃のある日、岡川が夜一〇時半頃、外から帰って来て階段をとんとんと駈け上がり、事務所の扉を開けたとたん、中から帰ろうとする中川隆が出て来た。「部長、お先」「ちょっと待て、お前もう帰るんか」

とたんにぷーっとふくれた中川から、「もう帰るんかとは何ごとですか。いい機会です。部長に一度お話ししたいと思っていました」という言葉が返って来、室に入った岡川をみんなが取り囲むような形になった。

「部長、外を見て下さい。銀座にたくさんビルがありますが、今ごろ明りがついているビルがいくらありますか。部長は好きでいつもそうやって頑張ってるんでしょうが、われわれをどう思ってるんですか。部長より若いし遊びもしたいし、酒も飲みたい。生身《なまみ》の人間です。部長のように毎日毎日続きません」。当時岡川は三〇を越えたところ、部下たちが二二、三歳である。実はそれまでに、営業所の連中は岡川にわからないように中古の麻雀牌を買いこみ、事務所に泊まりこんで麻雀をしたことがあり、岡川が牌を見つけて怒ったこともあった。岡川はそれまで、みんなが自分とまったく同じ気持、同じ考えで、何の疑念もなしに一緒にやってくれていると信じ切っていたから、この〝反乱〟はまさに青天のへきれきであった。かっーと興奮して胃けいれんが起こって痛みが激しく口もきけず、何か言おうと思っても冷汗が出るばかりである。

「済まんがきょうは帰る、明日話をしよう、受けて立つ」とタクシーで川崎まで帰ったが、「きょうの喧嘩はきょうのうちに決着をつけないかん」という大平の言葉で、みなはただちに岡川のアパートまで押しかけて行った。

四畳半と六畳二間だけのアパートの一室にすし詰めになって夜半まで話し合ったが話は噛み合わず、岡川の胃の痛みもなおらず次の日にしようと、やっとみなに引き取ってもらい、その朝稲盛に「済みません、こういうざまになりました」と電話をすると、すぐに稲盛は京都から駈けつけて来た。

稲盛はまず岡川をビルの地階の喫茶店に追いやり、みんなを集めた。「何が気にいらんのか、どんな不満があるのか、岡川の悪い点を挙げてみろ」。一つ、二つ、三つと指折り数えて三つまで挙げたので、「もうないのか」と聞くと、「そんなところです」。という言葉が終わるか終わらぬかに、稲盛はばんばんとテーブルを叩いて烈火のごとく怒った。

「たった三つしか悪いところがないのか。人間なくて七癖、それだけ頭数がそろって三つしか悪いところがないというのであれば黙って岡川に従え。それがいやなら全部やめてしまえ。振り出しに戻るだけや。二つや三つの欠点があってついて行かれんというのであれば、だれが来ても同じだ。全部やめるか従うか、どっちかにしろ」

稲盛の気勢に一瞬みなしーんとなり、「わかりました、従います」となった。それから稲盛はたったったっと階段を下りて喫茶店へ行き、しょぼんとしている岡川にどなりつけるように言った。

「馬鹿かッ！　お前は！　俺が改めて聞いたら一つ二つ三つと数えよった。欠点を数えられるぐらいなめられとって仕事ができるかこの馬鹿たれ！　信じられてもおらんそんないいかげんなリーダーがあるか。そんな付き合いで仕事ができるか。お前なんかやめてしまえ。おらん方が増しじゃ。〝鞍上《あんじょう》人なく鞍下《あんか》馬なし〟と言うやろ。大将というのは勝手に馬に乗るもんでもなく、ただ乗せられるものでもない。もう一度仁義の切り直しをせい」

わかりました、と岡川は事務所にあがって仁義を切る。

「君らが信じてくれてると思って、ただしゃにむにやるだけで、みんなの気持を推し量るゆとりがなかった。その点はしみじみ反省している。しかし、三つ児の魂百まで、と言うじゃない。今までのやり方をそっくり変えろと言われても自信がない。おそらく今までのやり方を続けていくことになると思う。そのかわり何でも言ってくれ。聞く耳だけは持つようにする」

〝乱〟はこういう形で収拾されたが、これを契機として、岡川の内面に大きな変化が起こった。それまでは、部下に話すことと言えば、「お客さんに言われたあのことのフォローをしたか」とか、「あの約束はどうなった」といった単純なことを一所懸命確認するだけで、言われた方は反論の余地がない。それを改めて、なぜできなかったのか、その理由をつとめて聞くようにしていった。明けても暮れても仕事仕事、飲むのもパチンコするのも一緒、飲んでも仕事の話ばかり、女の話などこれっぽっちも出ない。その点ではまったく稲盛と同じなのだが、放射する余波やエネルギーは似て非なるものがあり、乗せられているだけで乗った馬ではなかったのだ――と思う岡川である。

稲盛、社長に就任

昭和四一年三月、宮木電機に工場の一部を残すだけにして、本社機構も滋賀工場に移した。居住地との関係で退社せざるをえない社員も出たが、断行した。

五月には青山が会長となり、稲盛が社長に就任した。会社発足後、七年目である。

当時、従業員は約四〇〇名、家族を含めると一二〇〇名の生活が京セラとともにあった。

七周年記念式典はこの滋賀工場に社員の家族も招いて開催し、稲盛は、ゼロからスタートした京セラが世界の一流企業と取引できるまでに成長したのは、社員の家族の援助があったからだと、謝辞をのべた。そして、「もし口幅ったい言い方を許して頂けますならば、私にはご家族の皆様方の幸せを守る全責任があると思っております」と家族への責任に触れ、さらに日本と世界の得意先に対する責任にも触れた。

それはその言葉だけを取り上げれば、あまたいる経営者の多くが口にしうる口あたりのいい一般論にすぎないが、稲盛にあっては、創業のとき年若い社員たちの行く末に対して抱いた重い責任意識が会社の発展とともに深化、拡大していったものであり、さらに地域社会、また上場後は株主、とその意識は三重四重と重層化していく。そしてその幾重にも重なる責任のゆえに稲盛は、社員に対しときに怒り、ときに訴え、ときに説得することをひたむきに続けて行くのである。

この年には、京セラの技術レベルを飛躍させることになる、ＩＢＭから一億数千万円に上る注文があった。稲盛らのアメリカでの〝行商〟が実を結んだものだが、受注した時点での京セラの能力では製造不可能と思われる仕様だった。受注額で会社始まって以来のものであるのみならず、一五ミリ角でプラスマイナス一〇〇分の〇・五ミリという公差は桁が一つ違っていた。それまでのセラミックの概念では、一五ミリ角の製品の公差は一〇〇分の一・五ミリどまりであり、IBMの要求は当時の世界のどのメーカーも実現していない精度だった。だが、できないからやらないのではなく、どこもできないものだからそれをあえてやろうとするのが京セラである。粒々辛苦の末できあがった製品は当時のセラミック業界の水準を抜きん出て半導体業界をあっと言わせるものであった。これが、一世を風靡し世界を制覇したと言われる、コンピューターIBM360の京セラ製のパーツで、京セラの発展の一つのエポックを画した。

第3代社長に就任当時
1966年

他方、外部からは見えないけれども、いわば内的な発展のエポックとして、〝時間当り〟という考え方の定着がこの年にあった。

これは、製造部門の最小単位組織が独立採算を達成しているかどうか、その生産性を判断する係数であり、単位組織の成員一人当りの一時間当り付加価値を〝時間当り〟と呼んでいる。たとえて言えば、夜鳴きうどん屋はどれだけ材料を仕入れてどれだけ売り、はたして自分の食い扶持を稼いでいるか、自分で計算（経営）できなければならない。つまり、夜鳴きうどん屋は労働者であるとともに経営者でもある。

京セラのこの最小単位組織はユニット、ショップ、アメーバなどいろいろな呼称があるが、京セラという有機的な組織体が、生きた無数の単位組織から成り立っていると考えれば、アメーバが一番妥当かもしれない。このアメーバは製造部門の場合、原料の購入から出荷までに介在する成型、仕上げ、切断、めっき、ろう付け、検品など工程別に作られており、成員は三、四人の場合も二、三〇人の場合もあり一律ではない。夜鳴きうどんの場合、材料の買いと製品の売りとがあってそこから利益が生まれるように、アメーバにおいても社外への売りか社内のアメーバ間の売り買いから利益を生み出す。

受注生産であるため、原材料はそのときに必要なものしか買わないというのが基本原則で、将来値上りするだろうという理由で必要以上のものを買い込むということはない。原材料が届くとただちに現場へ運ばれるから経費としてすぐ計上できるし、倉庫がいらない（これは、〝かんばん方式〟で知られるトヨタ自動車の工場が、〝ジャスト・イン・タイム〟に現場へ必要な部品の必要量だけを運びこむようにして、部品の在庫管理の必要をなくそうとしているのと偶然ではあるが軌を一にしている)。

アメーバの収入は社外への売りあるいは社内売りのみであるが、普通の企業の社内売買は原価で行われるのに対して、京セラでは市場価格で行われている。アメーバの収入から控除されるのは原材料、金型、内職工賃、修繕費、光熱費、償却費、家賃(占有スペースに対応)、営業経費(営業部門へ一〇%のマージンを支払う)で、人件費を除く全経費を控除した分を〝差し引き売り上げ〟と呼ぶ。この〝差し引き売り上げ〟をアメーバ成員の総労働時間で割ったものが〝時間当り〟である。

この時間当り表はそのまま各アメーバの損益計算書となり、月ごとにそれが作られて月初にそれが全社的に公表されるから、他アメーバとの比較がただちにできる。また、この表には予定も記載されているから、アメーバの長は、自分の経営の効率を高めるために何をしなければならないかを常に考えざるをえない。経営状態の悪いアメーバの長は会議の席上において厳しく責任を追及され、どうしても改善の実があがらない場合はそのポストを譲ることになる。そういう意味での人事異動は京セラでは日常茶飯事となっている。

他方、高い時間当りを達成したアメーバは表彰されるが、それは精神的栄誉という色彩が強く、高い付加価値を生み出す経営体がなければ、会社全体として高い賃金を払えないし、新しい仕事への投資もできず、会社全体の発展もないという考え方が貫かれている。

一般に、企業の優劣は売り上げ利益率、総資本利益率で評価されるのが普通だが、それはどれだけ金を使ってどれだけ金を生み出したかという金をベースにした経営であり、大事なのは、従業員一人当りの利益という考え方であって、それが企業の賃金負担能力を表すことになると稲盛は考えている。時間当りは、自分が経営者であれば、どうやったら利益を出すことができるかを末端でも考えることができる方法である。

この時間当りにおいて、ひいては京セラの経営全体において、売り上げ極大、経費極小という原則しかない。一般管理費が何パーセントであればいいといった常識はない。その背後には、創業期における稲盛の苦い体験が横たわっている。

ある有力な納入先から年々値下げ要求が出て、しまいには買い入れ価格決定の参考にするからと原価計算書の提示を求められた。持って行くと、

「販売管理費が五％か。お前んとこみたいにちっぽけな会社でそんなもったいぶったもんいらんはずや。この分は値引きできるな。利益が一〇％か、世間を見てみい、一割も儲かっているところがあるか、ちょっと減らせ」

という形で納入価格が決められた。次の年、「人件費もあがって来ました、値下げどころではありません」と、また正直な原価計算書を持って行った。すると、

「何言うとるんや。だれが原価で買うと言うた。うちは世界の市場を相手に商売しているから値段はおのずと決まってくるし、部品をなんぼで買わないかんかも決まってくる。お前のところでなんぼでつくろうと、それで儲かるかどうか、うちの知ったこっちゃない。それでは売らんというのなら輸入でもする」

強者の優位を楯にとった一方的な態度に稲盛はまさに腸の煮えくりかえる思いだったが、会社が生きていくためにはその無理を承知で飲まねばならない。しかし、

〈いくらで作れるかはこっちの裁量や。売り値が一方的に決められるのなら、われわれ技術屋の仕事は、その中でいかにコストを安くあげるかだ。売り値はコストプラス利益、という考え方はやめよう〉

弱者でしかありえない状況の中で、弱者の知恵で生き延びていき、それがそのまま

京セラの強味となるのだが、その知恵は稲盛の鹿児島時代の生活体験と深いところでつながっている。それは戦前、父畩市《けさいち》が印刷の仕事を始めた頃、普通は捨ててしまう端紙で袋を作ってポンポン菓子を売り、あるいは戦後、紙袋用の全紙から手だちでもっともロスが少ないような紙の取り方をしていた父の姿である。

脇目もふらぬガンバリズム

この翌年四二年七月に途中入社した奥村常雄（昭和一五年生まれ）の目に映じた京セラは、〝技術の京セラ〟のある側面をよく伝えている。

滋賀工場ができると、滋賀ではプレスによる量産品を主に生産するようになり、宮木電機の間借り工場では旋盤、ボール盤や研磨機を用いたり、金型を使わずに手作業で製作する特品と呼ばれるものを生産するようになっていたが、滋賀に人手がさかれたために経験者を必要とした。京セラの機械の修理をしている小さな鉄工所が蒲生町の近くにあり、そこの親方のもとで中学校を出て丁稚奉公をしたことがある奥村は、その親方（〝師匠〟と奥村は呼んでいる）の世話で彦根で働いていたが、帰宅後師匠の仕事を夜中の二時、三時まで手伝うことがよくあった。そこで京セラの川口孝などと顔見知りになり、京セラ入りすることになった。忙しい会社だということは知ってもいたし聞かされてもいたが、入社した日に帰宅できたのが夜の一二時、以後、奥村の京セラ人生が始まった。トンネル炉の下に莚《むしろ》を敷いて寝たこともあった。

相手がセラミックで、金属の場合のように重切削が不要だから、金属相手に仕事をしてきた奥村から見れば、京セラの機械設備は幼稚なものだった。操作する人の機械的知識にしても素人の域を出ておらず、仕事も無鉄砲と思われるようなやり方だったが、逆にその無鉄砲さが成功しているようだった。奥村のような金属切削のベテランであれば、どうしても金属を基準にするから設備も必要以上のものを考えてしまうが、セラミック製品の交代は早く、極端に言えば、きょうやっていたものが明日は他の製品に置きかえられてしまうということも珍しくないから、きょうの製品を作るのに必要な最小限の設備があればいい、製品の足が早くその瞬間をのがせば意味がないから重設備をしない、そういう考え方があるように奥村には思われた。

事実、稲盛は、新しい機械はできるだけ買わない、古い機械は使えるだけ使うという主義で、会社設立後、精巧な自動成型機を入れたのは二年たってからである。十分売り上げに寄与することを見極めなければ、固定比率を大きくして採算を悪くする可能性のある機械設備の導入には、稲盛は極めて臆病であった。

奥村は京セラに入る前、民青（日本民主青年同盟）の活動家の時期があった。小さな工場で働きながら、社会のあり方に対する矛盾を感じて、みんなが助け合っていくにはどうしたらいいかと、サークル活動に重点を置いた仲間づくりにエネルギーを傾け、野坂参三から民青の機関紙拡大の月間表彰を受けたこともあるという頑張り屋だった。

京セラに入って、稲盛の説くことには素直に共感できたし、上司や経営陣の仕事ぶりを見ていると、下をこき使って自分は楽をするというタイプは一人もいなかった。

〈俺が迷っていた問題はここでは違う、ここはやりがいがある〉

自分が今まで求めていたものがここにはあり、自分の迷いを解決し、自分を賭けることのできる、一生を託するに足るところであると思った。

この奥村が入社する約一年前の八月に稲盛は渡米しているが、その壮行会の席上、稲盛は幹部社員に次のような訓示を行っている。

「京セラの船が安全圏に入るための私のテンポからすると、会社の実績はあまりはかばかしくない。そして、会社の成長に比べて幹部の成長が遅い。会社の力が足りないからと言って、客先の要求を辞退するのは愚の骨頂である。少し無理はあるが、みなさんの成長を早めて客先の要求を達成していく決心である」

稲盛のスピードに社員がついて行きかねているという状況をここから読み取ることができるが、しかし稲盛は同時に、「先日、経営者セミナーに出席したが、京セラほどバイタリティとフロンティアスピリットをもった企業はないように思う。慢心せず謙虚な気持で進めば、目標は達成できる」という自信ものぞかせている。

稲盛のこうした発言に対応する現場の姿はどのようなものだったろうか。

少し時期はずれるが、先の奥村によると、会議のみならずあらゆる場で稲盛は、担当者あるいは責任者の顔色が無くなってその場に立っていることができなくなるほどの厳しさで追及し、相手が「わかりました、こう改善してこれからはこうやって行きます」と納得するまで続いた。それは、達成したあるいは達成しなかった目標数字から、問題が起きたときの処理の仕方などさまざまである。稲盛は起きてしまったことについてはあまりやかましく言わないが、問題が起きるまでの過程、その時点での最高の処理はどのようなものであるべきかについては極めてやかましく注意した。先輩が五年、六年かかって作りあげて来たお客さんに対する京セラのイメージを、一回の下手な処理で台無しにしてしまってはいけない、ということを稲盛は常に言っていた。だから「きょうも仕事か」などとのんびり考えていることは許されない。日々緊張の張りつめが要求され、全力疾走の日々が続く。

そういう厳しさは何も男子の間だけに限らない。現場の末端にいる女子でも、トイレに行く時間を惜しんで工場を走りまわり、ときに泣きながら男子社員の責任を追及することも珍しくなかった。

仕事を進めて行く上で班同士の喧嘩もあった。約束を守らなければ、「このつぎはちゃんとしてくれよ」という生やさしいものでは済まない。こいつに頼まれたら何としてでもしなきゃいかん、という気持に相手がなるまで徹底的に追及した。班同士の売り買いがあり、すべて時間当りに影響してくるから、追及する方も必死なら、される方も必死である。

「たまに遅れたぐらいで何やねン」「何をぬかすか」と殴り合いになることもあり、胸倉のつかみ合いはたびたびだった。よそから来た人間が見れば、この会社はいつも現場で喧嘩をしているのかと思うような雰囲気が日常化していた。だからそこでは、脇目もふらぬガンバリズムが、そしてそれのみが京セラの流儀として固定化する傾きを持つ。

昭和四二年の経営方針の中で稲盛は、カラーテレビブームの可能性と産業用電子機器の発展に見合う、仕事量の増大の必然性に触れ、コスト低減が最大の焦点であるとしつつも、「壁を破る」ことについても触れている。

即ち、資本金四〇〇〇万円、社員三百数十名が中小企業の最大限（当時の京セラは資本金五五〇〇万円、従業員四六〇名）であり、京セラは今や中小企業から中堅企業へのスタート台に立ったことになるが、中堅企業の世界と今まで住んでいた世界とはまったく別のものでなくてはならないし、新しいやり方を編み出していかないとその壁を破ることはできない、それは足し算を掛け算にする、あるいはそれ以上の変わり方でなければならぬ、というものである。

稲盛の示した中堅企業へのスタート台を象徴するように翌四三年（一九六八）には、第一回中小企業研究センター賞を受賞した。同センターは理事長が岩佐凱実富士銀行頭取で、工業技術院、科学技術庁、特許庁、中小企業庁など関係官庁が優良中小企業として推薦したものを、安西正夫昭和電工社長を委員長とし、円城寺次郎日本経済新聞社長、白井十四雄日刊工業新聞社長（肩書はいずれも当時）らを委員とする審査委員会が選んだもので、技術開発、流通改善、経営管理など総合点にすぐれている資本金二億円以下の企業五社のうちの一社としての受賞である。

この年発行された富士銀行経営相談所発行の『経営ルーム』は創業以後の京セラを、「順風満帆、十年後の四十三年七月、資本金八〇〇〇万円。売上高、設備、従業員数、すべて二十倍という成長ぶりである」と紹介している。外側に現れた数字によってのみ、京セラの発展をとらえ、そしてその数字が上向く限りにおいて京セラがもてはやされるという宿命がすでにこの頃から始まっている。

後年監査役になった青山政次は、昭和四一年の稲盛の社長就任の年から会社の体質が変わって来たと言っているが、それは、流動の上に築かれた安定と要約できるように思われる。この『経営ルーム』のインタビューに対する稲盛の言葉に、それがよく出ている。

「安定は停滞です。常に変化するわが社は半年もじっとしていない。職制だってしょっちゅう変わる。つまり業績は安定しているが、そのために常に組織は流動している」

京セラは発足後五年目の昭和三九年六月に、通産省の鉱工業技術試験研究補助金五五〇万円の助成を受けており、稲盛は、何か賞をもらえばそれをみんなで飲もうと口ぐせのように言っていたが、このセンター賞の賞金一〇〇万円の一部をさいて賞状のコピーをつけて社員と家族へ贈り物をし、あとは何回かに分けて飲み、結局賞金以上の金を使ってしまった。

何年かのち、受賞会社が集まる会の席上、賞金をどう使ったかという質問が出された。銀行に預金がしてあるとか研究開発費にあてたといった殊勝な回答が多い中で、一人稲盛だけは「全部飲みました」と答え、不謹慎であるとたしなめられるという一幕があった。

第1回中小企業研究センター賞を受賞　1968年

が、稲盛にすればそれは日頃の努力に対して、〈神がくれた贈り物〉である。

社員が使うとすれば、コンパ全盛期だからまさに飲むに値するものであったし、そういう金をとっておかないといかんような経営はしとらん、という自負があった。

京セラの発展がそうした稲盛の自負を裏づけ、またそういう自信が京セラの発展を支えていたとも言えるが、世界経済のただならぬ雲行きが、不安以上のものを稲盛に投げかけていた。

即ち、このセンター賞受賞の年の正月早々、アメリカのジョンソン大統領はドル防衛策を打ち出して世界経済全体が不況色を強めて行き、そういう背景のもとでの昭和四三年度の経営方針発表であったが、このとき稲盛は、もしベトナム戦争の終結が数ヵ月以内に起これば、経済恐慌という事態もありうるという予感を抱いていた。

それは、いつもさきざきのことまで考えてしまうという臆病さの表れなのだが、事業展開においていつも最悪の事態を念頭に置きながらことを進めて行くのが稲盛の流儀である。それを稲盛は、「土俵のまん中で相撲を取れ」という言葉で表現する。

つまり、最悪の事態を予想してことに当たり、結果がそれより良ければその分はプラスであると考える。その最悪に備えて不良品の撲滅と返品ゼロの実現に努力して採算を良くし企業内容を強化すれば、不景気で売り上げの伸びが止まったり少しの伸びで終わっても他企業に差をつけることができる。不景気こそは他社との差を広げるチャンスである、と稲盛は訴えているが、この発想はこの後もたびたび繰り返されることになる。

この経営方針の中で稲盛は二つの社内的な問題を指摘している。一つは未成年者および女子の残業規定違反である。製造部門では現場の責任者は技術や工程管理に力を注いで労務管理は労務部に任せる、あるいは「技術がすぐれておればその人間がすぐれた管理者と考えていたきらい」があることを稲盛は反省しているが、それは「常日頃一心同体を唱えていながら、末端と幹部との間に大きなギャップがあるということをまざまざと見せつけられた感じ」であった。以後、稲盛はリーダーのあるべき姿について、折にふれて社員に説いている。

二つ目は、昨年と同様、幹部の成長がはかばかしくないという問題だが、ポストにふさわしくない幹部の降格もありうるという方針を打ち出している。

そして、事業部制が採用された。

この年はアメリカのTI(テキサス・インスツルメント)社が宇宙通信機に使う部品(抵抗用フォルステライト・ロッド)として、アメリカと西ドイツの会社の製品を不合格とし京セラのものだけが採用されて稲盛たちの自信を深め、八月には懸案のアメリカ駐在員事務所がロサンゼルスに設置されて、海外進出の橋頭堡となる。

京セラ・インターナショナルの設立

極東貿易が京セラ製品の輸出にあたっていたことは先に触れたが、一九六四（昭和三九）年、稲盛と上西が渡米したときも、商社任せでは売れないという印象を受けており、商社が丸紅に変わったけれどもそれもうまく行かず、直接やらなければいかんと一九六七（昭和四二）年末、社員一人をニューヨークに派遣、事務所を丸紅の中に置いた。しかし、市場開拓は困難を極め、昼夜を分かたず働いた駐在員は糖尿病にかかってさらにノイローゼ気味となり、京都へ帰してほしいと泣き声で上西に電話をかけて来た。

結局、翌六八（昭和四三）年八月、上西と梅村正廣の二人がロサンゼルス入りをした。梅村は、三ヵ月、一切の日本語を禁じられた。しかも、英語を梅村は話せなかった。わざとそういう人間を連れていったのではない。当時の京セラにはそういう人間しかいなかったのである。ホテルは養老院かと思われるほど、老人の多い安ホテル。英語はわからない、日本語は使えないという状態の中で、梅村はときに机の上に泣き伏したり大声をあげたり、上西は可哀想だと思ったがやむをえなかった。

一二月には、TI、モトローラ、フェアチャイルドをはじめとするアメリカの半導体メーカーが集まるシリコン・バレイに事務所を設置した。

翌六九（昭和四四）年七月、現地法人京セラ・インターナショナル・インコーポレイテドが設立された。カリフォルニア北方の町サニーベイルのさくらんぼの果樹園に囲まれたわずか三七平方メートルの敷地で人里離れた場所だったが、現在この地はアメリカ半導体業界の最大の中心地となっている。

上西はKIIの副社長（社長は稲盛）兼販売部長兼顧客サービス係、梅村は船積、納入、販売、品質保証さらに経理を担当し、客先の玄関から入ってセールス、裏口から入って納品をした。二人とも、「一日に二五時間」働く、そんな日々だった。

そして翌一九七〇（昭和四五）年秋、フェアチャイルドから赤字のサンジェゴ工場を買ってほしいという話がもちかけられた。この工場はIC（集積回路）用のセラミックパッケージを生産していたが能率が悪く、京セラの製品に対抗できないというのがその理由だった。

その時点で稲盛に明確な海外戦略があったわけではない。もともと、アメリカのメーカーに採用してもらえば、なかなか振向いてくれない日本のメーカーも採用するだろうという考えから始まったアメリカ行商だった。

今は輸出に力を入れている段階であり現地生産を行う気はないと断ったが、何度かの断りのあと、とにかく工場を見ようということになった。稲盛はごく軽い気持で工場を見たが、生気のない工場だった。

〈全体がばらばらで心というものがない〉

と思い、「私だったらもっとうまくやって見せる」という言葉が思わず出た。売却値段は初めは七〇万ドルだったのが三四万ドルまで下がり、当初の二、三年は工場を運営できるだけの注文がほしいという条件も受け入れられ、またアメリカ自体が輸入制限の動きを見せ始めていたこともあって、買収に踏み切った。

これが一九七一（昭和四六）年で、この年に大阪証券取引所二部と京都証券取引所に上場するとともに、本社機構を京都に移して一躍脚光を浴びることになるのだが、そこへ行くまでには乗り越えねばならぬ関所があった。組合の結成という問題だが、その前に、稲盛奨学金の設立にふれておきたい。

〝水は清きふるさと〞

あと二ヵ月半で創業一〇周年を迎えようとする昭和四四年（一九六九）一月一五日、滋賀工場のある蒲生町の朝桜中学校の講堂には、地元の小中学生たちを前にした稲盛が歌う尋常小学唱歌「ふるさと」が響いていた。

兎追いしかの山　小鮒《こぶな》釣りしかの川　夢は今もめぐりて　忘れがたき故郷
いかにいます父母　つつがなしや友がき　雨に風につけても　思いいずる故郷
こころざしをはたして　いつの日にか帰らん　山はあおき故郷　水は清き故郷

前年の一一月、稲盛は蒲生町の小学校（二校）と中学校（一校）にグランドピアノ三台の購入資金一〇〇万円と高校に進学する中学生の奨学資金一〇〇万円、計二〇〇万円の寄付を町に申し出ており、その贈呈式が町会議員、学校職員、生徒ら約一〇〇〇名が参加して行われた。

小中学生たちを前に稲盛は、「私は九州の出身で貧しい家庭に育ち京都に出て来ましたが、いつも自分をはぐくみ育ててくれた山川、故郷を思い浮かべてその恩に感謝しつつ、仕事で苦しいとき淋しいとき、一人野原に出て、故郷で幼い頃習った歌を歌って自分を励まし、ともすれば崩れようとする気持を励ましてがんばって参りました」とのべ、そのあとに「ふるさと」を歌ったのだった。鹿児島を昭和三〇年に出て以来、一四年目の〝絶唱〟だった。

鹿児島大学に稲盛奨学資金を贈呈　1969年

さらにこの一〇日後の一月二五日には、鹿児島大学工学部稲盛奨学資金三〇〇万円の贈呈式が鹿児島市内の城山観光ホテルで行われた。前日二四日には記者会見まで行われてその日のテレビニュースで報道され、翌日の各新聞は、「苦学の青年社長郷土に贈り物」「青年社長が恩返し」「苦学した母校へ奨学金」――といった見出しで一斉に報道した。テレビを見て、「あっ、あれはあの頭でっかちの稲盛じゃなかと」「和夫ちゃんだ」とこもごもびっくりしたのは、昭和一九年の西田小学校卒業生たちである。

さっそく手づるを求めてあちこち連絡をとり、

二日後の二六日（日曜）に集まったのが九名、出世した稲盛の帰郷歓迎会を祇園之洲の梅園という料理屋で開き、記念に薩摩焼を贈った。稲盛は、出席者によると「涙をかいからからとこぼして」喜んだという。

この贈呈式には、鹿児島見物をかねて創業以来の同志たちも出席したが、稲盛家では母のキミが手料理で歓待し、そのあと長兄の利則やおじの兼一もまじえて天文館通りに繰り出した。

利則は岡川健一に向かって、「あなたたちがおられるから私は安心しているんです。弟を頼みます」と言うと岡川は、「私は社長に惚れてます。社長に言われると私は何でもできるんです。私は幸せ者です」と答え、ともに感極まった二人はわんわん泣きながら肩を組んで天文館通りを歩いて行った。

賭けと変身の章

労働組合の誕生

上西《じょうにし》と梅村がサニーベイルに事務所を開設したあと、ＫＩＩの設立準備のため、稲盛が社長室の下坂博信を伴ってアメリカに滞在していたときである。会社に組合ができるかもしれないというテレックスが入った。

滋賀工場の第一棟が完成したのが昭和三八年（一九六三）、滋賀県下は大手繊維会社の工場が多くあり、非繊維分野へ勢力の拡大を図ろうとする全繊同盟（ゼンセン同盟）の方針から、京セラ滋賀工場前でのビラまきなど組合結成への働きかけが絶えず行われていた。

それに対し社員がどのような反応を示したのか、とくに資料があるわけでもなく、正確に再現することはできない。だが、創業の年に入社した川口孝は、「組合というものはとにかくコンプレイン（不満）を言うものであると思っていた。不満があればそれを溜めておかずに言ったらいいし、そういう場はある。不満があってはいい仕事はできないし、不満を会社がいやな顔で受け止めるわけではなし、話は聞いてもらえるという関係は京セラではうまく行っている。だから組合を作るということは理解できなかった」と言っており、川口の次の年に高卒で入社した柴田五十二《いそじ》（〝反稲盛の乱〟の一人）は、「組合を作ってどうするのか、組合の必要性はあまり感じていなかったと思う。五〜六〇〇人の社員の中にはおったかもしれないが表面には出なかった。組合を作って団交してといったことにはみな無頓着ではなかったろうか。搾取されてるとか、取ってるとか取られてるとかいう感覚は案外ないと思う」と言っており、当時の社員の大部分がそうした考え方に近いものであったと思われる。

稲盛は組合が結成される前、社員あてに組合についての自分の考え方をまとめた長文のメッセージを発している。そこには、熟慮に熟慮を重ねて、トップとして何がもっとも正しい方向であるかを考え抜いて行った稲盛の思考の跡がはっきりと刻まれている。その内容はおおよそ次のようなものである。

かねがね、わが社は組合が無く非常にユニークなやり方をして来た会社であり、世間一般の常識から判断すると非常にイレギュラーな会社として受け取られておりました。従来から私は、組合はなるべく無い方がいいと思っておりました。その理由は、とかく一般の企業ではよくもめているケースがありますが、その場合、いわゆる会社と従業員との間に、企業そのものの認識に大きなギャップというものがあったからです。働く人で、企業がどういうものかわからない人がたくさんいます。私は入社した人に「金は天から降って来るものではない」とよく言います。われわれ自身が稼いでわれわれ自身が分配しなければ、金はどこからも来ません。

ところが、特に戦後非常に著しいことですが、一般のサラリーマンに、生きる権利のみを振り回す連中が非常に多い。労働環境や給与がどうあるべきか、それは自分が企業の中にあってどうせねばならないかとは別で、なるべく楽をして人並み以上の生活をしていきたいと考えるだけです。そういう場合、組合の運動が、企業と共に栄え、企業と苦楽を共にするということから大きくはずれて行くケースがよくあります。

このため、私は、従業員のモラル、レベルを向上し、その考え方が、企業を経営して行くわれわれの考え方と同じような考え方になって来る日まで、なるべく組合は無い方がよいと考えていたわけです。

と言いますのは、組合ができますと、その日暮らしでただ給料が高いことのみを考えて、その場限りの、たとえば政治団体のアジテーションに乗って、明日のことは何も考えない人の一票も一票なら、よくわかった良識ある人の一票も同じ一票です。そして、そういう刹那的な物の考え方をする人、権利だけを主張する人の意見が再三にわたり、その企業が破綻して行くというケースがよくあります。

そこでわれわれは忙しいさなか、コンパを通じみなさんと対話をし、考え方の教育を行って来ましたが、そうすれば、組合のあるなしにかかわらず、企業を基盤として生きて行くという物の考え方が当然できてくるだろうと、今日まで努力して来たのですが、それが世間にはイレギュラーであると映るわけです。

組合の無いことが非民主的なことだとなって来ています。誠に残念ですが、世間がこうだから、こうでなければならないということはなかろうと思います。人間が生きて行くことについて、新しい行き方だってある。戦後、米国が占領して作った労働三法その中だけで生きて行くのではなくて、まじめに一生を過して行くために、新しい方法があってしかるべきだと思います。

とくにわれわれは、京セラならではという仕事ぶりで今日までやって来たわけです。時間当りということも欧米並みの高賃金をめざして営々と頑張っています。ただし、よい収益をあげてもそれをただちに従業員に還元して行きますと、払えない企業が非常に悽惨な状態になって来ます。そこには、企業間にもモラルがある。現在の秩序というものがあり、自粛を要請されています。

社内の一部に非常に不平を持っている人がいると聞いています。同時に現在の革新陣営の勢力拡大のため京セラの中に組合を作ってほしいという意見があることをいいことに、外部から盛んに活動をしていることをわれわれは見たわけです。

私は、外部が言うように、組合が無いことを望んでいるのではなく、われわれの間に信頼と対話があることを理想として来たわけです。組合とかいうもので話をしなければならんようなものではなく、本当に従業員一人一人の幸せを願うのが私であり、同時に従業員そのもの、京セラそのものの繁栄を心から心配し考えてくれる従業員であれば、組合というようなものはいらないと思っていたわけです。

そしてよそでは、来年の七〇年安保を控えて政治闘争まで含めて、労資間の対立が発生するのを見ると、そういうことを一度京セラで起こしてしまったら、客先は、たとえばブラウン管を作っているメーカーなら、京セラのマルチフォームの納期が遅れたら、そのブラウン管の工場はとまってしまいます。そうなれば、二度と京セラを当てにして物を頼むわけにはいかなくなります。京セラ一社依存では自社が危いと考え、ほかのメーカーを探すでしょう。また、外国のお客さんには、太平洋を越えて運ばなければならないハンディキャップがある上に納期的にもシビアである。そこへ組合で盛んにもめるということであれば注文は来なくなるでしょう。

京セラという小舟が大海に乗り出して行って、大企業を向こうにまわして活躍している状態の認識がなくて、毎日出て来てただ働いていて、ある種の不満があってその不満だけを主張し、企業がどういう立場にあってどういう戦を展開しているかをとんとわからず、ただごり押しに文句を言う人の集まりであれば、話し合いはつくまいと今日まで思って来たわけです。

そのため、少しでもわかった人が多くおるように、機会あるごとに京セラはこういう状態にあると話してきたわけです。この企業の中で幸せになって行こうとするならば、それにはなさなければならないこともありますと説いて来たわけです。今では相当わかった人がふえて来ていると感じております。

それで組合が無くてもやっていけるのではなかろうかと思っていたわけですが、外部からの働きかけがあるという現実を知り、いろいろ考え、結論としては、組合、つまり憲法、労働法にもうたっている労働者の団結権というものを否定するつもりはもともと無い。問題は、一部の人が組合がほしい、なければいかんと強く思っている。それに便乗して外部の団体が勢力拡張の一環としてアジっているのであれば、大半の従業員はその手に乗ることはしないだろう、またそれが本当の幸せを考えているか、おのずからわかっているだろうと思っていたわけです。

しかし、組合を作りたいと思っている人もやはり同じ私の従業員なわけです。同じ子どもで不肖の子がそういう反抗をしようというなら、従業員すべての幸せを願っていると私が言って来た以上、やはり従業員として幸せにしてあげなければならないと私は思います。

そして外部からアジって来ると、一部の人が単独で組合を作ることが当然起こって来るだろう。すると心ある連中がそれに対して憤りを感ずるでしょう。私は組合を作ったことに対してでなく、今まで説いて来た考えをわかってくれないということに対して、やはり残念に思うでありましょう。

そうなると、会社の中が、会社というものの根底がわかった連中と、そうでないその日暮らしの連中の二つに分かれることになります。私が幸せを願う全従業員が二つに分かれていがみ合うということは非常に不幸です。それほど組合を作りたいというなら、同じ生まれて来る子なら、健康な子を生まねばならない。今まで、組合が無いということを目的にして来たのではなくて、本当に企業と共に喜び悲しみを分かち合っていける従業員でなければならない。わけのわからん奴が入って来て純真な従業員をアジり倒し企業を悪者呼ばわりし、お互いの仲を悪くし、われわれの行く末に対して希望のない暗い将来を招くようなことがあってはいかんと思ったからです。

しかし、組合を作りたいという人を孤立させ依固地《いこじ》にし偏見を持たせたままにしておくことは問題です。それならもっとスケールの大きい愛情で彼らを包んでやる。ひがんでいる子はまともに育つようにしよう。ひがみ根性で組合を作るなら、もっときれいな心で組合を作って、ひがんだ子をまともな子に育てて行こうじゃないか、それには今まで以上に勇気と闘志をもって努力し、そのわけのわからん連中を、苦楽を共にしていける人間に育てていかなければならないと結論したしだいです。

一部の外部団体が会社の入口まで来てビラを配り、拡声器をもって、従業員の皆さんよ、京セラの民主化のために立ち上れとか言って騒ぐ。何が彼らにそう言われなければならないのか、どこにその根拠があるのかいまだに疑問です。人が仲よく一所懸命やっている所に来て、どうしてそういうことをやる権利があるのか、私にはとんとわかりません。

決して外部の連中に対して勇気が無くて妥協したのではありません。勝つことのみが戦ではありません。形では負けているように見えますけれども、問題は勝ち負けではなかったはずです。一部の人といえども、同じ京セラの従業員が望んでいるなら、そのわけのわからん兄弟の一人か二人を兄貴も姉さんも弟も妹も、みんなして素直な良い人間に育てて行こうじゃないか、そういうふうに考えています。

全従業員が幸せになることはどういうことなのかを諄々と説いていただいて、今後できる組合、これは決して御用組合、会社の言いなりになる組合と言うのではありません、企業と苦楽を共にできる組合に育てて行こうと思います。それには今から戦が始まったと思ってアメリカから帰って来ました。

私はせんだって、ある労働組合運動の指導者に会いました。私はその人に、君は何かあればわれわれ経営者を労働者にとって鬼みたいな存在だとまことしやかに言い、君たちは労働者を救う救世軍みたいなことを言うけれども、闘争をやってつぶれた会社というのはいくらでもある、と言いました。すると、その人は、失礼ですがわれわれは慈善とかヒューマニズムではやっていない、労働運動をさらに活発化するための戦略として、一つや二つの会社が倒産しても気にはしない、と答えました。

組合が無い方がいいと言って来たのは、われわれ幹部がぜいたくをしたり怠けたり、幹部だけがいいために文句を言う組合が無い方がいいからではありません。幹部がただのんべんだらりと楽をして生活をして行くことを望んで、そのために組合が無いと言って来たのなら、そこでもめなければなりませんが、一部とは言え組合を望んでいる人がおるならば残念だけれどもいいではないか。ここから新しい行き方をしようではないか。世間がそれを要求するなら、それは、神が私に与えた転機であろうと思います。

外部の人が騒ぐから、それに対して妥協したのでは無く、ことを時にあたって冷静に判断し、将来に禍根を残すことがあってはならないと思ったからです。

結局、昭和四四年九月、京都セラミック労働組合が誕生し、全繊同盟に加入した。

ＬＳＩパッケージへの賭け

昭和四五年（一九七〇）は日本経済の転機の年であり、稲盛にとっては一つの賭けの年であった。

この年は四年ごしの大型景気が後半から不況ムードに変わって行き、それまでの高度成長を消費とともに支えていた企業の設備投資が沈静化した。九月に経済企画庁がまとめた法人企業投資予測調査では資本金一億円（京セラ三億六〇〇〇万円強）以上の四五年下期設備投資計画は上期比わずか一・四％増にすぎず、上期の対前期比八・一％増にくらべて大幅な鈍化を示していたし、九月期決算では、製造業が四〇年九月期以来一〇期ぶりの減益となっていた。そういう日本経済全体の退潮ムードの中で、稲盛は開発間もないＬＳＩ（大規模集積回路）パッケージの量産化をあえて決定して極めて危険かつ大胆な設備投資を敢行し、アメリカの同業者の間では「これまではうまくやって来たがあれが京セラの命取りになる」としきりに噂された。

このパッケージ開発が始まるのは昭和四三年、量産化のため川内《せんだい》工場（鹿児島県川内市、昭和四四年完成）に設備投資が行われるのは四四年からである。即ち、四三年度の会社全体の設備投資額が約六億五八〇〇万円でそのうち川内工場への投資は四〇〇万円強、わずか六％余りにすぎない。それが四四年度では、総投資額一三億四五〇〇万円の三二・一％にあたる四億三三〇〇万円を川内が占め、前年度にくらべて全社で六億八七〇〇万円の増加分のうち五七％を川内が占めている（川内工場への投資はほとんどLSIパッケージのため）。

さらに、四五年四月から九月まででは総投資額一六億七四〇〇万円のうち川内が七億一九〇〇万円（四二・九％）を占め、四六年三月まででは総投資額一八億四九〇〇万円のうち七億五〇〇〇万円（四〇％）を占めた。

そして従業員数で見ると四三年・五三〇人が、川内工場を建設した四四年には八五〇人になり、四五年には一二六〇人となっているが、四四年から四五年の間にふえた四一〇人のうち三五〇人は実に川内工場のパッケージ生産のための増員である。

このマルチレイヤー（積層）パッケージの開発は昭和四三年（一九六八）、つまり中小企業研究センター賞を受賞しアメリカに駐在員事務所を設置した年で、フェアチャイルドからの依頼で始まっている。

当時、ICを閉じこめるパッケージにはガラスや金属、一部にセラミックも使われていたが、完全な真空気密にならなかったり熱衝撃に弱いため、いずれもＩＣを完全に封入することができず、そのことがＩＣ開発の障害になっていた。しかし、セラミックの原料の一つである酸化アルミニウムはこれを高温で焼き固めると熱に強く、酸やアルカリに対する強い抵抗力があり、その特性を生かしてＩＣを完全に封入する研究がアメリカの企業でも行われていた。その頃、高度なＩＣの開発を考えていたフェアチャイルドからの依頼でただちに青山令道《よしみち》ら三人がアメリカに飛び、三ヵ月での開発を約して帰って来た。それは一インチ（約二五・四ミリ）角のセラミックの上にいくつかのＩＣチップをのせるための積層構造のもので、積層の技術も製造経験も京セラにはその時点ではなかった。だから、

「三ヵ月」

という期間に絶対的な自信があったわけではない。しかし、焼きあげたセラミックに回路を印刷するメタライズや金メッキ、リードをつける技術を組み合わせれば、

「できる」と青山は思った。

創業二年目の入社で当時三六歳の青山（稲盛と同年）をチーフに二〇代、三〇代の数人が研究開発にあたったが、朝机の前にすわって気がついたら夜の九時頃、その間

食事のことが念頭にないというような状態が続く中で、二ヵ月目にそれらしい最初の一個ができあがった。約束の三ヵ月目に予定よりは少なかったが数十個の製品を持っていくと、フェアチャイルドの方でもできるとは思っていなかったらしく、大変な驚きようであった。

三ヵ月、という短期間の約束をしたのも、すでにアメリカのメーカーが試作をしていて、フェアチャイルドの要求に乗ろうと思えばそういう短期間で勝負する必要があると青山たちは考えたのだが、その苦心にもかかわらず、フェアチャイルドはそういうパッケージを必要とするIC自体の生産計画を中止してしまった。その理由ははっきりしないが、ICからLSIへの方向がその頃出始めたからではないかと青山は推測している。

フェアチャイルドから支払われる開発費の何十倍かの費用をかけた青山たちの仕事はしかし無駄にはならなかった。セラミックのテープを重ねて一緒に焼きあげるというアイデアのパッケージは、LSI用として需要が伸びて行くと予測されたからである。KIIの上西《じょうにし》からもいろいろな情報がもたらされていた。

四四年の夏休み、稲盛の家族が若狭で海水浴を楽しんでいたとき、上西から稲盛に国際電話がかかって来た。その村に国際電話がかかってくるなど、空前のできごとであったが、上西の電話をとった稲盛が急に緊張した表情で、同行していた秘書の下坂に「書く物」と言い、あわてて下坂が差し出した手帳に赤のボールペンで叩きつけるように何か書き込んでいった。それはＡＭＩ社からＬＳＩ用の大量のパッケージの注文があり、それを受けるかどうかという、極めて重要な決断を求めるものであった。

半導体業界では〝テイル・エンド（しっぽの先）効果〟と呼ばれるものがある。半導体のメーカーは製品をセット業者に売り、そこは最終ユーザーであるコンピューターメーカーに売ることになるが、コンピューターメーカーのちょっとした生産の増減、つまり動物の胴体のちょっとした動きは、しっぽの先にいる半導体メーカーには大きな生産の増減をもたらすことになり、その半導体メーカーのパッケージの需要もまたそれに応じて急増急減し、技術革新のスピードの速い電子部品業界では納期もまた短いものとなってしまう。需要の振幅が激しいことと、わずか三ヵ月前には必要だったものが三ヵ月後には不要になるといった変化の激しさとが日常茶飯のことであるから、京セラのようなパッケージメーカーはどうしても設備投資に臆病にならざるをえない。

巨額の投資をすることには、アメリカの業者もちゅうちょしていた。企業としての安全だけを考えれば、マイペースで生産をして、いつゼロになるかもしれない需要の急増にはうかつに応じない方がいい、という業界の常識を破って稲盛は川内工場への投資を行い、明日はゼロになるかもしれないという需要増に対応していった。ときに設備が遊ぶことがあるけれども、半導体業者の要求に京セラは応えていった。そして上下の振幅を繰り返しつつ、需要そのものは増大していった。当然、安全性を考えてマイペースで生産するメーカーに注文はあまり行かず、京セラに注文が集中する。当然、シェアは拡大する。稲盛や青山に〝見えて〟いたマーケットは〝見えて〟いた以上にふくれていった。

しかしながら、技術は完成していないため不良品が多く出て、川内工場は四五年一月以来赤字続きである。大胆な投資をしていったけれども心配性でもある稲盛は、しょっちゅう京都から川内へ飛んでいく。そのときはいつも鹿児島の両親の家に泊まって川内へ行く。家に来るたびに、今月は二〇〇〇万円の損とか三〇〇〇万円の損などと寝言みたいにつぶやいて出て行くその姿は、畩市やキミには心配で心配でたまらない。毎月損をしていくというその金額もさることながら、京都でよそさまの人を使って工場を始め、うまく行っていると聞いてやれやれと思っているうちに滋賀にでっかい工場を建て、それでも満足せずに鹿児島県内にも工場を建てる。それもやっとうまく行き始めたというのに、億の単位の金を投資して、家に来るたびに「赤字や赤字や」と言っている。

コンパとか言って夜遅くまで会社の人たちと酒を飲んで体をこわさんかと心配しているのに、何を好んで赤字を出してまで頑張っているんや。

そんな両親の心配を肩に受け、一方、滋賀工場の連中には、新製品の成功のために、ここで頑張らずにいつ頑張るんやとはっぱをかけ、この年の一二月には、川内のパッケージ生産がようやく黒字に転じ、翌四六年四月には当初に立てた月産一〇〇万個という目標が達成される見通しもついた。川内でパッケージの生産を始めると決定したときすでにこの月産目標は立てられ、それまでどんな小さな設備を買うにも自分で決裁していた稲盛が、このパッケージ製造の設備だけは「好きなだけ買え、いちいち決裁を求める必要なし」と青山に言っていた。

昭和四六年の経営方針のほとんどはこのマルチレイヤー・パッケージについてである。力強さと自信にあふれた経営方針発表ではあったが、このときすでにＬＳＩパッケージの需要家である電卓業界のすさまじい過当競争のため安値合戦が起こり、プラスチックパッケージの台頭で、京セラのパッケージを半値にしないと需要がゼロになりかねない事態が発生していた。となれば川内工場の設備と人員は必要でなくなる。
「マルチレイヤー・パッケージは歩留りを上げていけば永遠に使えるものと思っている。とことん値段を下げて世界の市場を制覇したい。やっかみ半分のお客さんから、『パッケージの大成功よかったですな。しかし今後はプラスチックパッケージに移って行きますよ』と国の内外で言われる。私はセラミックにこだわっていないが、大勢はセラミックとプラスチックのコンビネーションで行くはずで、極端にプラスチックへシフト（移動）することはない。

通産省が資本自由化の中で最も恐れているのは情報機器産業につながるＩＣ、ＬＳＩであり、国を挙げて外国資本から守ろうとしている。その中で、どこからも教わっていない無名の京セラがこの開発に成功し、日本が恐れている外国企業にこれを使わしめた。同時に、昨秋から始まった日本のＬＳＩ産業勃興期に即座にわれわれがそのパッケージを供給できる。本来ならばメーカーはパッケージづくりから苦労しなければならない。アメリカのＬＳＩメーカー自身非常な苦労をし、われわれもまた作れど

石坂泰三から大河内記念生産特賞をうける　1972年

も作れどもいろいろなトラブルを起こしてきた。

今は日本のメーカーはＬＳＩのチップさえ開発すれば、うちのパッケージを使って最も進んだ外国のメーカーと同じ性能のものが作れる。このパッケージは一九七〇年度の日本の産業界にとって画期的なことだと思う。開発を始めて二年、量産に入って一年、ここまでもってこれた力に対してみなさんは自信をもっていい」

この自負にたがわず七二年にはこのパッケージによって大河内記念生産特賞、七四年に科学技術庁長官賞を受ける。大河内賞は、一八七八（明治一一）年生まれの科学者、理化学研究所所長大河内正敏の業績を記念し、①生産工学に関する研究②生産技術に関する発明または考案③多量生産方式の実施上の業績――に対して贈られるもので大河内記念賞、同技術賞、同生産特賞、同生産賞から成っている。

これは金儲けのうまい〝儲けすぎの京セラ〟のイメージを〝技術の京セラ〟に変えようという意図あっての同賞への応募だった。

審査は書類と現地（川内工場）調査、全審査員による受賞候補事業所からのヒヤリングを経て、投票によって決定されるもので、昭和四七年三月、「大規模集積回路用セラミックの多層パッケージの開発」に対して第一八回（昭和四六年度）大河内記念生産特賞が与えられた。この特賞は事業所を対象とする賞の中で最高のものである。

財団法人大河内記念会の当時の会長石坂泰三が稲盛の前で賞状を読みあげ、それを厳粛な表情、少しうつむき加減で聞いている稲盛の写真が京セラの社内報『敬天愛人』のトップを大きく飾り、記事には〝艱難汝を玉にす〟という見出しがつけられている。

この年に発行されたある経済誌は京セラを「技術優位のベンチャービジネス」として紹介し、新聞で京都セラミックという名前をまったく初めて聞く会社が大河内賞を受賞したというニュースを知った何人かの大学生が、京セラにやがて入社することになる。

このパッケージの成功が四六年不況の乗り切りに大きな力となったことはもちろんだが、その後、ＩＢＭが電子計算機のメモリーをすべて京セラのものに変えて、アメリカの電子工業メーカーが一斉にこれに追随するなど、「命取りになる」と言っていたアメリカの同業者と京セラとの格差がいっぺんに開いてしまい、ついに京セラに追い着くことが不可能になってしまった。

初の減収減益の中で

昭和四六年はパッケージが不況の中でも売れて行くというタイミングのよさがあったとは言え、全体として不況であることに変わりはない。この四六年の二月の製造営業会議では、稲盛は改めて歩留りをよくして、ロスを少なくし残業を減らす努力を求めるとともに、各事業部長が不況という言葉にまどわされて実勢以上に業績を悪化させていることを指摘し、単なる物つくりから脱皮すべきことを説いた。それは一口で言えば、経営者になれ、ということである。即ち、

「経営には製造、営業、労務のほか新技術、新製品の開発が求められるものであるにもかかわらず、ただ採算を合わせて物を作ればいいと思っている事業部長が多い。自

分で注文取りにまわらないかわりに、営業部門に一〇%のマージンを払って手助けをしてもらっているはずなのに、難しい仕事を取ってくるとぶつぶつ文句を言う。しかし、本当に自分の事業を経営している者であるならば、難しい注文であれ何であれ、市場が今求めているものについての情報をもたらしてくれただけでも、お礼を言わなければならないはずだ。製造のことだけを考えて来て、自分自身の手で市場を作って来ていないから不況になっても何の手も打つことができないでいる。品物の値段が下がって来て採算が合わなくなって来たとき、注文を取らなくてもいいかどうかを自分で決めねばならない。

たとえば一個三〇〇円のＩＣパッケージを一〇〇円でほしいという客が現れたとき、どう考えてもその注文に応ずることはできないが、それは自分の現在の技術のレベルだけで判断するからであり、自分の苦労と努力の範囲内でできないと言っているだけであって、そこには新しい技術の発展はありえない。もしそういうやり方で会社を経営してきたとすれば今日の京セラはない。

また、これまでは私が国内を走り回り外国へ出て行き、さらに営業から話を聞いて、こういうものを作ろうとドライブをかけるとできて行く、つまり私に言われたらすればいいという受身で良かったが、それでは会社はこれ以上発展しない」

このように稲盛は説いて、製造部門の人間に新技術の開発、新市場の開拓に対するセンスを植えつけて行くという方向を示しているが、ここで、現在の技術レベルだけで不可能だと判断するなと言っていることは、「未来における進行形で自己の能力をとらえよ」と稲盛がことあるごとに社員に説き、京セラにおける常識となっている原理であるが、実はこの実践は至難である。

何カ月か先（年ではない）に自分のテクノロジーがどのくらいのレベルに達しているかを予測し、その予測に自分で責任を持つ――ということがそう簡単にできるはずがない。それは自分で苦労をかぶるということであり本当の勇気なしには不可能である。できるかどうかわからんことを約束することであり、その約束をあえてする勇気だけではなしに、いつまでということを言い当てるのはほとんど神業に近くなる。今やれもしないことをやれと言われて、逡巡しない者はない。そこで現状を少し超えた低目のことを言えばいいかもしれないが、その程度でことは成らない。できない、と言えば怒られ、何とかします、と言っても何か方法があるわけでもない。泣くこともならず飛ぶこともならずといういわば進退きわまった地点に辛うじて成立する可能性、それを支えうるすぐれた精神力を、この不況の中でリーダーたちに稲盛は求めたのである。

一方、会社始まって以来の減収減益の中で、組合要求を上回る賃上げ回答を行っている。

この年、鉄鋼大手は平均七五二〇円、電機大手は八六一九円で妥結、京セラ労組は八三六〇円の要求を出していたが稲盛の回答は一〇五〇〇円だった。京セラは昭和四五年九月期の半期売り上げ（カッコ内純益）三五億七〇〇〇万円（七億六〇〇〇万円）が四六年三月期には三四億三〇〇〇万円（五億九〇〇〇万円）に減じているが、そういう中での高額回答の背景には、日本の賃金が欧米並みになっていく流れに対する認識があったからにほかならないが、このときの回答に際しても、稲盛はその経営思想を展開している。

このときの決算で、戦後急成長を遂げてその高額の初任給や昇給賞与の額などでたびたび話題になっていたある電機会社はわずかに一億円の利益を出すにとどまった。それも土地売却によって得たもので実質赤字であり、前年の決算も赤字であったことから、会社は世間並みの昇給回答をすることができず、かつての労使蜜月は暗転して組合が結成され、一ヵ月のストライキが行われた。稲盛にすればその姿はなんとも奇異なものであった。こういうときこそ、今までよくしてくれた会社を社員が助けようとするのが当然ではないのか。それが普通の人間の考え方ではないか、と考え、稲盛は次のように社員に語りかけている。

「この会社の社員はいいところのぼんだ。親父がたまたま成功して高い給料をもらい、子供にすればうちだけはほしいものは何でも買ってもらえると思っていた。貧乏な家に育っている子供は、同じおもちゃを買うにしても、お父ちゃんが苦労しお母さんが内職しながらやって来たんだからと、簡単には買ってもらえんのだと納得する。そしていくらか不満が残っても、親のことを考えれば辛抱もする。しかし、大きくなるまで自由気ままに育った子であれば、だだをこねて言うことを聞かない。

売り上げ高と利益の推移（昭和41～46年）

	売り上げ高(千円)	利益(千円)	従業員(月平均、人)
昭和41年	643,510	102,089	341
42	1,043,653	114,122	462
43	1,921,443	302,249	535
44	4,419,100	930,467	855
45	7,002,172	1,343,710	1265
46	6,852,098	1,142,256	1274

親を糞味噌に言って何としてでも自分の欲望を満たそうとする。そういう社員の育て方をこの会社はして来たんじゃないだろうか。

いいときに、悪いときもあるんだよということを教えながら払ってないと思う。みんなが本当に額に汗して一所懸命かせいできた金だと思えば、取るとか取らんとかじゃなしに、ともにわけると考え、肝に銘じながら自分の給料を計算するはずだ。戦後一貫して伸びて来て、たった一回だけ世間並みの昇給ができないとなると、会社が赤字であろうが何であろうが頑として要求を通そうとストライキをする。登るときも調子よく登ったから、落ちるときも加速度がついたように落ちて行くだろう。

われわれは、そういう惨めな思いをしたくないと思ってこれまでやって来た。しかし、いかに頑張っても運の悪いときはある。そのときに、明日に希望を持って頑張るような人間の集まりでありたいと私は思う。お互いが憎まなきゃならん、ひがまなきゃならんというならわれわれの思想からしても会社をやって行く意味がない」

このように話したあと、今回の昇給で月間三〇〇〇万円の原資が必要であり、売り上げをふやさないといけないが不景気で容易ではなく、同じ時間内に一〇個作っていたものを一二個、一三個とふやしていくしかないと、社員の努力を求めている。そしてどうしても世間並みの昇給ができないから辛抱してほしいと言ったとき、「社長心配いらん、今まで順調に一緒にやって来たのだから、業績を回復して払えるようにしましょう」と言ってくれる人がどれだけいるだろうか、と話しているが、ここで稲盛がある種の予感をもって語っているように、四年後、賃上げ凍結を組合に提案することになる。

この年の夏のボーナスの回答の際にも、この会社のことを引き合いに出して、「会社と同じで、余裕ができれば家計は拡大するが、悪いときのことも考えて蓄えが必要。無駄づかいせずに万一のときに備えてほしい」と要望している。稲盛の経営思想が、その鹿児島時代の体験にもとづいた、ふつうの生活人の感覚に裏打ちされていることを了解できる。

そこへ降って湧いたように八月、ニクソンのドル防衛声明が発せられた。円が過小評価されているという見方が内外に強まり、ニクソンの〝ドル交換性の停止〟と〝輸入課徴金賦課〟という方針によって円は対ドル一六・八八%の切り上げ、一ドル＝三〇八円となり、一九四九年の三六〇円時代から新しい時期を画するものとなった。

ここで稲盛は、「前の値段からいくら損をしたかを考えずに、前のことはさらりと忘れて一六％引いたものが今の値段だと考え方を変えてほしい、あと何ヵ月でそういう製品を作り出せるかが問題だ」と話している。税金を取られるものと考えず、経費と考えるという発想と軌を一にしている。こうして京セラは二部上場を迎える。

二部上場——草競馬から中央競馬へ

こういう状況の中での、一〇月の大阪証券取引所二部と京都証券取引所への上場である。創業の昭和三四年から数えて一二年半である。

稲盛は考えた。

あの熊本駅構内で大事な握り飯を浮浪児にかっさらわれた青天井、焼跡、闇市の戦後は、企業マラソンのスタート地点であった。戦前の財閥系企業も新参者も闇成金も一斉にそこから走り出した。それを横から眺めていた、学生時代にいくらか人よりも成績の良かった田舎出の若い男が人に押し出されて思わず前へつんのめり、思いもよらずそのレースに加わることになってしまった。

そのスタートたるや地下足袋にパッチ、そしてねじり鉢巻、四二・一九五キロなど走ったことがないからどのくらいの馬力で走ったらいいかわからない。しかし、一四分（一四年）先にスタートした連中に追い着くには、そのスピードより速く走らないといけない。そのうち地下足袋は破れてはだしになり、生爪をはがして足の先から血を流しながらも、みっともないレースをやってはいかんと必死の形相で走った。

またたとえば山へ登るのであるならば、みんなが抵抗を感じないように、平地なのか坂道なのかわからないような稜線づたいに登って行けば、いつの間にか頂上に着くことができるだろう。

しかし、それは気の遠くなるような道のりだ。それを自分が先頭になってあえて直角登はんをやって来た。だから落ちて行く者もいた。心を鬼にして残っている者を上へ引き上げて来た。

それもこれも、一刻でも早く会社を安全圏にすべり込ませたいからにほかならなかった。まだ滋賀工場だけの時代、ときに蒸発する中間管理職もいた。まじめな人間ほどそうだった。夜の一二時頃工場を出たまま家へ帰らないといったふうに、ある日突然行方不明になり、どうなったかと心配しているうちに、鳥取や広島などとんでもないところから電話がかかって来て、「そこを動くな」と喜び勇んで迎えに行くということもまれではなかった。あまりのハードワークぶりに、「うちの主人を殺す気ですか」と社員の奥さんから電話がかかって来たこともあった。

物を作る場合、書いたものを消しゴムで消してまた書き直すということはできない。失敗すればその製品は使えない。とすれば、一人たりといえどもいい加減な仕事を許すことはできない。それを許す甘い態度によって悪い結果を生み出し、みんなを悲しがらせるよりも、がみがみ怒っていい結果を生み出し、みんな一緒に喜んだ方がいい。

集団が一つのことを仕上げて行く場合、その成員の間に基本的なことについての共通の了解がなければならないと思い、ことあるごとにあらゆる機会を通じて自分の考え方を話して来た。酒を飲むときでもそうだった。忘年会シーズンともなれば、一週間二週間と毎夜ぶっ続けで部門ごとの忘年会に出て飲み明かし語り明かした。

そんな猛烈な走りっ振りをはたで見ている方は、「あいつは馬鹿じゃなかろうか、一〇〇メートル競走とまちがえているんじゃないか、あれでは長続きせんで。そのうちぶっ倒れるやろ」と噂しあった。だが、走っている方はそのペースがマイペースになっていき、あれよあれよという間に先行ランナーたちをごぼう抜きにして、やがて

第二集団（二部上場会社）が視野にとらえられるという状況になり、今や瞠目すべきランナーであると認められるようになった。そしてそのランナーに目をつけた証券会社が、ぜひ上場しろと言う。それは、自分の金儲けのネタになるいい馬はいないかと地方の草競馬を見て歩いている仲介人の目に止まった馬のようだ。これだったら中央競馬に出してもいいレースをやってくれるだろうと、仲介人は、馬の気持にはお構いなしに、出場しろ出場しろとしつこく言う。

前年昭和四五年の年間売り上げは七〇億円、資本金三億六〇〇〇万円余、夢多い稲盛にも、自分の会社がその何倍もの売り上げ規模を持つ会社に成長するというところまでは見えていなかった。仲介人は「今に花形になりますから」と、あの手この手と甘い餌を見せびらかす。

しかし、つらつら考えてみるに、株主と言っても自分を含めた社員のほかは西枝、交川といった面々でいわば同じ仲間であり、理解もあり、失敗も許してくれる。それが、レースに出るとなれば、重《おも》馬場であろうと良《りょう》馬場であろうと、馬券を買ってくれた人たちの期待に応えて連戦連勝をして走り続けねばならないという宿命を背負うことになる。また、出るからには惨めなレースはしたくない。

〈衆人環視の中で、その期待を担って、脚が折れるまで走り続けるのか、それは息がつまりそうだ〉

そういう悲壮感にとらえられる。仲介人は自分の利益につながるから、この馬は脚力あるすばらしい馬だと前宣伝につとめ、群がるギャンブラーたちは一発当てようと馬券を買う。だが、稲盛のさがとして、みなは勝手に馬券を買ったのだから、どういうレース展開になろうとも知ったこっちゃないよ、というふうには決してならない。会社創業のときには社員に対する責任が、社員がふえれば地域社会と社員家族への責任が、上場すれば株主への責任が、と幾重にも重なる他者への責任に打ちひしがれそうになる。ビリでは期待に反するし、そもそも経営は一発勝負ではなく長丁場のレースだ。

〈常に栄光に向かって走り続けることができるか。それは苦痛だ、上場なんてやめよう〉

とも思う。なるほど上場をすれば京都セラミックの名は知れ渡り、社員はそういう会社であることに誇りを持ってくれるだろうし、優秀な社員も入ってくるだろう。が、その代償として、株を買ってくれた人に対する責任意識を抱え込んで走り続けなければならない。

そして最後にはこんな人参を差し出す。

上場をすれば、今まで証券市場で流通していなかった株券に価値が出て来ます。株式公開にあたってたとえば五〇円の株を四〇〇円で売りに出すとすれば一株当たり八倍の金が株主の手に入り、創業以来泥まみれ汗まみれで働いて来た社員たちのご苦労にも報いることができます。

しかし、増資をして新株を発行すればプレミアムはすべて会社に入る。新株発行と持株公開との折半という手もあると言う。

普通、上場に際しては持株を売りに出して、株主である社員たちを〝リッチマン〟にするというのが一般的だが、どの方法を選ぶかという決断にあたって稲盛は、何のためらいもなく新株発行という道を選んだ。そこには、大株主である稲盛個人としての私心はいささかも入り込む余地がない。会社に金が入るという道を、会社になりかわって稲盛が選んだ。それは創業一一年目の脱税問題を契機に、自分が会社になりかわって会社に血肉をつけていく（内部留保を高めていく）と思い決めたときから少しも変わっていない。

〈人間は、金が入ると満足感が出て、ほっこりして働かなくなる。スポーツと同じハングリーな状態が必要だ〉

稲盛にとって、上場ということは有名になって華やかになることではなく、株主の期待に応えて脚が折れるまで走り続けるという悲壮感とオブリゲーション（義務）とを伴うものであった。稲盛は自分を含めた社員株主たちに満足感がやってこないという状態を自ら作り出し、会社自体に力がつくという道を取った。

会社の利益と経営者の私人としての利益とを天秤にかけた場合、常に前者にウェイトが置かれるような倫理性がなければならない。それは稲盛にとって自明の理であった。

一〇月一〇日、滋賀工場グランドのキャンプファイヤーを囲んで厳粛な上場祝賀会が行われ、稲盛は「今まではみなさんとその家族の幸せを願って経営をして来たが、これからは、われわれを外から支援してくれる一般の投資家に対しても責任がある」とのべた。

ところで売り出し株価は一株四〇〇〇円、証券会社の評価がその程度であり、稲盛自身、できるだけ安い方がいいと考えていた。見も知らぬ株主に対する責任という立場からすればその判断は正しかったし、その後の高株価の源は、「できるだけ安く」という上場時の判断にあったと稲盛は考えている。

それは、「小さく生んで大きく育てる」という子育ての原理に通じ、あるいは「無欲は大欲に似たり」であるとも言える。

そういう今日の証券市場を見ると、どの企業もまず例外なしに上場時の株価が素っ高値であり、それまで見せていた業績の見事な上昇カーブも上場以後鈍化してしまい、株価も下落する。それは、経営者も社員もともにほっこりしたからにほかならない。そして一般投資家は素っ高値で買わされたままで終わってしまうのが落ちである。

どの企業も好況のときに増資を行い、不況のときにはまず行わないが、それは企業の側が、株は一番高いときに投資家に買わせるものと考えているからであり、稲盛に言わせればそれ自体すでに株主不在である。

上場時におけるあるべきルール、経営者のモラルが確立されない限り、健全な株式市場が育つはずがない。京セラの社員からも億万長者が出る可能性はある。「株券は紙きれにすぎないと思え」と口を酸っぱくして社員に説いて来たけれども、そのことは今後も変わることなく戒め続けなければならないと考える稲盛である。

〝スバルからセンチュリーへ〟君子豹変す

この上場の年に入って、稲盛が幹部社員に説いて来たものは、リーダーとしての心構えの変革を求めるものが一貫した主題となっていた。しかしそれは稲盛が一方的に社員に求めたものではなく、他方において、稲盛自身のトップとしてのありようの変革を自らに課すことでもあった。その変化は比喩的に言えば〝スバルからセンチュリーへ〟であり、第一線の部隊長と後方の指揮官という問題として要約される。

この問題には若干の前史がある。

稲盛はそれまで全社員に対して「私はいくら会社が大きくなってもスバルにしか乗らん」と広言していた。なぜなら創業当時、スクーターで通勤していた稲盛が買った最初の車がスバル360であったから、創業時の姿を目に見える形で維持しておきたいというものであり、その心に少しの偽りもなかった。

だがこの上場の年になって稲盛はがぜん、「センチュリー大いに結構」と言い出したのだからまさにそれは君子豹変以外の何ものでもない。そしてこの前後、会長の青山の夫人がうるさいほどに稲盛の家へやって来て、遠い親戚で洋服の布地を作っているから稲盛に背広を誂えてあげなさいと、妻の朝子にすすめるようになっていた。しかたなしに背広を仕立てて着て行くと、同じような布地の背広を幹部も着ていて、「あっ、お前もか」「あれ、社長も」と顔を見合わせる始末。

稲盛はもともと私生活の上でも、ぜいたくはならんという思想である。背広も首吊りで結構。それなのに、布地をいくつも持って来る。「青山のおばあちゃんももうぼけてしもうて、昔の苦労も忘れて、金ができてほいほいしているのか」。朝子には、「もういらんと断れ」と厳命した。

そんなある日、青山（明治三五年生まれ）がいつもの悠揚迫らぬいくらかとぼけた話し振りで言う。

「あんた、布地はいらんと言うたそうやけど、そう言わんと背広を作ったらどうや。あんたがそういうことをせん人だということはよーくわかっとるんや。けどな、上場してここまで来て、社長であるあんたがみっともない恰好しとったんじゃ、あんた個人はそれで済むかもしれんが、会社の体面というものもあるし社員も困ると思うよ。立派な恰好するなんていうことはあんたの主義主張とは違うかも知らんが、そこはまげていい背広を着なあかんのと違うか」

長年連れそって来た青山の言葉である。ひたむきな稲盛には見えなくても、年長の青山に見えるところがある。のみならず、「会社の体面」といった公的なものを持ち出されると極度に弱い稲盛である。尋常小学校時代の道の馬糞拾いや、高校時代の校舎用地の整備などには馬鹿みたいに熱心だった和夫少年のさがはここに至るも生きている。

「なるほどそうやなあ」と、ここで見事に稲盛は豹変する。

別の言い方をすれば、前線で兵とともに泥水の中を這いずりまわっている部隊長が偉いのか、後方で水筒の酒を飲みながら作戦を立てている指揮官が偉いのかという問題である。これについて稲盛が社員に教え、自分もまた実践して来たものは、前線の部隊長としての振舞いにほかならず、後方にいるのはけしからん、という論理であり倫理であった。また稲盛がそのような論理と倫理の比類ない体現者であったからこそ、兵たちは他では考えられないような労苦に耐えて稲盛について来たのだった。ところが、

「私はこれから背広を何着も持ってネクタイももっとデラックスなものを買い、靴に

至るまでぱりっとしようと思っている。ベンツに乗せられると何となく落着かんということじゃなく、どこのご落胤《らくいん》かと思われるようにどんなところへ出てもスマートに振舞おうと思っている。

センチュリー大いに結構、本年はカラーシャツも着てズボンプレッサーでズボンのしわをのばして、ひげもそる。すると工場の皆さんは、去年スバルと言っとったくせに上場ぼけをしよってかっこつけやがって、前線で苦労しているわれわれとは話が合わんな、と言うかもしれない。しかし、今年はどうしても一流の人たちと余裕のある付き合いをして行きたい。まじめに働いております、というだけでは済まない問題がある。そして来年はまた作業服を着て工場へ入る。その両極端が理解でき、実践できることが必要だ。どちらに転んでも、紙一重の差で奈落だと思っている」

創業の精神を忘れてうつつを抜かしてそうなるのではなしに、意識した上でそういう豹変ができなければ一流ではない。そう稲盛は考え、役員や部長連にも同じことを要求する。その豹変がうつつを抜かしたものであるならば堕落であり、またいつまでも汚い恰好をしていて、ぱりっとしたらさまにならないというのでは、成長しない。それは諸刃《もろは》の剣であり、剣が峯に立つにひとしい。

稲盛はその剣が峯を渡って昭和五一（一九七六）年、ADR発行の檜舞台を見事にこなし、また二年後のロサンゼルス郊外にあるビバリーヒルズ市の再結晶宝石販売店「イナモリ・ジュエリー」のオープニングでは、生まれて初めて白いタキシードを身につけた。京セラの歴戦の勇士たちの目には、それは「殿、ご乱心召されたか」とでも言いたくなるほどの変身ぶりであった。

戒めの章

新社屋の竣工

「人生における出会いが、海外のお客さんも含めて、今日の京セラを作って来たような気がいたします」

昭和四七（一九七二）年七月五日、道路一つ隔てたところを新幹線が走る場所、京都市山科《やましな》区東野井上町で本社新社屋の竣工式が行われたとき、あいさつに立った稲盛の最初の言葉がこれだった。

「出会いにおける心の触れ合いが好意を呼び、善意を集めて、今日を作ったような気がします。現在一四〇〇名、夜十時十一時まで頑張っている社員が大半ですが、われわれの努力が今日を作ったのではなく、人生における出会い、そこで生まれる心の交わり、それが人の善意、好意を、協力を得られる環境を作っていただいたのではないかと考えており、今日われわれが存在することに対して、神に、またお客さまがたに感謝いたしております」

自分が存在するのは、自分自身の力によってではない、今あることを森羅万象に感謝しなければならないという、あの若年のときに抱いた思想が、世界の京セラとしての輝かしい発展のさなかにおいても繰り返されている。

そして、いい加減な態度、いい加減な考え方を排除し、まじめに一所懸命生きてゆくことがものを創造する心ではないか、人がものを作り企業を作ってゆく、どういう人、どういう心がものを作り、どういう考え方が立派な企業を作ってゆくのか、みんなと研鑽につとめて行きたい——と、人間のありようと企業のありようとを一つのものとして考えて来た稲盛の変わらぬ信念を披瀝した。

この日の多くの来賓の祝辞からは、外部の人間に京セラの発展がどのように映じていたのか、それを知ることができる。

通産省の大型電子計算機開発プロジェクトに日本のメーカーが参加して、そのロジック用LSIの基板の開発を京セラが担当したことについて、当時の日立製作所事業部長は、「新進気鋭、覇気に満ち、アイデアに満ちている稲盛社長をはじめとするエンジニアが、私たちの無理な要求を聞いて、行きづまると喧喧囂囂《けんけんごうごう》の議論を続けてついに完成した」とのべ、三菱電機の部長は、「特殊な、技術的にも難しい開発品の試作ばかりを依頼しても決してノーと言わず、京セラのメインでない分野の技術についても決しておろそかにしなかった。小さな実験室で泥まみれになっている姿というものがいつもイメージとして浮かび上がる」とのべた。この二つの話からは、町工場としての発足からLSIパッケージのメーカーに至るまでの京セラに一貫しているあ
る姿勢というものを取り出すことができる。

また、KIIの上西阿沙と三高時代の同級生でもあった日本電気の部長は、数年前、まだ滋賀工場が二、三棟で稲盛が作業服を着ていた頃を回顧して、「セラミックは要するに泥じゃねぇか、電子工業界において将来性があるだろうかと、作業服の稲盛社長といろいろ意見を交換した」とのべており、京セラの製品が世間に受けいれられて行く過程でぶつかったであろう困難さをいくらか知ることができる。

そして、大阪のある銀行頭取は、銀行が用意した祝辞は長くなるからと読むのをやめ、その銀行を自発的に退社して京セラ入りした人物について触れ、「弟が京セラに勤めていて病気をしたとき、稲盛社長が親身も及ばぬお世話をなさったことにいたく感激し、この社長のためならと京セラへ入りました。経営者の一人として、稲盛さんがうらやましいという気がしている。今日のご盛況むべなるかな」と結んだ。

先に見た祝辞と合わせて、京セラ発展の根源が何であったかをいささか知ることができる。

ホンコン旅行

ところで、二部上場をした翌年の昭和四七年年頭、稲盛は第二の発展期を築こうと社員に呼びかけ、同年一一月をめどに月商の倍増、一〇億円の目標を掲げた。これは単なる掛声ではなく、不況対策として各社が新製品開発に意欲的になっているこの時期に、京セラの新製品を市場に出して販路を拡大するチャンスと確信してのことだった。そして恒例になっている社員有志による元日の新年会の席上、稲盛が冗談まじりに、「ただ悲壮感で頑張るだけではなくユーモアを持ってやって行こう。一〇億達成でハワイ旅行、九億でホンコン、八億ならば禅寺で座禅だ」と発言したことが、そのまま会社の方針となった。

明けて四八年一月、社員一三〇〇名のホンコン旅行である。マスコミは、わずか二年前に二部上場をして高株価がもてはやされ一年前には新社屋を建設するなど、がばがば儲けているにわか成金の大名旅行のような趣でとりあげた。しかし、それが一年前、初めて飛行機に乗って渡米した一人の青年の夢と思想の実現であることをほとんどだれも知らなかった。

この年八月の「労働新聞」は、ベンチャー・ビジネスのパイオニア的な企業のトップとしての稲盛を取材しているが、そこで稲盛はこの旅行についてこう話している。

「うちは海外に拠点がたくさんあり、国際企業といわれながら、一般の社員から見た場合にはちっとも国際的ではない。毎日毎日働いてばかりですから、海外を見て国際的な感覚を身につけるということもいいことかもしれないいんで、やろうやないかと言ってしまったわけです。言ってしまったらそうなってしまったんですが、約束を守る、それが信頼ですね、だから思い切ってやったんです。

世間は、宣伝効果もあるしなかなかうまいことやりよったな、と言うわけです。つまり、労務政策上または人心を掌握するための一つの手段として、その問題がとりあげられています。しかしわれわれの場合にはもっともっと根本的な心の問題までさかのぼるのです。みんながよくやってくれるんで、そうしてあげたいと思うわけです」

経営方針発表会コンパ　1973年
（ホンコン旅行が決まり、新たな目標を掲げる）

このあと、初渡米の前に、洋式便所の使い方を覚えるため東京の公団に住む友人の家で試してみたこと、幹部たちが羽田まで見送ってくれたこと、うまかった機内食とこの快適さを社員みんなに味わわせたいと思ったことなどを話して、こう結んでいる。

「その後、幹部連中は仕事があって海外へも行くようになりましたが、初渡米のとき抱いた気持がずっと残っているわけです。中途採用の農業をやってたおばさんで、五〇歳ぐらいで勤めている人も、賄いのおばさんも掃除のおばさんもいるわけですね。

そういう方なんかは生涯かけても行けることはないかもしれない。それで連れていってあげたいという気持が出たわけです」

この旅行の費用の総額は二億二〇〇〇万円だった。

この年は、京都経済同友会での講演をきっかけに知り合った評論家相良《さがら》竜介《りょうすけ》と、ベンチャー・ビジネスについての研究を発表していた経済学者中村秀一郎《ひでいちろう》を講師として会社に招いて講演会を開き、稲盛自身が京セラの経営について概念的な把握を行うとともに経営者として自信を深めていった年である。

そして、秋に起こった石油ショックに日本社会全体が大きく揺れ動く中で、国家の方途に対する強い危機感を抱くとともに、私的な利益のみを追求するような社員の心の荒廃に愕然とし、社長の座を「下りる」ことを真剣に考えた年である。しかも、人との出会いを大切にする稲盛に会社を作ってくれた一人であるとともに〝帝王学〟を教えこんだ西枝一江《にしえだいちえ》と、その友人でもあり、かつやはり会社設立に尽力してくれた交《まじ》川有《かわたもつ》とが相ついで他界し、さらに大学時代に稲盛の才能を認め、それ以後、稲盛の精神的な支えともなっていた恩師内野正夫も他界しており、さまざまな意味で、稲盛の内的転機の年となった。

相良竜介と中村秀一郎

このとき相良は講演の中で、日本人は目的が設定されたあとの完遂能力はあるが、目的設定、計画設定能力がまずしいと指摘した。それは、京セラにおいて、稲盛が目的設定をして社員がその設定された目的に向かってがむしゃらに頑張るというあり方を、見事に要約するものでもあった。

さらに、「自己の能力を、静態的にではなく動態的に、未来における進行形でとらえなければならない」という言葉は、日頃稲盛が仕事を進める上で実際に行いかつ社員に説いてきたこと（賭けと変身の章「初の減収減益の中で」参照）の概念化となっていた。

そして相良の著書『創業の思想』（日本経済新聞社）に引用されている福沢諭吉の言葉に稲盛は深い感銘を受けた。

思想ノ深遠ナルハ哲学者ノゴトク　心術ノ高尚正直ナルハ元禄武士ノゴトクニシテ　コレニ加ウルニ　小俗吏ノオヲモッテシ　コレニ加ウルニ　土百姓ノ身体ヲモッテシ　ハジメテ実業社会ノ大人タルベシ

「思想ノ深遠」という意味で稲盛が尊敬していた実業人は大原總一郎（一九〇九＝明治四二年、倉敷生まれ。クラレの前身倉敷絹織社長などを経て一九六八＝昭和四三年没）であり、「心術ノ高尚正直」としては中学高校時代の斎藤、辛島両先生、さらに内野正夫や西枝一江がいた。そして実際に物を作り、日々商いをしていく上においては「小俗吏ノ才」と「土百姓ノ身体」とが要求された。（福沢の言葉は、相良が作家小島直記から聞いたところによると、藤山雷太が実業界に出るにあたって、福沢が色紙に書いてはなむけの言葉として与えたものであるという）

また、専修大学教授中村秀一郎は「ベンチャー・ビジネスとその展開」と題する講演を行ったが、このとき中村がベンチャー・ビジネスの特徴として挙げたのは、①経営者自身が専門的技術を持っている②その能力を事業に生かすという姿勢がある③経営者は新しい製品を作り出すこと自体に興味があり、利潤は自分の仕事が世の中に受け入れられた結果を示すシンボルと考える場合が多い④これまでの企業と違う企業を作ろうという発想がある――などで、これまで見て来た京セラの姿はすべてこれらの条件を満たしている。

また、ベンチャー・ビジネスが洋の東西を問わず族生して来た理由をいくつか中村は挙げているが、その一つに、既成の企業ではできない新しい技術による新しい製品の開発の分野がふえていることを挙げている。即ち、研究というのは大量生産のきかない質の世界であり、創造は結局個の問題である。大組織のように、下手な鉄砲数打ちゃ……という考え方ではレベルの低い改良型の研究しかできない、というもので、大企業のできない研究をやって来た京セラの一四年間の実践が、そのことを証明していた。

また、中村は各分野に高度な専門能力を持った企業が、従来の、たとえば自動車部品専門メーカーのように特定の産業の特定の範囲のものを作る専門メーカーとしてではなく、その技術や製品をもってあらゆる産業分野に入り込んで行くことができるという真の意味での専門メーカーは、大企業から生まれて来ることはないと指摘した。京セラはまさにその意味での専門メーカーである。

電子工業のみならず、その硬度と耐摩耗性によって機械・繊維・製紙などの分野に、耐熱性によって宇宙開発や高温工業に、耐腐食性によって化学工業に利用されるのみならず、昭和五〇年代に開花する再結晶宝石や医療用セラミックであるバイオセラムは、装飾と医療という従来のセラミックの分野からはまったくかけ離れたものののように見えながら、セラミックの技術の展開過程そのものの中から生み出されたものであり、セラミックによる自動車エンジンが開発の途上にあることなどを考えると、京セラは中村の言う専門メーカーたるにふさわしいと言える。

講演のあと社員から、「柔い組織における自己動機づけ、自己管理はどうすればいいか」という切実な問いが出され、中村は「経営学の本に説かれているように、どうすれば人間をうまく操縦できるかという低い次元のものはごまかしであって、本当は生き方の原則を同じくすることが真理だ、社長以下全部が一つの哲学につながらないと駄目だと思う。哲学、フィロソフィーというのは人間の行動原則、人間の志みたいなものであり、志を同じくすることが動機づけじゃないか」と答えた。

新たな屈折点

昭和四八年は、会社創立後初めて売り上げが半期一〇〇億円を超えるとともに、年間売り上げが前年の二倍を超え、税引後利益率一八・二五%という高収益となった年である。社員数も初めて二〇〇〇名を越えた。そして秋には石油ショックが日本経済を直撃し京セラももろにその影響を受けるが、会社の急激な拡大と社会環境の激変の中でも、稲盛は変わることなく自分の思想を社員たちに懸命に説いて行った。

昭和三四年の創業以来、売り上げが倍増したのは四一年（この年の五月、稲盛が社長に就任）と四四年（KII設立と川内工場建設）に続いて三度目であり、税引後利益率も昭和四四年（二四・〇二%）と四五年（一九・三三%、マルチレイヤー・パッケージの生産開始）につぐものだった。輸出比率も四一〜四四年の一〇%台、四五〜四六年の二〇%台、四七年の三七%から四二%にふえていた。資本金も一〇億円を超え、翌四九年二月には株式市場一部上場が予定されている。

これに見合って人員もふえ、上場の年（四六年）の一二七〇名が四七年には一五八〇名、この四八年には二二五〇名と前年の四割以上の人員増となった。この増員数六七〇名は、五年前の四三年の総人員五三〇名をはるかに上回っている。

こうした急激な拡大の中で各リーダーたちがそれに対応する〝経営〟を行っているのだろうかという危惧が稲盛にはあった。すでに年度初めの四月の会議の席上で、会議における自分の発言の中の目標数値だけが下部に伝えられて思想が伝えられていないという問題を指摘しているのだが、そのうちに、入社間もない工場勤務の大卒新入社員が手紙で直接不満をぶつけて来た。

夜の九時まで仕事をするのが当たり前みたいになっていて、日曜も働かされることがある。しかも、「土曜日曜も出勤や」とあたり前のような顔で言うのがいる（四七年から隔週五日制）。「休みと違うんですか」と反問すると「ここは京セラや」という切札でしりぞけられてしまう。家に仕事を持って帰ってやれ、と言わんばかりの雰囲気もある——といった内容である。

食うために必死であった創業時にはごく当たり前であったことも、高収益会社ともてはやされるようになっている今では、若い社員からは押しつけられたハードワークとして反発を受けることもある。

稲盛が心配していたことの一端がはや芽を出している。しかも日本の社会、政治、経済あらゆる面で企業や体制、権威に対する不信を助長させることが相ついでおり、新聞にはさむざむとするようなことしかのっていない。

前年は田中角栄内閣が誕生してその『日本列島改造論』が大企業の投機的な土地買い占めを誘発し、軽井沢のあさま山荘で連合赤軍事件があり、イスラエルのテルアビブ空港事件の生き残り学生岡本公三は偶然ながら鹿児島大学出身である。そして四八年に入ってからの新聞報道を一瞥すると次のようなものがある。

一月　連合赤軍森恒夫の自殺。

タイで日本人による人身売買事件（玉本事件）。

政府が金融機関代表を招いて土地・株式取得のための安易な融資自粛を要望。

政治資金の八割が出所不明（自治省発表）。

薬品メーカー三共が利益隠しの決算。

二月　日本にドル売りラッシュ。

三月　大手商社六社の投機・買い占め実態調査。

四月　地価空前の暴騰、平均三〇・九%。

国鉄の順法闘争で首都圏三八駅で暴動状態。

六月　米の買い占めで丸紅起訴。

この丸紅の起訴が行われた次の日がたまたま京セラの月例の会議であったが、そこで稲盛は改めて京セラ精神の復興を説いている。

「わが社は上昇ムードで猫の手も借りたいくらい忙しいが、人は非常に貴重でかつ危険である。昔から言って来たことは、沢山の人が集まるような、心の通じた惚れ合った同士が集まってくれればいいんだ、その連中のためならお互い苦労のしがいがあるけれども、不信をもった関係で仕事をするのはいやだ、ということだった。雇傭関係で結ばれたドライなものでなく、あいつとだったら苦労してもいいというつながりで仕事をして行きたいと考えてやって来た。

しかし、今は忙しいのでただ単に人を集めればいいということになっていないか。厳選しないで入れているから、今まで以上にわれわれの思想を説いていかなければならなかったはずなのに、生産に追われてそれどころではなくなっている。歴史をひもとけば、国が亡びたのはすべて内部からである。地道で優秀な社員を作りながらの発展でなければならない。

今こそ京セラ精神復興のときである。幹部自身が治者の哲学をもたなければならない」

そして一〇月の会議では、リーダー論を、企業の伸びとトップの器量とのかかわりという形で展開している。

「企業が伸びて行くというのは、その企業を治めている人間の器量が伸びて行く分だけ伸びて行くということだ。ただ単に企業が伸びて行って、それに管理者がついていくということは絶対にありえない。タイミングが合って運よく伸びた事業部があってもある時点で頭打ちになり、伸びたものを維持することもできない。本当に伸びていくというのは、そこを治めている人の器《うつわ》が、その伸びる規模に値する場合にしか伸びていかない。その器量は、部下を育てていく能力、営業の力量、技術力、人をまとめていく能力、生産を管理していく能力などが組織化されて、部下を育てるような教育がなされていて、部下そのものも含めて成長していかないと規模は拡大していかない」

来年二月には一部に上場される。一四分遅れの素人マラソンランナーは第二集団を抜いていよいよトップグループに伍して走ろうとしている。

〈新たな屈折点に来ている〉と稲盛は思う。

石油ショックと社員の〝おごり〟

そして、一〇月六日、第四次中東戦争が始まった。これが日本に何をもたらすものであるかまだだれも知らない。一七日、アラブ石油輸出国機構（ＯＡＰＥＣ）の石油相会議が開かれ、大部分のアラブ産油国はアメリカ向け石油禁輸を表明した。

この六日と一七日の間に稲盛は、売り上げ半期一〇〇億円達成を記念する臨時ボーナスの説明を組合に行っている。これは九月の増資と関連するが、資本金七億七〇〇〇万円を一億円増資、無償交付が二割で計一〇億四四〇〇万円になっていた。この増資を機に新しい社員にも株を持ってもらいたいと、臨時雇いも含めて九月末在籍者に一・〇五ヵ月分のボーナスを株で支給する、社員の手取り分を社員名義で買ったというものである（京セラには自社株投資会がある）。「金で出して無駄づかいしてはいかんので」という稲盛流のただし書きつきである。その上、年初の約束で、半期二〇億円の利益達成による全員のハワイ旅行も実施することになっていた。

しかし一〇月下旬、奈良市でのトイレットペーパー買い溜めに端を発して十一月初旬まで関西にパニックが起こり、ついで福岡、金沢、四日市の塩パニックと、パニックは全国化していった。一一月から一二月にかけて、各企業は先行きの物不足を見込んで原材料など資材の手当に狂奔、ために需給はひっぱくしてさらに便乗値上げが加わり、物価は暴騰した。

この石油ショック後、年末の終業までコンパや懇談会も含め何度となく稲盛は会議を開いているが、そこに一貫しているのは、日本国家の存立に対する危機意識であり、他方では社員の〝おごり〟に対する怒りと、その〝おごり〟から来る京セラ瓦解への危機意識である。そして、日本が成り立っていくには加工貿易しかないという現実に無知な政治家の多いことに唖然とし、京セラをやめて政治家になろうかと考えたほどである。

そういう危機感にさいなまれながら、「日本人は手前勝手で自分のことだけを考え、国家や会社ということを考えていない、このままでは日本は滅びる」と、たびたび社員に話しているさなかの一一月、ある〝事件〟が起きた。それは社員の一人が商品取引に手を出し、自分の持っている京セラの株をまきあげられたというものである。臨時ボーナスを「無駄づかいしてはいけないから株で渡す」と言ってからひと月ほどしかたっていない。たいていの企業ではこういう問題は私事にかかわるものであると、公けにはしないのが普通だが、稲盛は社員すべてにかかわりのある問題として、会議でこれに言及した。

「土地も買わず株も買わず、浮わついた金は一銭もどこからも得ていない。一個何円、何十銭のものを作ってその一割の利益という形で稼いだものを積み上げて来た。地味な努力を営々と積み上げること、われわれにはそういう行き方しかない。一時的な奇手奇策でうまく行って、あとが続かないということではいかん。

株券に執着を持ってはいかん。一所懸命やって来たらいつの間にか株券がくっついて来た。それにいかにきれいに処するかであって、執着し出したらもう駄目だ。私がよかれと思ってしたのに、商品取引に手を出したという。本人に魔がさしたのか。どこに信頼があるのかと思わざるをえない。しかし、だから言わんこっちゃない、とそこで私が考えたんでは、今まで営々として作って来た人間関係を無くすことになるから、それでもなおかつ信じて、環境に振り回されないような志操堅固なものを持ってないといけない。われわれはまだ年若いにもかかわらず世間からは立派そうに言われるが、慢心してはいけない。

われわれのまわりにはいろんな誘惑が渦巻いており、みんな五十歩百歩だ。お互い危険な陥し穴が慢心の度合によってできて来る。今度の場合、大きな問題にならないうちに相談してくれているからせめてもの救いである。それぞれ自分のことだと思って反省してほしい」

このことがあって間もなく、組合から暮れのボーナス三ヵ月の要求が出された。だが、会社は儲かっているから「それは低い」という声が多く、三ヵ月の線にまとめるのに組合幹部が苦労した数字だった。のみならず一・〇五の臨時ボーナスについては「金が余ったからくれたんじゃないか」「何か意図があって株を持たせたのではないか」「株券だから使えない」という声があるという。

稲盛は愕然とし、ただちに三日間連続して会議を招集した。この年の九月期の決算では売り上げ一〇六億九九〇〇万円（前期比五四・三％増）、経常利益四〇億四〇〇〇万円（同六四・三％増）、税引後利益一九億四八〇〇万円（同五六％増）という数字が出ていた。しかし、

「みながただ努力したから二〇億の利益が出たのではない。どういう商品をどういうふうに伸ばしていけばいいかを読んで商品開発をして来ているのであり、そういうデシジョン（決定）もし投資もしている。そういうことを何もしないぼんくら社長が、二〇億達成したらハワイに行こうと言って、みなしゃにむに働いてそれを達成したというのなら話は別だが、いつも私が言っている労使手をたずさえて手を打っていった成果だという考えがまったくない。

ちょうど時価発行しなければならないタイミングだったので、みんなに喜んでもらおうと思って一・〇五を出したが、それを好意とも何とも思っていない。

世間では高収益会社だと言っているが、高収益だからこれだけ使ってもいいとは思わなかったからこそ、今日までになったのである。半期一〇〇億を売り上げる企業で販売および一般管理費七％（この期は七億八三〇〇万円）というところがどこにあるか。みな十数パーセントだ。二〇％以上のところもある。もし私が他企業並みでいいんだと言ってそういう組織を作っていたら、それだけでもう十数億の利益はない。これだけの規模で重役用の車が二台という会社がどこにあるか。どこでも直接部門と間接部門の比率は三割だが、うちは一割だ。

この期末（四八年九月）の使用総資本二四三億円から現預金一〇一億円を引くと一四二億円になる。内部留保（六五億円）がなく、四〇億円を流動負債で調達するとして一〇〇億円を銀行から借りたとしたら、年間十一億円の金利を払わないといけない。それをしなくてもいいのは、十五年間こつこつ貯めて来た内部留保があるからだ。儲かっているからと社員が多くもらい、私もそうやって出して来たとしたら利益は数億しかないはずだ。もし不況が来れば来年の昇給でその利益は全部とぶ。高収益企業と儲からん企業とは紙一重の差、経営の思想の問題だ。儲かっているのに辛抱してくれと言おうとしているのではない。合計すれば五・四ヵ月分出ているのに、まだ不服な者がいる。絶頂期に転落への契機があると、非常に心配している。蟻の一穴から人心がだんだん乱れて、今日まで続いてきた京セラの良さがすべて失われていくのではないか。野放図もなく欲望が欲望を生むことに恐ろしさを覚える」

そして、その後、組合執行部からハワイ旅行中止の申し入れが稲盛にあり、それを受けて、「こういう時局に反社会的行為をとるべきではない」とハワイ旅行を中止、予定経費は社員に分配した。

土地の売買や投機などで利を生むということを稲盛はしたことがない。また、会社の株などというものは塩漬けにしておき、年老いたときに古女房から「お父ちゃんよう持っとったなあ」とでも言われるのが一番いいのではないか。そんなことを思いながらの臨時ボーナス支給であったのに、「もらった気がせん」というのではもう煮え湯を飲まされる思いである。しかし、超優良企業、高収益会社と新聞雑誌でもてはやされれば、十中八九、社員が変わるのは無理がない。変わるなと言うのはまちがいかもしれないが、それをわかってもらう努力をしなかったらいけない、と稲盛は思う。

心配なのは子どもだ。小学校三年の末娘が「父ちゃん、うち金持なんか」と聞く。友だちから「あんたとこお金持やね」と言われたという。日曜でたまに家にいるとき遊びに出る先はたいていデパートで、あとはパチンコ。次に行くのはホルモン焼屋か珉珉のぎょうざ。食堂でうどんすっても、「うどん食べれん人もおるんやで」と言い聞かせる。せっかくうまいものを食べているときにそういうことを言われると、言われた方は興ざめするが……。

会社の急激な拡大と石油ショックという、社内外の環境の激変にもかかわらず、稲盛の経営思想はいささかも揺らいではいない。これまで社員に説いて来たことを改めて、しかし、新しい状況に対応した形で説いている稲盛の姿を、この年の発言の中に見出すことができる。

西枝一江の死

西枝が亡くなったのは昭和四八年三月一五日だが、この死にまつわる不思議な体験が稲盛にはある。

稲盛の家にある仏壇は父の畦市《けさいち》が孫たちの教育のためにもあった方がいいと買ってくれたものだが、仕事の忙しさにかまけて仏壇に手を合わせることが少なくなっていたことが少し気にかかっていた頃、夜中に便所に立った稲盛は、仏壇の扉が閉じたままになっているのに気づいた。けしからん、と妻の朝子を叱り、久しぶりに灯明と線香をあげて手を合わせ、床についたその朝、西枝が死んだという知らせが入った。息を引き取った時刻は稲盛がちょうど仏壇に手を合わせていた頃だった。

その後、稲盛は主だった社員を集めて「西枝一江を偲ぶ会」を開き、西枝からどのような思想を受け継いだかを語ることによって京セラの思想の原基を社員に伝え、酒好きだった西枝にまつわるエピソードも披露した。

その冒頭、「人智の及ばぬことがこの世にはある。西枝さんは私の家の仏壇に入ろうとしたが閉まっていたので、あのとき私に開けるように頼んだのだと思う」とこの夜の体験を語り、ついで、一粒の思想の波紋について語った。

「西枝さんは京セラに思想を吹き込んでくれた。私に一粒の思想を与え、それは世界にまたがる波紋を描いて広がって来た。その源を訪ね、みなさんたち一人一人がその思想の担い手になって一九〇〇名の社員にその思想を伝えていけば京セラの発展は確固たるものになる。それがみなさんの言葉を借りて全社員に伝わっていくことを願っている」

そして西枝のための盃とお膳を自分の前に置き、「初めて会ったとき、しゃちほこばっている私に、酒は酔うために飲むんだと言っていろんなことを教えてくれた」という話から始まって、松風工業時代の吉田源三との出会い、会社創立前の西枝・交川との出会いなどを語っている。西枝は洒脱なところがあり、稲盛を連れてバーのはしごをし、芸者をあげて飲むこともあった。この日の偲ぶ会も西枝流に芸者を入れて、と稲盛は思っていたが、経費の面で総務から待ったがかかった。しかし、

〈金に替えられんすばらしい話をしようじゃないか〉と稲盛は社員に語りかける。

「西枝さんは生涯を通じて清廉潔白、欲のない人だった。無産階級がすばらしい心根で仕事をやって行くときに持たねばならんものを持っておられた。それがうちの源。西枝さんの親友である青山さんが惚れ込んで引き合わせた私と、その私について来た連中を見るに見かねて自分の家屋敷を抵当に入れて、われわれが食っていく場を作ってくれた。技術をベースにした商品を世に問うてそれで得た利潤で食っていく。京セラは欲得で作った会社ではないということを、再度確認願いたい」

稲盛がこういう話をしたのは何もこの時が初めてではない。新入社員教育や中途採用者教育、コンパなどでもたびたび語って来たことであり、この後も折にふれて語っている。

経営者が、経営者としてまた人間として確固たる信念を持って社員に語りかける思想があり、そしてまたそれが語り継がれてきたこと、そのことは決して外からは見えないけれども、本質的なところで京セラの発展を支えているものであると言うことができる。

西枝が亡くなった七ヵ月あとの昭和四八年一〇月二〇日、喧嘩友だちの交川有《まじかわたもつ》が亡くなった。享年七一歳。初めは稲盛に金を出すことに反対し、京セラが上場してからは、「まるで馬券に当たったみたいだ」と言っていた交川である。

西枝とは仲がいいにもかかわらず、宮木電機の経営についてはいつも喧嘩をし、喧嘩をしつつよく西枝の家に泊まるという不思議な仲の二人だった。稲盛に言わせれば、「殺しても死なんような」交川だったが、西枝死後急に体が衰え、見る影もなく弱っていき、その死はあたかも西枝の後を追うごとくであった。

あれは男の間にしか成立しない友情なのだ、と思う稲盛である。この二人と青山を含む三人の明治人の友情なしには京セラはありえなかったと言っていいのである。

内野先生の死

鹿児島大学以来の師内野正夫は、京セラが二部上場をした昭和四六年あたりから体の不調を覚えて何度か入院し、四七年（京セラが大河内賞受賞）一一月に三井記念病院に入院、翌四八年、稲盛は渡米している最中に危篤の知らせを受けた。帰国の飛行機で羽田に降りた稲盛はすぐに病院に急行した。病室の廊下に内野の家族が立っていた。

「お仕事の邪魔をして申しわけございません。面会できないことになっているのですが、父がしょっちゅう稲盛さんのことを口にしているものですからぜひ会ってやって下さい」

内野は精神集中の邪魔になるからと、家族が病室内に居ることを禁じていた。

病室に入ると、すっかりやせ細った内野は、それでもギョロッとした目を稲盛に向け、破鐘《われがね》のような大声で、「稲盛君、大したもんじゃ大したもんじゃ」と言った。それはおそらく何よりも大河内賞の受賞に対してであったと思われる。科学者としてこの賞の意義を熟知していただろうし、また戦前、満鉄勤務時代、マグネシウム製造の工業化試験に成功したときは、当時の理化学研究所の大河内正敏などの提携申し入れで日満マグネシウム株式会社が設立され、内野は満鉄を代表する取締役に就任（昭和八年）しているという事情もある。

「私のフィロソフィーをまとめないといけないもんですから、時間がもったいなくて、もうだれにも会わんようにしてるんですよ」。そう言いながらも全身は浮腫を来たし呼吸は切迫して息も絶えだえである。その強靭な意志に驚嘆しつつ、稲盛は辞去した。

内野は昭和三七年、七〇歳のときに胃癌と診断されて胃の手術を受けたが経過は良好で、一〇年間健康に過ごした。しかしその一〇年後の八〇歳のとき前立腺癌のため三井記念病院に入院したのだった。尿閉の治療のため、尿を体外にためる装置（袋）をつけるか、前立腺の全剔手術を受けるかどちらかということになったが、結局は八一歳という高齢をおして、前立腺全剔手術を受けたのだった。それは稲盛には、袋などを体外にぶら下げて生きるのは男の恥辱であるという、明治の武骨者の美意識であると思えた。

しかし、その術後の経過は思わしくなかった。そのうえ、病名について家族は、胃癌のときは胃ポリープと説明し、前立腺癌については前立腺肥大と説明して、内野も納得していたが、あるとき担当医が内野に癌であることを話すという事態が起こり、それと相前後して食物の摂取ができない状態になっていた。

こうして八月一一日、強烈な意志の人、内野は息を引き取った。

ところで、稲盛が影響を受けた人物として挙げるこの内野とその友人吉田源三はともに明治三五年生まれ、大学進学をすすめてくれた辛島先生も同年生まれ、鹿児島一中野球部の話で卑怯な振舞いを戒めた斎藤先生もその前後の生まれである。幸い、内野についてはその経歴や思想について知りうる資料がいくらかある。それをもとに、この明治人が昭和ひとけたの稲盛にどのような思想を吹き込んだかを考えてみたい。

内野は熊本県下益城郡富合村釈迦堂の地主の四男として生まれ、熊本中学、五高を経て大正五年、東京帝国大学工科大学応用化学科卒業、みずから志願して軍の幹部候補生にはならず一輜重兵《しちょう》として兵役に服し、大正六年、古河鉱業に入社、のち昭和二年、商工省大阪工業試験所の技師となる。

その後、満鉄の中央試験所無機化学科長となり、アルミニウムとマグネシウムの製造法研究にあたった。礬土《ばんど》（酸化アルミニウム）頁岩《けつがん》からアルミニウムの精錬に成功したことは有名で、昭和一一年、満洲国特殊法人第一号として満洲軽金属製造が設立されるとその理事兼技師長となった。工場は計画通りに稼働して一六年に帰郷した。しかし国内では国産原料によるアルミニウム製造が要求され、ときの商工省次官椎名悦三郎の要請で商工省嘱託となり、軽金属統制会理事兼朝鮮支部長として渡航した。

戦後昭和二一年、公職追放（二六年解除）。同じ下益城郡出身で中学、高校時代からの友人福田得志が二七年に鹿児島大学学長となり、その福田の招きで二九年に同大学教授となる。このとき稲盛が学生として内野に出会った。

内野は家が熊本市野田町にあったので、大学の実験室の隣にベッドを持ち込んでそこに寝泊まりし、週に一度帰宅するときはよく学生たちを連れ帰った。内野の下で一年ほど副手のような仕事をしていた堀之内司は昭和三二年卒業で、京セラ創業の参加者、徳永、樋渡と同期になるが、その堀之内によると、内野の稲盛に対する情愛には並みならぬものがあり、稲盛を語ることわが子を語るごとくであったと言う。

内野は歴史を好み、その実際生活、とくに満鉄時代は国家社会の動向と密接な関係を持っており、鹿大では実業界出身の学者として異色であり、若い先生たちには、「天下国家のためになる大きな命題に取り組め」と口ぐせのように言っていた。

戦後の公職追放時代はうつうつとして楽しまざる時期であったことは疑いがないが、熊本に持っていた土地で畑づくりをしたり、天草で塩たきをして糊口をしのぎ後年、「子どもが多くよくノイローゼにならなかったものだ」と語ったというからその苦労がうかがわれる。だがこの時期、内野は一つの〝事業〟に取り組んでいる。

熊本県のほぼ中央、有明海に突き出た宇土《うと》半島の北側を南北に流れる緑川の南岸に内野は生まれているが、その地にある極楽寺を建立した寒巌《かんがん》禅師の精神を「道義の頽廃」した戦後社会にあって郷土の人びとに伝えようと思い立ち、昭和二三年に尚徳会を設立、『寒巌禅師伝』を二八年に刊行している。A5判（教科書の大きさ）六四ページで、内容は仏教の起源と日本への渡来、寒巌の業績、禅師論などから成っているが、そこに描かれた寒巌像から内野の思想を取り出してみると、稲盛の思想がそれと強い近似性を持っていることがわかる。

寒巌は一二一七（建保五）年、後鳥羽天皇と修明門院の子として生まれ（日蓮の五歳上、道元の一七歳下）、二五歳のとき、当時中国から帰って盛名のあった道元の門に入り、二八歳で宋に渡って一〇年とどまり、五三歳のとき肥後（熊本）入りをしている。

一二七六（建治二）年、緑川南岸の釈迦堂に両親追福のため極楽寺を創建した。当時の緑川は南九州と北九州を結ぶ交通の要衝だったが渡河に難渋したため、文永一二年、寒巌は大渡橋架設を発願して浄財を募り、二年目で長さ一八〇メートル余、幅五メートル弱の橋を完成、さらに一二八四（弘安七）年には川尻以西の海岸の荒地を干拓して銭塘《せんとう》新地を作りあげている。

内野によれば、寒巌は山の宗教から里の宗教へ進出して禅の高風を堅持しながら実際生活と遊離しないところに特長があり、「農民大衆の間に身を投じて教化を卑近の間に布かれた」ものであり、他方では亡き両親を尊びその冥福を祈って孝の道を貫いている。その修業の根本精神は「至誠の心を起こし清浄の願を発する」ところにあり、あらゆる事業はまず父母を祈り、身心を清らかにしてのち出発すべきであることを教えていると言う。

つまり、孝の心をもって、国家社会のために尽くす――これが戦後社会の道義の頽廃に対して内野が提示したかった思想であろう。

「如何なる事業を行なうにも、清浄なる願に依るときは成功せぬ理由はありません。これは私共の日常の仕事に直に教訓として取り入れて差支えない問題と確信します」

と書いている『禅師伝』刊行の翌年が鹿大入りである。そういう信念をもって学生に道を説き、寒巌の姿を常に心に描きながらことに処して行ったろう。その晩年においては、永平寺に入ることが願いであったというから、そこからも強いストイシズムが感じられる。

学生たちには、「難渋することに男子は逡巡すべからず、強い意志をもって渇望すれば事は成る」とよく語っていた。その心は鹿中斎藤先生の、一中野球部が精神においてすでに敗北していたという教えとまったく同じものである。稲盛がことにあたって決して易《やす》きにつこうとしないのは、こうした明治人たちの強い感化によるところが大きいと思われる。

（内野先生と東大時代の同期生で、松風時代、稲盛に「あなたにはフィロソフィーがある」と言った吉田源三氏は横浜に夫人とともに住んでいる。筆者は昭和五四年六月にお会いすることはできたが、歩行や会話が困難でわずか一〇分ほどで辞去した。書棚に『新渡戸《にとべ》稲造全集』があったのでそれについてたずねると、「一高の生徒で新渡戸先生の影響を受けなかった者はいない」と言う。新渡戸について、明治二六年生まれの矢内原忠雄は、「青年時代に抱いた〝太平洋の橋〟になるという志を実地につらぬいた生涯であった」とのべており、吉田源三氏のフィロソフィーの中味をいささかうかがうよすがとなる。

また、松風工業の倒産にふれたとき、それまでほとんど表情も変えずにひとことふたことを口にするだけだった同氏がにわかに上体を起こして気色ばみ、はったと筆者をにらみつけて「君はそういうことを調査に来たのか」と言葉を荒げたのであわててしまった。「いえいえ、松風時代の稲盛さんのことをお聞きしたかっただけです」と言うとすぐに表情を和らげてもとの姿勢に戻った。白黒をはっきりさせ、人を怒るときは厳しい口調であったと聞いていたが、このときの吉田氏はその激しさを想像させるに足るものだった。

内野先生もことの良し悪しをはっきりと言うタイプであったそうだから、斎藤、辛島、吉田、内野という明治人に共通するある強烈さ——志の一貫性ということも含めて——を想定できるように思う）

危機の章

パターンのない時代

昭和四九年(一九七四)は京セラ創立一五年目にあたる。この年から五〇年にかけては、石油ショック後の総需要抑制策から来る不況の中で京セラは減収減益を二期続け、のみならず余剰人員の発生と賃上げ凍結という難関に遭遇する。その難関は、稲盛のどのようなリーダーシップのもとで克服されていったのか、それを跡づけ、京セラの発展の内発性を見てみたい。

まず四九年に入ってからの稲盛の発言をごく簡単に追ってみると――

従来のパターンではとらえられない困難な時期であり、明治維新と同じである(一月）、国難とも言える厳しい環境は神の試練である（同）、世相が混迷の度を深めている（四月）、売り手市場から買い手市場になった（六月）、非常な不況になっている（七月）、受注が月ごとに減っている（八月）、予想以上に景気が悪い、ツンドラの苔を食わなきゃならん（九月）、預金の利子で黒字になっているだけ（一一月）、国家の観点から来年の春闘をとらえないといかん、ゼロ要求ゼロ回答でどうか（同）。

このような危機感あふれる発言の背後には、企業の倒産と大量人員整理の続出という現実があった。即ち日本熱学工業（五月）、負債総額約六〇〇億円で戦後最大と言われた阪本紡績（九月）、近江兄弟社（一一月）などの倒産があり、東洋紡、富士紡、ユニチカ、アルプス電機、ミツミ電機が希望退職者募集による大量人員整理や工場閉鎖を行い、自動車、弱電など輸出の花形産業も人員整理や一時帰休を行い、京セラと縁が深い電気機械工業では、九月に日立が一時帰休を行ったのを皮切りに、年末から五〇年初めにかけて日立、東芝、三菱電機、富士電機の四社だけでおよそ七万人の一時帰休と言われる。

つまり、どんな光明も見出せない日本経済であったが、その年頭において、稲盛はこの年を明治維新と同じような激動期、「経済のメカニズムが従来と違うパターンのない時代」ととらえた。極右か極左によるクーデターがあるのではないかという危機感すら抱いたその目から見ると、社内のベテランはその経験ゆえになすすべを知らず右往左往していた。とすれば若い力に期待したい。自宅の応接間を開放して若い社員のための塾のようなものをやってみようかとも考えた。これは結局実現しなかったが、会議の席上では長のあり方についてたびたび言及した。

稲盛は社員に説いた。

「明治維新を遂行した若者たちは新生日本についての夢を持ち、その夢と現実とが分離していなかった。新選組がいるから、徳川幕府が強いから駄目だと思った人間であれば活動はしなかったはずだ。経営のことは会社に出てから考えようと、机に座って書類を広げてみたところで通りいっぺんのことしか出て来ない。だから通りいっぺんの経営者にしかなれない。四六時中考えているからこそ閃きがあり、その閃きの中でまったく無関係だったことの結びつきが見えてくる。それは研究でも技術開発でも同じであり、それに耐えることができてなおかつそれを力まなくてもできる。そういうものが危機を乗り越えようとする情熱と結びついて初めて創造的な営みができるのではないか」

危機の年頭にあたってこんなふうに話した稲盛だが、三月に予期せぬ嬉しいできごとがあった。それは二月に東証、大証の一部に昇格したことを記念し、社員が拠金をして記念品（京人形）と感謝状を贈ったことである。三月七日の朝礼のとき、突然この贈呈式が行われ、思いがけなさにびっくりした稲盛は感動のあまりほとんど声が出なかった。

これには後日談があり、稲盛は自費で社員一人一人に一〇〇〇円のしば漬をお返しとして贈っているが当時社員は約二五〇〇名、社員の拠出金は約三二万円だった。

不況の折であり、一五周年記念式典は行わず、そのかわり臨時ボーナス一ヵ月分を全員に支給した。「良いときに良いように生活しておったのでは必ず人間は不幸になって来る。良い時にも常に最悪の事態を考えた生活を、企業の場合でも個人の場合でもしていくべきだというのが私の基本的考えである。私の気持をよく理解して無駄使いのないようにしていただきたい」という要望とともに一年間の定期預金証書として渡された。

余剰人員問題

この四月には先の積層パッケージに対して科学技術庁長官賞が授与され取引先からは祝電が舞い込んだが、受注の落ち込みは目をおおうばかりで、五月から六月にかけて、生産と人員のアンバランスが顕在化してきた。

「受注が月ごとに減っている」と発言している八月頃には、月産二四～二五億円の生産態勢に対して国内での受注が少なくともその四割（九～一〇億円）はなければならないのが、二割にあたる五億円を下回っているというありさまだった。

こうしてこの九月期（四九年四～九月）の決算では売り上げ一二〇億七六〇〇万円（前期比八・四〇％減）、税引後利益一七億四二〇〇万円（同二七・七五％減）となり、国内受注の減少に対応して輸出比率が六五％強という高い割合を占めることになった。

先にふれた阪本紡績の倒産がこの決算のあった九月だが、この月に開いた臨時幹部会で稲盛は受注減への対応策として次のようにのべている。

「仕事が減って来た中でどうやって生きのびるか。氷河時代を迎えてツンドラの上に生えた苔を食って生きなきゃならん。体力をもっとも消耗しない行き方をしなければならない。冷静な判断とあわてる気持、あわててあわてんで、いらいらして落ち着いて」。そして受注減に対応する四つの指示を出している。

一、国内の受注をふやす。製造でわれと思わん者は営業に行ってほしい。

二、経費節減。末端の一切の資材、消耗品を部下に任せず徹底的に洗い出す。金型も一点一点検討し外注費、内職費を減らす。電気炉も使うのは一本だけにし、スケジュールを組んでフルに使う。製造現場以外のエアコンを切る。

三、人件費削減。残業が少量でもあるのはナンセンス。ゼロにする。しかし残業代が関係ない役職者は無制限一本勝負。

四、購入資材値下げの可能性の検討。

こういう状況の中で、本社では幹部が土曜日にも出勤するようにし、一一月には重役と部長クラスが自主的な賃金カットを申し出てそれが課長、係長クラスにも波及していった（七〜三〇％のカット）が、それだけでは苦況の打開は望みえなかった。

一〇月には海の向こうのＫＩＩで、副社長ケン・ミラーと長谷川桂祐が猛烈なレイオフ論争を行っている。アメリカでは企業の赤字転落を防ぐため、操短による賃金カットやレイオフは常識となっており、いわば切り捨て御免の上に残った人間の生活が成り立っている。ケン・ミラーはアメリカの常識に従ってレイオフを主張し、長谷川は京セラの思想からすればどうやってみんなが食っていけるかを考えるべきだと主張して譲らず、稲盛が渡米したときにノン・レイオフ・ポリシーを打ち出して論争に決着をつけた。

日本では倒産、大量人員整理、工場閉鎖、一時帰休の嵐が吹き荒れている。一時帰休を実施すると政府から補助金が支給されるので、それによって人件費の負担をいくらかでも減らすべきだという意見も社内にあったが、稲盛はそういう安易な形で〝お上に頼る〟道はとらなかった。そのかわり、売り上げに占める人件費の比率は倍増した。即ち、四六年九月から四九年九月までは平均一五％で推移していたものが、それ以後は三二・五％に達していた。一時は、希望退職を募ろうかとも考えた稲盛だがそれも行わず、あえて余剰人員の存在を全社的に明らかにするという道をとった。

即ち、一時帰休や人員整理は一切行わないが、各工場の事業部ごとに受注減に見合う人員を放出する。少なくなった仕事を従来通りの人員でのんびりこなすことは、現場の喧嘩もしかねないような張りつめた雰囲気を無くし、能率を低下させ、ひいては受注が増大したときすぐに対応できなくなる恐れがある。必要な人員だけを残して余った人員は開発部と名づけて総務の管轄下に入れ、工場内には一切立ち入らない。

五個小隊の仕事が半減すればそこは二・五小隊として残りは予備兵とするが、その予備兵は小隊単位で残す。中隊ならば中隊長から小隊長まで含めた形で残し、忙しい部門が出てきたり新製品が出て来た場合、ただちに転戦できる形にしておく。

こうしてこの予備兵は朝礼後ただちに工場敷地内の草むしりや溝の泥さらいをしたり、研修会や技術関係の勉強会などを行った。余剰人員を抱えている事業部の責任者は、辛かったけれども「君は駄目だから出す」と言い渡さざるをえなかったが、他企業では希望退職や一時帰休が常識となっていたからこの措置に異を唱える者はなかった。

日頃、残業が多く休日もなかなか取れないことを不満に思っていた入社したての女子社員は、その仕事がなくなって、上司から「ほかの事業部へ手伝いに行こうか、それとも花壇の草むしりでもしようか」と言われたときは何とも言えずみじめだった。

「あれはきつかった。苦しかった」と、もう二度とあんな経験はしたくないという実感をこめ柴田五十二《いそじ》（昭和三五年入社）は言う。お前を出すよ、と説得するのも辛かったが、同じ釜の飯を食っている人間が集まって草むしりをしたりペンキ塗りをしたり、不良品をもう一度選別しなおしたりしているのを見るのもまた辛かった。それでも首切りはしないという大前提があったから、出した方も出された方もその辛さに耐えることができた。

たしかに結果的には〝耐えた〟のではあるが、その渦中にいる人間にとってはたとえようもなく辛い日々であった。

会社創業に参加し、創業二年目の脱税事件のとき稲盛とともに名演技をした徳永秀雄がこの困難な時期の四九年四月に滋賀工場長となった。そして工場長就任後間もなく生産と人員のアンバランスという問題に見舞われたが、そのときは、各事業部ごとに、内職など外注に出していた仕事を全部引きあげて社員でこなすといったことでしのいだ。それが余剰人員として目に見える形になったのは翌五〇年三月からである。当時、滋賀工場約六〇〇名のうち五〇人が完全に製造から離れて企画班となり、徳永自身がその指導にあたった。

徳永が一番神経を使ったのは企画班全員の精神状態を安定させることだった。「あんたは出てほしい」と言い渡した自分の上司を恨む心もあろうし、俺は能無しか、とひがむ心が出たりするのは人の常。県下の各社では一時帰休が当然のように行われ、このまま不況が長びけば首を切られるのはまず自分たちだという不安や焦燥はありありと徳永に伝わってくる。徳永にすれば企画班の人間が会社を休んでくれて、顔を合わせない方がまだしも気が楽だけれども、「休むようになったらいかん、顔を見たら私も辛いしあなたも辛いだろうけれども、出て来て下さい。出て来たら私が面倒をみてあげることができるけれども、休んだら何にもしてあげられない」と言い続けた。毎日弁当をもって来て仕事もせずにじっとしているのは辛い、と嘆くおばさんもいた。寒風の吹く日、川原まで花壇づくりのための石拾いに行ったときの寒さ冷たさを、未だ徳永は忘れない。

雨や雪の日は外で作業ができないから、みなを大会議室に集め、宗教の話などをして不安な心理を静めようと努力したが、そのうち話すことも尽きてくる。本屋へ自分で足を運んでペン習字の本を買って来て字の下手な者には練習をさせ、ふだんあまり本を読むこともないだろうと本を読ませたりもした。とにかく自分が一緒にいればみんなの心がいくらかでも落ち着くだろうと、顔を見る辛さに耐えて一緒にいるよう心がけた。離れて工場長本来の仕事をしようと思っても、何か落ち着かず仕事が手につかなかった。

こうした状態は五〇年三月から五月いっぱい続くが、当初、徳永の記憶ではこの企画班の人員は一〇〇名と筆者に伝えられ、のちに当時の記録を調べた上で半分の五〇名と訂正された。五〇名が倍の一〇〇名という姿で徳永に記憶されていたのはおそらく単なる記憶ちがいではなく、この余剰人員問題の、徳永における辛さと重さを象徴している。

こうして、稲盛は人べらしはしないという方針を明らかにする一方、不況下でも生産現場の緊張感を持続しつつ、人は多いという事実を全社的に明確にしておく。他方で稲盛は、賃上げ凍結の提案という形で、会社のおかれている現実をより一層明らかにしていくのだが、四九年一二月の幹部会の席上では、新製品の商品化について多くの時間をさき、苦況打開のための積極策を打ち出している。

新製品群の展開

このとき取り上げられているのは太陽電池、切削工具、再結晶宝石、バイオセラム（生体用インプラント）である。

太陽電池については翌五〇年一〇月、シャープ、松下、アメリカのモービルオイルとタイコラボラトリーの合弁（京セラの持株五一％）でジャパン・ソーラー・エナジー＝JSECの設立を見ている。

切削工具のセラチップはセラミックの高強度、耐摩耗性を生かして金属加工に用いるもので、超硬合金の二倍以上の高速切削が可能な工具として五一年から発売。

再結晶宝石は五〇年八月から発売、五二年一一月に販売会社クレサンベールが発足。

バイオセラムは生体に用いるセラミックで五〇年春に事業部が発足。五一年八月に開発、歯科用はアメリカFDA（食品医薬品庁）の認可を受けてアメリカのジョンソン・アンド・ジョンソン社と販売提携を結び、五三年一一月には厚生省の認可が下り、五三年度科学技術庁注目発明賞を受賞。これは人工歯根のほか骨折用綶子、人工関節、人工骨など整形外科用にも使用される。かつて医学部を志望した稲盛の夢の一端がここに実現されている。

賃上げ凍結の提唱

余剰人員を抱えても人件費比率が倍増する中でもあえて人べらしはせず、経費節減の具体策を指示し、新製品の展開を考え、低成長時代に対応する幹部の意識革命を求めるなど、あらゆる角度から苦況打開を図っていった稲盛の、その苦吟する経営者としての目で日本政府の〝経営〟を見ると、まことに腹に据えかねるものがあった。

この四九年三月の国会で成立した会社臨時特別税法によって一億六八〇〇万円の税金を余分に課されたとき、額に汗して働く正直者が馬鹿を見るのかと怒り心頭に発した稲盛であるが、一二月には煙草、酒の値上げ問題が起きていた。専売公社は五〇年四月からの全銘柄平均五五％アップ案を発表し、酒は造石量に応じて課税する従量税を、価格を標準とする従価税にするというもので、実質的な値上げであった。

専売公社の値上げ案発表後、稲盛は京都の経済同友会や商工会議所を訪れて値上げ反対の口火を切るべきであるという意見をのべている。また、その後に行われた京セラの幹部会でもこの問題に言及しているのだが、それは京セラの経営とは何の関係がないように見えながら、深いところでつながっていた。即ち、企業活動が低迷して国の税収が減る一方では、この年の春闘で大幅に賃金が上がって政府の歳入が減っていた。労働省調査では賃上げ額二八、九八一円、率が単純平均で三二・九％、額率ともに史上最高。公務員も三一・四八％とかつてない賃上げ率で、それに伴う不足財源は約八二〇〇億円であった。酒、煙草の値上げはその対策にすぎない。

民間企業が製品値上げをしようものなら一斉に新聞で叩かれ、血の出るような苦労で採算を合わせている。とすれば国家といえども経営があってしかるべきだ。恩給、食管会計、国鉄など何をしなくても国家財政は年々膨張していく。公務員は会社で言えば庶務、総務であってそれがふえる一方では会社が立ち行かない。親方日の丸の官公労は大幅賃上げを主張し、国はそれを煙草や酒の値上げでカバーしようとする。そこには単純な足し算引き算があるだけで、どっちにしろ自分の腹は痛まない。このような、稲盛にとってはごく当たり前のことを財界人に話してもその反応ははかばかしくない。とすれば、

「われわれはもう宗教法人京都セラミックでいいじゃないか。周囲を見まわしてああだこうだと言っても始まらん。うちの行き方をしよう。この不況の中にあってうちだ

けが不死鳥のように甦る」

こうして国の〝経営〟批判、社会批判と京セラ独自の方向との接点に、賃上げ凍結という提案がなされるが、それは日本社会の〝経営〟への提言という意味あいもこめられていた。

ところでこの頃はちょうどボーナス時期で、組合は一・八ヵ月という低い線の要求を出し、稲盛はそれに対し二・一ヵ月の回答を提示した。だが社員の間には、株主に三割五分もの高配当をする金があるならば社員にまわせという声があった。

しかし製造部門は赤字である。会社全体で黒字になっているのは預金の運用益があるからであって、それは高い株を買ってくれた株主のおかげである。三割五分という高率も五〇円の株価に対するものであって、株の時価からすれば一分ほどにすぎない。だから、配当を減らして、という論理は稲盛からすれば「現実を見ない者の言葉」である。

そして、来春闘でもし二〇%の賃上げがあるとすれば、日本のあらゆる商品は国際競争力を失う。とすれば、一企業の支払い能力の問題ではなく、日本の全商品が国際競争力を維持しうるかどうかの問題である。国際競争力を失えば日本の経済は破綻する。とすれば、高度成長に酔って甘えとなれ合いでやって来た日本の労使は、ここで初めて世界経済の中の日本経済を直視して、大人としてどうあるべきかを考え直さなければならない。

このように組合に説き、また幹部会などで話していった稲盛は、明けて五〇年二月の京都新聞の「直球曲球」というコラムで、日本経済の先行きに対する悲観論を人件費との関係でのべている。京セラ・インターナショナルのサンジェゴ工場と比較すると、四九年春の平均三二・九％の賃上げで日米の賃金格差がゼロになったが、五〇年一月の全米の新賃金では対前年比一〇％高になったにすぎず、日本が一五～二五％の賃上げをするならば、それが最大のコストプッシュ要因となって日本の経済の国際競争力を失わせることになる。

「今回の不況要因を探る限り、私は長期的考え方が大切だと思う。私は、あえて今春の賃上げは約半年ないし一年間ずらして、日米間の賃金コストの一〇％ギャップだけは電子工業界ばかりでなく、産業界全体が国際競争力の面から維持すべきだと思う。最近の激動する国際情勢の中で、日本国民が一時的に我慢する姿勢も大切だ。特に個々の企業は自社の支払い能力で賃上げを考えるのではなく、一度、国際環境の動向からも見直してほしいと私は訴えたいのですが……」

そして三月五日、向こう一年の賃上げ凍結、一年が無理ならば一〇月時点で見直しをするという正式の提案が組合に対して行われた。

社員の反応

この提案を社員はどう受け止めたか。

まず、二年前の四八年、大卒で入社した二人の場合を見てみたいが、ここの主題からずれることになるけれども、二人が入社したいきさつから追ってみたい。

津田知博と時重《ときしげ》明、二人とも偶然だが大学三年生（昭和四七年）のとき京セラが大河内賞を受賞した記事を新聞で見、「京都にもこういう会社があるのか」と初めて京セラの名を知った。京都出身の津田はほかにも一、二社をあたっていたが、面接のとき、京セラはトップがみんなと一緒になってやっていく会社なんだという印象を受け、これが、京セラを選ぶ大きな理由となった。

時重は電話帳で探し出して西ノ京原町の間借り工場へ会社訪問をした（山科に新社屋ができたのが四七年七月だから、この世代が京セラ草創の地を見た最後の光栄を有することになる)。軒が傾いたような建物で、「大丈夫かな」と思ったがもらった資料で「これは凄い」と感心してしまった。他にも一社受けていたがそこは部長どまりの面接だったのに京セラでは稲盛がじかに会ってくれたことが京セラに決めた最大の理由だった。恐いほどキラッと光る目が強く印象に残っており、津田は作業服にズックというスタイルの稲盛に、それまで持っていた企業のトップのイメージとはずいぶん違う親しみやすさを感じた。

そして滋賀工場に受験者全員が集められて出欠の点呼があったとき一人が「ハーイ」と間のびした返事をし、「今の返事の仕方は何だ」という点呼者に何の応答もなかったため「そういう者はいらない、すぐ帰ってくれ」と退席させられたことが二人には強い印象となって残っている。津田は入社後、社長室人事課に配属され、時重はすぐに川内《せんだい》工場に配属された。

この二人の一年前、四七年に入社した柏原光人《みつと》も京セラのことは何も知らなかった。

父親がメーカーの経営者で、面白そうな会社だから一度見て来いと言われて、西ノ京原町を訪ねた。どこに入口があるかわからず、近くの煙草屋で聞くありさまだった。入ったけれども受付はなく、「ご用の方はお二階へお上り下さい」という張り紙がある。とことこと階段をあがって扉を開けたとたん、むんむんする熱気が感じられ、これからぐんぐん伸びて行きそうな会社だと直感した。試験では「私の信条」という作文を書かされそのあとバスでお寺へ行って、夜にコンパ。稲盛を囲んで一人一人自己紹介し、翌日面接があって二、三日後に採用通知が来るという素早さ。もう一社の面接は京セラの一週間前にあったが特色があるわけでなく、京セラの通知後一週間して、またお会いしたいという連絡が来るというスローモーさ。「何かやれそうだ」と京セラを選んだ。

もう一人、四八年入社だが従業員二〇〇名ほどの工作機械メーカーに六年間勤め、幹部社員募集の広告を見て途中入社した右成勝一《みぎなりしょういち》の場合。最初の面接から稲盛が会ってくれたことと、同じことを何度も熱をこめて話すのに非常に感銘を受けた。第二の人生を歩むからには尊敬できる経営者のもとで、しかも地に足をつけた会社でと思っていた願いがかなえられると思った。自宅が大阪で、八時一〇分に会社へ入る（八時半から朝礼）には六時半に出なければならず、会議などで遅くなると五階の広間に泊まったりしたが、しんどいとは思わず、日々挑戦する気持で三年間大阪から通勤したが、その二年目が賃凍問題である。

以下は、入社二年目と三年目で遭遇した賃凍についての四人の話である。

時重「現実に注文がなかった。しようがないから、男は山へ柴刈りにでも行って金稼いで、などと言っていた。そんなときに賃上げどころじゃない。工場にいても半日くらいしか仕事がない。検査にいたから、不良品としておしゃかにしていたものからまた選び出して少しでも残そうとした。草むしりもした。ローンの支払いがある、という声も出たりしたが、それどころかここを乗り切らないと次の年がないという危機感があった」

津田「京セラには将来があり、今の状態さえ乗り切ればまたさらに新しい大きな夢が語られ、しかもそれが一つずつ実現されて行く。会社の将来に対する確信、それと経営者に対する絶大な信頼、それがこの提案をみな快く受け入れた要因ではないかと思う」

柏原「自分が注文を取ってこなかった結論がこれだ。製造が遊んでるし、製造の責任者クラスが営業と一緒に注文を取りに回るという状況でとにかく注文を取ることが先決。注文が取れれば今年がゼロでも来年は二〇%賃上げをしてもらえるだろうということで頑張ろうと思った。最終的にはまとまった形になったが、まとまる段階で職場の中でいろいろもめたし、とくに妻帯者から声があがっていたが、今年いっぱい賭けてみようやないか、今まで会社が倍々ゲームで伸びてきたが次の飛躍のためにはここで我慢して、そうすればそれに対するお返しは来るはずや、信じようやないか、ということで一致した」

右成「とにかく会社のやることには何でもついて行こうと思っていた。前の会社が力もないのにボーナスを出したり、組合の要求通りに賃上げしたり、結果的には会社が駄目になっているので、いくら儲かっていると言っても経営姿勢に厳しさがあるのは立派だと思った。私の知る限りまわりで異議は聞かなかった。社長の方針について行くべきだという声が圧倒的に強かったと思う」

このときの組合の組合長が、鉄工所時代の師匠の口ききで途中入社した奥村常雄である（組合設立二年目から組合長）。稲盛の提案を受けて中央委員会で討議にかけることになったが、多数決ならばやめよう、完全な全員一致でなければいけないと奥村たちは考えた。ローンや特別の出費がある人もいるだろう。そういう人にはどういうことをしてやればいいのかを考え、どんな質問や意見が出てくるか想定問答集を作るなど、この年の暮れから三ヵ月間、奥村たちは悩み抜いた。議決権はないが、職場集会をまわって参考にさせてほしいと賛否をとっていった。入社間もない若い社員から反発はあったが、家族を抱えて苦労をしている年輩者ほど強い支持をしてくれるのが、涙が出るほど嬉しかった。

「私もお金はあった方がいい。若い人はいろいろ言うけれども車も持っている。二、三度遊びに行くガソリン代を始末したらいいじゃないか。できるはずだ。私は今バイクで工場に来てるが本当に困ったら自転車で来る。自転車でも来れるところをぜいたくな車で来てるんじゃないか」「そういう辛抱をずーっとしろと言うのではない。今の状態をよくするために様子を見ようやないか」

こういう意見に対してもちろん反論もあったが、どの職場集会でも最終的にはみな賃上げ凍結に賛成し、五〇年三月三〇日の組合中央委員会で全員一致の可決が実現した。

この三月期の決算でも減収減益となったが、その後の業績の回復は早く、すでに六月の末には一年間の賃上げ凍結に見合う分を夏と冬のボーナスで支給することを稲盛は発表している（実質的に一三・七％の賃上げに相当し、この年の電機メーカーの平均賃上げ率より多くなっている)。

この急速な立ち直りが賃上げ凍結によるコスト安によるものなのか、外部環境に恵まれたものであるかはにわかに断じがたいが、京セラの内外の競争会社が収益の悪化や受注減に見舞われていたのは事実だった。

石油ショックを引き金として起きた余剰人員問題と賃上げ凍結という危機はこのような形で乗り越えられた。なお、この賃上げ凍結を組合が受け入れたことは、上部団体ゼンセン同盟の方針と対立することになり、結局、京セラ労組は臨時組合大会でゼンセン脱退を決議、その後組合憲章を制定して独自の道を歩むことになった。

世界一流への道

この賃上げ凍結問題にまだ結論の出ていない五〇年三月、稲盛はマーケットニーズに応える製品づくりを進めるため新たに事業本部の設置を決めた。

従来、製造部門として工場があり、工場長の下に主として製品によって分類された独立採算制の事業部があった。製造技術に強いから、持っている技術の延長上に製品を開発する傾向が強く、一方営業は製造のことをあまり知らない。そこで製造、営業両方に通じてどちらかと言えばマーケット志向型の目で各事業部を導いて行く水先案内、指揮者の役割を事業本部に持たせる。とすれば事業本部長に要求される資質というものも当然ある。

「サラリーマン社長は人事なら人事、営業なら営業のことしか知らないが、中小企業の社長は二代目であっても、文科系でありながら製造部長と同じくらい話せる。また、私は技術屋だから営業のことは知りません、なんてことは通らん。酒は一滴も飲めないから付き合えません、などと言わん。一滴も飲まないでちゃんと付き合う。そうでないと経営者にはなれん」。そして営業、製造、技術開発、労務、経理の各機能を自分の体の一部だと思わなければならないが、逆に、全部取り込んで何もできないというのではいけない。取り込んで取り込まれず、というバランスを稲盛は要求する。

「コスト低減はこれ以上できないと思っているかもしれないが、従来のやり方を見直す。それが発想の転換だ。一五年、一六年の垢がたまっている。垢というのは事柄を難しくしているということであり、ビジネスは簡単、単純であるほどいい」

「厳しい方向を取らなければ全体が生き延びて行けない。全社的に非常に厳しいピーンと張りつめた空気が流れなければならないが、かと言って萎縮したのでは困る。本年を飛躍の年にしたい。伸び伸びと希望を燃やしてやってもらわないと困る」

「今年は全社員セールスマン、総務、資材、製造すべて。不況と言っても新しいものをやっているところは今でも伸びている。単に営業の手伝いではなく、全員が同じ目的、同じ考え方を持つように、お互いに周囲の人を啓蒙教育をしていこうということをテーマにしたい。自分だけがわかっているのではなく、周囲の人にまでわかってもらえるようにしてほしい。ただ一人の異分子があっても困る。今はどの企業の経営者もなんとか生き延びればいいと無気力になっている。こういうときに企業間格差がつく。全力を挙げて努力してほしい。それができない人は去ってほしい。全員が経営者というつもりで経営にあたってほしい。働いてくれと言っているのではない」

「本年の経営方針の骨子になるのは新製品の開発と新市場の開拓である。どれだけスピーディに商品化していけるかだ。京セラは今年こそは今までの京セラとは違った、ワイドな商品をワイドな分野に展開しより多角的多面的な、企業の安定度が一層増した状態で展開して行きたい」

こうして、この五〇年四〜九月期の中間決算（この年から年一回決算）では見事に増収増益に転じたのである。景気は一段と悪化し、大型の企業倒産などで戦後最大の不況と言われる中で、国内のカラーテレビや電卓部品がほぼ順調に回復、輸出もICパッケージなどが回復に転じ、またソ連向けプラント輸出二二億円が寄与して、売り上げ一三五億二三〇〇万円（前期比五四・九％増）、税引後利益二六億七〇〇〇万円（同七五・四％増）といずれも過去最高となった。八月二八日には五〇年不況を代表する興人の倒産（戦後最大）があり、九月期の決算では上場企業の三社に一社は赤字であった。京セラはこの期で長期短期を含めて文字通り無借金経営となった。

ソ連へ輸出したプラント完工式　1977年

稲盛はこの頃、京都大学のマスターコースの聴講生となって電子工学、材料工学、会計学の勉強をすることを思い立っている。かつて、門前の小僧でも習わぬお経を読むと社員たちを叱咤したことのある稲盛だが、京セラの発展はすでにその域をはるかに超えている。かつては竹槍しかなかったけれども今は戦車も機関銃もある。バズーカ砲も必要なら買うと言っているのに、その操作も知らないで竹槍でいいと言っているのもいる。

専門的な勉強から始めてそこから見えてくる構想が京セラには求められており、世界一流の経営者であるためには当代最高級の学問をマスターしなければならない、と稲盛は考えた。四三歳のときである。しかし、あまり多忙なためこの計画は実現しなかった。

ここで指摘しておかなければならないが、稲盛は何も世界一流の経営者になりたかったのではない。眇《びょう》たる町工場を始めたときに抱いた責任意識がそこまで稲盛を押しあげてしまったのである。自分の作った眇たる工場を存続させようとする持続する意思が〝世界一流〟という位置を呼び寄せてしまい、その位置に対する責任意識がまた世界一流たろうとする意思を生み出すのである。その意味で無限の〝上昇〟が稲盛の宿命である。それはただ外から一方的に押しつけられたのでもなく、また自らが一方的に選びとったものでもない、というところに稲盛は立っている。

年が明けた二月にはＡＤＲ（後述）の発行が予定されている。一六年前の間借りの町工場は今や世界経済の中心地、ニューヨークの証券市場に登場しようとしている。

さて、九月期の決算に明らかなように、業績は見事な回復を見せていた。急成長を遂げて来た京セラにとって、日本経済全体の落ちこみは大きな試練となり、その中でこそ真価が問われ、それゆえに本年を飛躍の年にしよう（四月会議）と社員に訴えた稲盛だった。新製品の展開は成功とは言えないが軌道に乗りつつある。

五一年一月一〇日、経営方針発表である。

昨年は非常にいい業績をあげることができた、がその第一声だった。

「過去の好況でも達成できなかった数字を達成することができた。すばらしいことだった。視界ゼロの中でのすばらしい回復である。自信を持っていただきたいが浮かれてもらっては困る。

会社がここまで来たのは私がつねに危機感をもってきたからだ。ひとたび王座をとっても安心した企業はたちまち没落するというのが電子工業界だ。そういう非常なリスクを背負った業界であるだけに、激しい技術革新を先取りする才覚と勇気をもって努力すれば、逆にリスクが発展のアドバンテージ（利点）に変わっていく。しかし、遅れを取ればただちに没落する。

この一、三、四月でマーケットシェアを取っておけば、後半で大きくふくれ上がるはずだ。アメリカの調査機関の調べでは、アメリカのパッケージの七～八割を京セラが占めている。今年はマクロでもミクロでも明るいが、先に非常な暗雲がある気がする」

いずれにしろ、技術開発による新製品開発、この一点しか発展の道はない。そして時流に乗って増産はするが、草むしりグループまで作った減産体制の中で作りあげた体質をこの増産で弱めないように、人も設備もふやさずに増産するという「無理難題」を要求する。あとでごっそり落ち込むかもしれないから後へひくつもりで走れ。それはナンセンスだと受け取ってはいけない。それが電子工業界で生き残っていく一つの道なのだ、と稲盛は言う。結局、五一年四月～五二年三月期は売り上げ高四〇一億九〇〇〇万円（前期比三五・六％増）、税引後利益七一億六一〇〇万円（同三七・一％増）と会社創立以来最高の業績となった。

ADR発行

この経営方針発表の二日後、一月一二日に稲盛は安城《あんじょう》欽寿常務（昭和三五年入社）

らを伴ってアメリカに飛び、ＫＩＩの上西社長、ケン・ミラー副社長らと合流した。米国預託証券（ＡＤＲ　American depositary receipt）発行のためである。これはアメリカ以外の国の証券をアメリカ内の証券市場で流通させる場合、その証券または原株をアメリカの銀行に預託し、その銀行がそれに見合うＡＤＲを発行して売り出すもので、日本では昭和三六年（一九六一）のソニー以後、数社が行っており、昭和二一年創業のソニーが一五年目、三四年創業の京セラが一七年目のことである。

このため会社目録書が作成され、外国の投資家たちはこの目録をもとに投資をする。米国各地でのロード・ショー（会社説明会）の間に異色の経営者という評判が立ち、アメリカ証券界最高と言われる雑誌『インスティテューショナル・インベスター（機関投資家）』のインタビューが二八日、ニューヨークで行われた。同社副社長で金髪の女性記者の質問に稲盛は、日本の片田舎の草競馬の馬が日本ダービーに出て、今度はニューヨークの国際レースに参加することになったという例の競馬論を展開し、女性記者を大いに喜ばせた。このあと、株式の大口購入者である機関投資会社へ赴いたがそこで、「株主として一番京セラに気をつけなければならない点は何か」という質問を受け、稲盛はこう答えている。

「販売先の大部分は半導体関係の業界なのでこの業界の動きがポイントとなる。極端に言えば明日にでも当社製品は不必要になるかもしれないという、それほど変化の激しい業界にいる。しかし、われわれは変化をすばやくとらえ、新製品の開発につぐ開発で伸びてきた。今後京セラが伸びるかどうかは、①開発能力が今後とも継続するかどうか②開発したものを工業化する能力が今後も継続するかどうか③継続的に利益を生み出すことができるかどうか、にかかっている」

質問者はほほえみながら、「顔を見せていただくだけで満足でした」と質問を終えた。

こうした〝顔見世興行〟において、一七七センチという長身、四三歳という若さ、その陽性さ、相手の質問をはぐらかすことなく率直に答える態度、それらすべてのものが企業内容のすばらしさとともに外国人たちに良い印象を与えた。かつて〝スバルからセンチュリーへ〟と君子豹変し、経営者はあらゆる点で一流という雰囲気をそなえねばならないと部下たちに説いたそのままを、ADR発行という檜舞台で、稲盛は見事にやってのけたのである。

昼食は、預託銀行となっているアメリカ有数のFNCB（ファースト・ナショナル・シティ・バンク）の副社長による招待昼食会、午後から幹事証券会社メリル・リンチで株の予約状況について説明を受けた。それによると、予約段階ですでに発行株数を上回り手持株がない、ヨーロッパからの予約もあり、通常の株式発行において証券会社が行う株価安定策も必要がない見込みである、というものであった。

そして二八日は、東京証券取引所の午後三時の最終値にもとづいてアメリカでの売出価格が決定される日である。ニューヨーク時間では午前一時、プラザホテルに京セラと日米両幹事証券会社（日本は大和証券）の関係者が集まってその時間を待ち、次の日にＳＥＣ（アメリカ証券取引委員会）に提出する会社目録書の最終調整が行われる一方では、日本とホテルをつないだホットラインで日本の株価の動きが伝えられた。

日本の最終値は三六〇〇円だったが、アメリカでの売り出し価格は京セラ側の希望、米国投資家の希望、日米双方の株価の動き、円―ドル換算率、一円単位で動く日本の株価に対して八分の一ドル単位で動くアメリカの株価などの要素を考慮に入れる必要がある。八分の一ドル違えば手取り額で約三七五〇万円の違いが出る。結局、稲盛の決断でＡＤＲ（原価二株）二三ドルと決定されたのは午前三時だった。

この日の昼すぎにSECの認可が下り、シャンペンによる乾杯のあとメリル・リンチ社招待の昼食会が開かれたが、当日はちょうど稲盛の誕生日にあたり、参会者による「ハッピー・バースデイ」合唱のあと、ケーキと贈り物が贈られ、稲盛があいさつに立った。通訳はかつて極東貿易にいたKII副社長永井立昇である。

「会社の経営は芸術であると思う。まったくの白紙の上に創造力を駆使して一つの表現をしていくものであるが、そこではあらゆる面での完璧さが要求される。完璧さがあればそれを見る人に非常な感銘を与える。私があらゆる努力を傾けて作って来たこの芸術作品を一度世界経済の中心地であるニューヨークに出品し、それがどう評価されるのか期待と不安が交錯する気持で待っていた。幸いにして即日で売り切れるという、完璧としか言えないくらいの評価を受けまったく嬉しく思う。私のスタッフと参列者のご協力を感謝したい。また自社株の公募と自分の誕生日が重なった男は世界でもまずないだろう。自分ほど幸せな人間は世界中にいないのではないだろうか。私をこの世に送り出してくれた両親に深く感謝するとともに、私の妻にどのようにこの幸運を説明すべきなのか迷うほどである」

そして夕方はフランス料理店で稲盛主催による関係者招待パーティが開かれ、今度はＫＩＩ社長上西阿沙があいさつに立った。

「京セラには常識がない。アメリカでは考えられないことだが、毎朝幹部を含む全員で事務所を掃除し、朝礼と体操をする。仕事のために食事を忘れるのはよくあることで、連日遅くまで仕事に没頭する。これが京セラの常識である。京セラの常識が続く限り会社は発展していくだろう」

米国ADR発行　1976年

アメリカに来て三ヵ月間一切の日本語を上西に禁じられたあの梅村正廣は、上西の言葉を聞きつつまた今回の輝しい成功の美酒に酔いながら、喜びの涙を禁じえなかった。

笑顔で輝く人びとに満ち溢れたパーティが終わって招待客を見送る稲盛は、こみあげて来る涙を抑えるのに精いっぱいだった。

このＡＤＲの発行株数は一六〇万株で、手取り金額約五〇億円はすべてKIIに投資された。

社員の多くは、わが社もここまで来たのかという感慨を禁じえなかった。そもそもサンジェゴ工場を買収したときも、そんなもんなんでいるんや、と思った社員が大半だったのだから。アメリカで株を発行してそれが一日で売れてしまったということがほとんど信じられないようなそんな気持も抱いた。現場で日々汗して働いている者にとっては、それをどういう尺度で測ればいいのか見当がつかないという気持もあったろう。

そのことを予期してか、稲盛は〝ここまで来た〟ことが具体的に了解できるものを社員のために用意していた。それがこの年の夏から年中行事の一つとなった社員の子どもたちのアメリカ旅行である。地元の京都新聞は「このドロ沼不況のさなかうらやましいかぎりの話ではある」と報じたが、それは言うまでもなく、かつて初渡米のときに抱いた感慨を子どもたちにも味わわせたいという夢の実現にほかならない。だから、何年以上勤続の社員の子どもに限るという枠はない。ある時点で在籍するすべての社員の子どもで小学校五年から中学校三年までが有資格者、抽せんで二〇人が約二週間、アメリカを旅行するもので、費用は全額会社負担である。昭和五三年（一九七八）からはＫＩＩの社員の子どもが日本に旅行をすることも恒例化している。

当選者には、稲盛の名前でお知らせが届く。その中で稲盛は、この費用はみなさん（子どもたち）の父、母やその同僚が汗水を流して営々と蓄えて来たものであり、こういう機会を与えてくれた父母や周囲の人に感謝する気持を忘れず、将来はまわりから感謝される人間になってほしいこと、また私は自分で「夢見る夢夫」と言うくらいに、こうしたいという夢を描いて、まわりからできっこないと言われても「できる」と言って努力を重ねてその夢を実現しており、みなさんも夢や理想を追いかけて実現する人間になってほしい、この旅行がその夢の材料になればと願っている――と子どもたちに語りかけている。

ここでも稲盛の思想は貫かれている。そして実は、稲盛が夢を追いかけてその実現に努力し、それに応じて社員が営々と汗して働くという極めて単純な構図が京セラ発展の構図にほかならない。そして実は当たり前すぎて単純であるがゆえに、第三者が納得できるようにその構図を描き出すのがかえって難しいというところがある。

次章以下ではその問題について考えてみたい。

狂の章

枠からはずれている

これまでは、稲盛が事にあたって何を説いてきたかを追って来たが、社員の側がそれをどう受け止めてきたかを明らかにしていきたい。稲盛はことあるごとに、社員に半キチにならないといい仕事はできないと説いているが、社員の働きぶりはサラリーマンの枠をはずれたところがあり、それは狂徒セラミックと呼んだ方がふさわしいとさえ言える。その狂徒ぶりは、稲盛自身が経営者の枠を逸脱したところに身を置いているのと対応している。

そしてどの社員の発言をとっても、そこから京セラというものの姿がすけて見える。結果論ではあるが、必ずしも稲盛の話を聞かなくても京セラの姿を描き出すことができるような気がする。それは京セラがごく単純なつくりであり（それゆえに強い）、どの社員も京セラの一員にすぎないけれども、どの社員も一員という部分性において京セラの全体像を体現しているように思う。それは社員たちが部分でありながら京セラの全体性に身を置いているからである。モザイクのような部分ではなく、全体性を見通せるような部分である。川内工場で会った高卒の社員が、入社したとき「流れ作業の一つをするとばかり思っていた」と意外さを語っていた（五一年入社、福留重夫）が、それがこの部分性と全体性という問題と関連してくるだろう。

そしてその社員たちの狂徒ぶりは、社員たちが稲盛をどのような存在であると思いみなしているか、彼らにおける稲盛像を語らない限り、よく働くサラリーマンという常識論に堕してしまう。トップも社員も常識的なそれから逸脱しているという事実は、企業をとらえるものさしではなく、別のものさしを持ってきた方が京セラを本質的に理解しうるのではないかという仮説を引き出す。本書のための取材のある時点以後は、この仮説にもとづいたものとなっている。そしてそのような企業体を作りあげてきた稲盛の思想には、昭和ひとけた（七年生まれ）としての世代性がおのずと刻印されている。

ＡＤＲ発行後のパーティで、涙をこらえながら参会者を見送った稲盛を離れて、狂徒たちのところに立ち戻りたい。

頭をぶつけてジグザグで

「朝のうちに種をまけ、夕まで手を休めてはならない。実るのは、これであるか、あれであるか、あるいは二つともに良いのであるか、あなたは知らないからである」

創業以来の社員の働きには、『旧約聖書』「伝道の書」のこの一節を思い起こさせるものがある。

昭和一〇年生まれ、立命館を卒業して入った会社を希望退職でやめ、三七年に京セラ入りした山本正之は、大変なボロ工場に入ったなと思ったが後の祭り、まだ一〇〇人ほどの規模で、体がどうなるかと思うほどしんどい毎日、どこまでもつだろうかと思ったが、上司が「今は給料安いだろうがもうちょっと辛抱したらよくなる」と励ましてくれたし、前の会社が生ぬるかったのにくらべて、京セラは日々働いているという感じだったから、体が続くまで頑張ろうという気持で働いた。

山本と同年に、京都の普通高校を卒業して入社した坪野勉は当初、稲盛の考え方がまったく理解できなかった。「何うまいこと言うてるんや」という調子で、四年ほどは批判的だった。先輩の波戸元《はともと》省三（反稲盛の乱の一人）たちは「坪野はしょうのないやつや、わかっとらん」などと言い、稲盛はそういう坪野のような社員との対話にはコンパなどで人一倍力を入れた。頭をなでたり尻をひっぱたいたり風呂に一緒に入ったり、敬遠するような素ぶりはみじんも見せなかった。そのうち坪野の上司が異動でいなくなり、翌日からは営業からじゃんじゃん電話がかかって来て、寮に帰るのは毎晩二時三時という状態が二、三日続き、ふらふらしながら仕事をしているのが工場の玄関近くの室にいる稲盛の目にとまった。「このままだったら死んでしまう」とすぐ人を補充し、ここらあたりから坪野はしだいに稲盛を信じることができるようになっていった。稲盛自体の仕事ぶりがすさまじかったし、言葉に裏がないこともわかっていった。

「辞表は何度も出している」のは昭和三五年入社の波戸元である。仕事に行きづまって稲盛について行けないのが辛く、そのたびにやめようと思った。ありがたいことだけれどもどんどん仕事を任されるが、それを思うように消化できない。悩んで悩み抜いて辞表を懐に稲盛へ会いに行き、そのたびに説得されて辞表を取りあげられている。滋賀工場時代はほとんど日曜もなく代休を取る気もなく取る雰囲気もなく、仕事あるのみという感じで、家には朝もおらず夜もおらず、近所の人から「お宅のご主人いつ帰ってくるんですか」と妻君がよく聞かれたと言う。

入社以来の一九年間は全力疾走、あっという間に過ぎ去った。会社の成長のスピードと合わないから必死だった。しかし、途中入社の幹部がどんどんふえてくると、古手の人間としては八時間をただ一六時間働いてもいかんという気持に駆り立てられる。とかく「頑張る」という言葉で終わらせてしまうが、汗だけ流している感じであってそれではいかん、と思う波戸元である。

波戸元と同時入社、反稲盛の乱の一人、柴田五十二《いそじ》は辞表こそ出していないが、気持の中では何回となく「やめた」と思っている。五三年七月に本社勤務になるまでは製造畑一本槍。責任を持たされた事業部の人員は一三〇人、苦しいこともあったが俺一人ぐらいどうなってもいい、みんなのためにやらんといかんのや、と耐えた。大卒で入社して一年たらずの部下たちからコンパに招待されて、「あんたは仕事のしすぎや、あんたみたいな人がおるからあかんのや」と吊るしあげを食い、「何言うとるんや、この馬鹿!」とやり返したこともあった。

新聞雑誌に会社のことが出たのを見ると、「われわれのやってることがそんなに立派なことなのか」という気持になる。立派なことを意識してやっているわけじゃなし、騒がれるようなスマートなものではなし、もっと泥くさい。なぜ世間でもてはやされるような業績をあげることができるのか、単純なことだが、仕事で問題が起きるとそれについて真剣に考えるからではないか。今でこそ少なくなったが、工場のあちこちでよく喧嘩をし、みんながゴツンゴツンと頭をぶつけながらジグザグ行進で自分の進む幅をつかんでいった。問題が起こるとガンガンやり合って二度と同じ失敗を繰り返すまいとする。それというのも、社内で売り買いをしているから、何をするにしても金がついてまわる。自分の部門で不良品を出せばいくら損をしたかがすぐわかる。損をしないように必死になる。他部門が原因で不良品が出た場合、痛烈に文句を言うことになる、と柴田は言う。

組合書記長の福井誠は四八年の途中入社である。材料研究所の総務部責任者として朝は一番早く研究所に出勤、夜は一番最後に帰る。研究者でもないのになぜこんなに頑張るのかと自問することもある。研究所の若い連中から、どうしてそんなにがむしゃらに働くのかと聞かれることもある。

「私は何かできる人間ではないし、体で恩返しする以外恩返しのしようがない」

工場では女の子たちが走って頑張っている。ボーナスをもらえるのも、将来いい花を咲かせることができるように、今われわれが種蒔きをさせてもらっているからだ。恩返しとしていい製品を開発しないといかんと思うけれども、自分にはその技術がない。その種を育てている研究所の若い連中が一番仕事をしやすいように、朝早く来て机の掃除をしながら、あの問題を解決してあげないといかんな、この品物は発注しているのにまだ納品されていないな、などと考える。火器の取扱いも多く、安全に管理されているか、労災対策もできているか、それを見届けて帰らないと気が済まない。

組合活動は土、日だけ。賃上げ凍結問題のときは年間一〇五日の休日中、一週間ほどしか休んでいない。みんなのためになっているんだという一点が支えになっている気がする。しんどいし辛いし、もう一日休みがあったらなと思うが、人生における自分の行動原理がみんなのためにということであれば責任を果たさないといけないし、それが自分の生きざまのすべてだという気がする。やめたいと思うことはなかったが、若い連中と議論してほんとにわかってもらえないときが辛いというより悲しい。

この福井と同年にやはり途中入社した右成《みぎなり》勝一にとって、入社以来もっとも印象に残るエポックはADRの発行だった。しかし、あれとこれがエポックだったというよりは、日々どれもすべて大切という考え方でやっているから、エポックは何だと改まって聞かれても答えにくい。社員すべてがそうではないか。日々努力して結果的には世間で認められて、ここまでなったかと感激し、自然にファイトが出てくるという繰り返し。とどのつまりは日々一所懸命やることだ、と言う。

たしかに、そういう節目意識はどの社員にも希薄である。稲盛自身がそうである。京セラ二〇年のいくつかのエポックを聞きたいと言ったとき、「何にもなし、過去についてはまったく白紙」と言われ、取材者としてはほとんど茫然自失せんばかりであった。どうやって取材したらいいのだと、奈落の底に突き落とされたような感じだった。しかし、いくら正確な京セラの社史を書いても、それだけでは京セラというものの実相は見えてこないというところに、秘密と言えば秘密がある。

契約関係だけではなく

しかし、三六〇〇人以上いる社員のすべてが、これまで見てきたような意識や感覚で日々仕事をしているということはありえない。滋賀工場で会った、高卒で入社してから一年八ヵ月という若い社員は、「残業も多いし休日出勤もあるし、ずーっとここで働いていくとすれば辛い」と話していたから、同じような気持の社員はほかにもいるはずだし、いても当然と言える。

またこんな話がある。新しい事業部が作られてその営業部長が途中入社してきた。出社第一日、たぶんそれまでいた会社での習慣なのだろう、新聞を広げて読んでいるうちにこっくりをし始めた。それを見とがめた他事業部の係長がつかつかとそばへ寄って行き、「部長さん、うちでは朝から新聞読んで居眠りする者は一人もおりません。新聞は家で読んできて、眠かったら上（本社五階畳じきの室）へ行って休んで下さい」と言い放った。その部長は「係長の分際で生意気な」と怒り、その夜開かれた自分の歓迎コンパの席上、稲盛に、係長からこんなことを言われた、この会社はどうなってるんですかと不満をぶつけた。稲盛いわく、「あなたこそ何を言う。出社第一日から新聞を広げて居眠りし係長にたしなめられて腹が立つようでは新しい覚悟があるとは思えん。よくたしなめてくれたと思って当然です」。翌日からその部長は出社しなかった。

さきの高卒社員にしてもこの一日部長にしても、似たようなケースは無数にありそれを含みつつあるいは越えつつ、今日まで来た京セラである。

柴田五十二は、それを川の本流と水際にたとえて、「水際でパチャパチャしているのもいると思う。それが二年たち三年たって支流を作るのではなく本流に入って来てくれる。その期間を短くするのがわれわれの仕事だと思う」と言う。

「われわれの仕事」というのは稲盛の思想の伝道者、宣教師という意味で、京セラのリーダーたちには宣教師という役割も日々の仕事を通じて果たしていくことが要求されており、それは稲盛との間に結ばれた〝黙契〟であると言いうる。それは〝黙契〟であるがゆえに、ビジネスライクな可視的な契約関係よりもはるかに深く両者を結んでいるものである。

そして、京セラの本流にいる社員の仕事ぶりは、仕事以外の場面でも、社員たちが意識しなくても表れる。

ある日、タクシーに乗った京セラの重役に運転手は、京セラの本社の近くにある食堂のおかみさんから聞いた話を教えてくれた。

「京セラの社員がうちによく食べに来るけれども、恐ろしい人たちですわ。店に入って食い終わって出ていくまで仕事の話ばかりしている。とにかく恐ろしい人たちや」

これが京セラでは常態になっている。本流の日常的な流れ方がそうである。それはどこにでもいそうなモーレツ社員であるかもしれない。しかし、モーレツと言うとき、そこにはサラリーマンとしてはよく働く、働きすぎという意味あいがこめられており、質の問題が抜け落ちている。

京セラにおいては、発足以来、経営者と労働者という関係だけでことが済んでいないことはこれまで見て来た通りである。経営者と社員だけがいるのではなく、ときに教師と生徒であり親と子であり人間と人間である。稲盛はそれを別々のものとは考えていないし、稲盛とともに京セラを作りあげて来た人びともまたそうである（ただし、ともになどと書くと、いやそれはおこがましい、ただ必死になってついて来ただけです、と言う言葉が返ってくるのだが）。

教師と生徒という関係で考えた場合、非常によく見えてくるものがある。『授業の中の子どもたち』（日本放送出版協会）の中で林竹二（元宮城教育大学学長）は竹内敏晴（演出家）との対談で次のようにのべている。

授業というのは、子どもたちだけでは到達できない高みにまで、しかも子どもが自分の手や足を使ってよじ登っていくのを助ける仕事だと考えている。だから教師がなければ授業は成立しない。ところが今は教師が引っ込むことが子どもの自主というふうに錯覚を起こしている。ところが、子どものその「自主」的な動きと考えの中に出てくるのは汚れたものが多い。いくらでも卑俗なものが出てくる。それをつぶしてゆかないと美しい生地は出てこない。

　つぶすにはその裏にあるものが見えてなきゃだめなんです。いま表面に出ていないものがたしかにある、それが出てくるまでは、あれもこれもつぶしてゆく。いい加減なところでは止めないのは、それを信ずることができるからでしょう。それに、つぶした後の手入れにたいして責任をとる覚悟と能力が必要なわけです。

　ここで言う授業を京セラの経営と考え、教師と子どもを稲盛と社員と考えた場合、なぜ稲盛が具体的な仕事の場で社員を厳しく叱るのか、なぜ会議やコンパなどで絶えず説いていくのかということがよく理解できるという気がする。もしかしたらこうした理解の仕方は客観性に欠けるかもしれないが、冷たい客観だけでは見えてこないものがあるはずである。

　京都大学名誉教授で、ダーウィンの進化論批判や学術探検などで有名な今西錦司《きんじ》は山登りをするときのリーダーとしての自分について、こう言っている。

「たしかに、じいさんがトコトコ山に登って行くのをみると、なるほど執念というのはおそろしいもんやなあと――。たとえばヒマラヤに行こうとする。そのチームづくりにこっちは一生懸命になるのだが、どうしても脱落する人間が出てくる。しかし、われわれは執念をそういう人間に植え付けるんやね。そしてわしと一緒にやったり、その代わりになってやってくれる者ができると、それはもう一つの教育ですね。ほんとうの教育はそういうものだと思う」（日本経済新聞昭和五四年九月二二日、日本山岳会会長西堀栄三郎との対談）

社員に対して行っている稲盛の〝教育〟はこういうところに帰着する。

また、人間と人間という関係で考えるならば、社長も労働者も働く者として同じだ、という発想が稲盛の中にあるように思われる。それは理念や建前としての平等論ではなく、人間あるいは働く者としてのあるべき営みの姿は何かという根源的な（稲盛のよく言う原理原則にもとづいた）問いから発している。京セラの中で働くということは共同の創造行為でなければならない、と稲盛は考えているはずである。

だから、普通の企業を見る目で、経営者と労働者という契約関係だけで切りとろうとすると、そのものさしからはみ出る部分がある。あるいは底に届かない。はみ出た部分があるとき、人はともすればその既成の尺度を疑わず、はみ出たものを疑う。理解に余る部分は〝狂気じみている〟と呼ばれたり〝宗教的〟と呼ばれたりする。だがそれらすべてを含めた全体として理解しようとしない限り京セラの本質は見えてこない。

その問題に、かつて大企業に勤めていて、京セラに入社して日は浅いが、いやおうなしに本流たらざるをえない人物の場合を通して近づき、さらに何人かの社員の発言を通して同じ問題について考えてみたい。

「企業に入ったとは思わない」

新崎《あらさき》盛敬は稲盛と同じ昭和七年生まれ、昭和二九年に東大経済学部を卒業して三和銀行に入行、人事課長やオーストラリア駐在事務所長などを経て五二年五月に京セラに入社、貿易事業本部長となり、六月には取締役となっている。新崎に会ったのは入社後一年半ほどたった頃である。

新崎が稲盛に初めて会ったのは入社のわずかひと月前だが、それまでの濠洲体験がその心中にある影を投げていた。濠洲は物質的には恵まれた豊かな国ではあるが、営々と働く日本人の目から見るとオーストラリア人は仕事に張りというものがない。適当に仕事をして帰ると人を呼んでパーティをする。経済成長の行き着く先が酒を飲んでパーティをすることだけに終わるとすれば侘びしい。それは、クリスチャンだった伯父の影響でストイックなものを持っている新崎の中で増幅される。加えて、戦中戦後の飢餓時代を原体験として持つ世代の一人として、物質的な豊かさを求めるという気持はない。山ごもりをしたいと思ったり、山科にある西田天香の一燈園の生活に憧れたこともあった。銀行での仕事に不平があったわけではないが、稲盛という人間に会うことが自分の中にある精神的な不満を破る契機になるのであれば賭けてみよう。どういう哲学の持主なのか、ただそのことのみに関心を抱いて稲盛と会った。そしてその日のうちに腹を決めた。

「本当であるとすればこれは大変なことだ。一部上場企業にこういう会社があるのだろうか、賭けてみよう」。待遇とか役職についてはお互いに何も話さなかった。

初対面の稲盛と何時間か話しただけの決断について新崎は、「それ信仰は望むところを確信し、見ぬものをまことゝするなり」という『新約聖書』「ヘブル書」の一節を淀みなく引く。稲盛という人間すべてを知ったわけではない。また京セラ全体を知ったわけではない。しかし、それは真実であるという啓示ごときものがあり、自分はそれに寄りすがる。そこにはそうあってほしいという願いも込められているかもしれないが、その見ぬものをまこととする。わが望むところを確信することにおいて成った決心であった。

「企業に入ったとは思っていない。教団に入ったと思っている。仏教の修行者が荒行をするのにも似ている」。とにかく三年間は虚心になって吸収しようと考えている新崎だが、京セラのすべてがいいと思っているわけではない。

新崎が主宰する、物事を決定する会議では、①問題は何か②その解決策③結論として自分の第一案と第二案——の提示を求めるが、会議の冒頭からごたごた話をやらかして何が問題なのかわかっていないということが多々ある。稲盛が一人一人呼んで、問題は何だ、これで行け、終わり、と処理する面を見ないで、時間無制限の会議の形だけを真似している。それに、会議の時間までになかなか集まらない。時間の観念のないのが致命的。

「平気で時殺しになり、仕事とは時間との格闘だということを忘れている」。しかし素直で純粋な人が多く、そういう人を預っている責任を感じる――と語る新崎である。

新崎やその同世代のいわゆる昭和ひとけたの多くには、仕事を自己実現の場、あるいはより高い価値の実現や、その実現さるべき価値への奉仕の場と考えるという一種の理想主義が色濃く残っている。それはかっこいい連中からみれば大変侘びしいことである。お前さんから働くということを取ってしまったら何が残るか。しかし、アルキメデスは風呂の中で原理を考えついて裸で飛び出したというではないか。それは、稲盛の言う、潜在意識にまで到達する願望を持つということと本質において変わらず、芸術家や科学者にあってはほめられることが、どうして企業人では許されないのか。企業人でもそういうことはありうる、と言う新崎が、京セラでの仕事振りを銀行時代の友人や医師に話すと、「とても考えられない、めちゃくちゃだ」と言われる。

こういう事情は一人新崎だけではない。取材で会った社員のほとんどがそうだという点では見事に軌を一にしている。

「何かを任されてそれをやり遂げたときの充実感、これこそ生きがい、働きがいだと思うが、京セラではそういう機会が早くからしかも数多く経験できるようになっている。任されて、これは俺の手でやり遂げるんだという気持になれば時のたつのも忘れるし、気がついて深夜になっていても少しも苦痛を感じない。よく大学時代の友人と話をするが、自分が入社して半年か一年くらいのときにやらせてもらったような仕事を彼らは今やっと始めようとしている。自分の現在の仕事の内容を言うと、たいていの友人は、うちの会社では課長クラスがやっていることだと驚く」（津田知博、昭和四八年大卒入社）

「仕事と生活は切り離せない。仕事でこの夢を何とかしたいと考え出せばきりがないくらい、いろんなことを考えざるをえない。責任は与えられたものではなく取って来た責任だという感覚があるから、どうしても実現していかなければならない。それをやり遂げることが自分の生きがいでもある。それが生きてる実感だと思っているから、はっきり言って、仕事が終わったから何かしに行けと言われてもすることがない（笑い）。工場にいたとき上司とよく話をしたが、大学を出て定時になってタイムカードを打ったら赤提灯へ飲みに行くのがサラリーマンだと思って入社したが、とんでもなかったなァ。それを苦痛に感じてはいないし、そうして生きて行くということが当たり前のことだと思っている」（時重明、昭和四八年大卒入社）

「学生時代はいろいろ好き勝手なことをやってたような気がするが、会社に入って逆に、余った時間があったら何をしたらいいかと思うぐらいで、まわりの者からは、なんでそんなに遅くまで仕事をするんやと言われるが、自分ではまったく苦痛になっていない。任されているということもあると思うが、自分のやっている仕事を伸ばしていくためには、これをやらんことには帰れんと自分で思っているから、一つも苦痛と感じたことはない。なんで馬鹿みたいにやるんや、とよく聞かれる。こき使われてるんとちゃうかとか、欺されてるんじゃないかとか。商社の人からも、狂ってるな、とよく言われる。自分ではちっともそうは思わないが」（柏原光人、昭和四七年大卒入社）

「新しい人が入って来たら、普通のサラリーマン根性では勤まらん、やらされていると思えば面白くないけれども、自分でやって行くようにせなあかんと最初に言う。時間が来れば、仕事があろうとなかろうと帰るというのであれば、旅行やマージャンなど小さい楽しみの中でやって行けるけれども、男であれば仕事をやってやりがいなり生きがいを見つけていかなあかんと言う」（坪野勉、昭和三七年高卒入社）

「学校の同窓会に出ると、そんだけ働いて儲かるのは当たり前やと、わからんことを言う奴がいる。しかし、京セラの人間は自分がムチャクチャ働いているとはだれも思ってないと思う。みな仕事を楽しんでいると思う」（右成勝一、昭和四八年途中入社）

「友だちから、なんでそんなに働くんや、給料ちっとも変わらへんやないか、とよく言われる。違うんや、お前のもらっている一万円と俺のもらっている一万円と厚みが違う。これで満足している。不自由しているわけではない。外資系の会社にいる男はもの凄い給料をとっているがきらびやかな生活をしてたらそれだけ金が出て行く。しかし、金を残す残さんより、自分が働いたという実感を残していく、汗を残す。人が馬鹿と言おうとそれは通例の概念にすぎない。そういうことを言ってもわかってくれない。しかし、商店を経営したり数人の人間を使ってやっている町工場の人、自分の嫁さんを帳場に立たしてやっている連中はなるほどとわかってくれる」（福井誠、昭和四八年途中入社）

「はたから見るとハードワークかもしれないが、しんどさの中でのやりがいがあるし、結構エンジョイしている」（三宅新一、昭和四〇年入社）

この、第三者からは狂っているように見えても当事者はそれを楽しんでいるところがある、という事実をうまく第三者に伝えるのは難しい。体得した人間にしかわからない、としか言いようがない。

詩人石原吉郎は、能の〝狂女もの〟について、「姿は狂っても、その心には確としたひとつの願いのようなものがある」（『一期一会の海』）と言っているが、京セラの社員たちの〝狂〟はそこにこめられた〝願い〟あるいは〝思い〟とともに理解しなければならず、またその〝思い〟は稲盛と社員たちとのトータルな関係に深くかかわっている。そしてその関係は社員の抱いている稲盛像に凝縮されている。

社員の稲盛像

稲盛とコンパなどで会って話をすると、自分が大きくなったような気がするとか、何か形容しがたい影響を受けると答える社員がほとんどである。そして、

「精神的内面的なものを大切にする人」（山崎和之、昭和五二年高卒入社）

「社長に会って自分のライフスタイルが一変した」（長谷川桂祐、昭和四二年入社）

「面接のとき座右の銘を聞かれて、特にないけれども七年間の会社生活の中で、自分には厳しく他人にはやさしく、を肝に銘じて来たつもりだ、と答えた。そのとき社長

から、それは問題だ、他人にやさしくというのは妥協の産物ではないか。他人にやさしくというのは厳しいことを通して初めて正しくなるのであって、あんたの中には、そこまで怒らなくても、とやり過ごした部分があるのではないか、と言われた。一瞬のその言葉で、七年間の自分のあり方を鋭く洞察されたという気がした」（福井誠、昭和四八年途中入社）

「入った頃は朝から晩までがんがん言われた。みんなそうだったと思うが、怒られない日があると見放されたような気がして淋しかった」（波戸元省三、昭和三五年入社）

「京セラが大きくなる原動力は社長の夢だ。何かやろうと思うと自分が引っぱって行き、みんなが協力してついてくるような環境、ムードを作っていくから、思ったことがどんどんできてくる。その積み重ねで大きくなったと思う」（樋渡真明、創業に参加）

「社長は常に枠を破って行く。破壊の連続、宇宙が無限に広がって爆発しているようにとどまるところを知らず広がっていくというところがある。目標の地点までわれわれが到達すると、そのときはすでに社長はずっと先に行ってそして引っぱり上げる」（青山令道、昭和三五年入社）

このような稲盛像の中に、稲盛に対する信頼、尊敬が不可分な形で存在している。それは外部の人間にも伝わって行く。再結晶宝石クレサンベールの展示即売会を東京で開いたときのことである。七〇すぎの見知らぬ老人が岡川健一(クレサンベール専務)に話しかけて来た。

「若い社員に聞いてみたら、みんなあんたところの社長をほめる。あんな年若い社員が、ふだんからしょっちゅう社長に接しているとは思えないが、みな口ぐちに社長をほめる。通勤電車では社長や上司の悪口を言うのがほとんどだ。社長に会ったことはないがお宅の社長はよっぽど偉いんやとわしは思った」

この年若い社員たちは、会社の宣伝のため意識して稲盛を持ち上げて話したのではもちろんない。日頃抱いている感じを何のてらいもなく素直に言葉にしただけのはずである。しかし、それに対してはすに構えて、何とまあこの社員たちはよく訓練され統制されているのだろう、さぞかし上からの締め付けがきつい会社なのだろうと理解することもできる。どう受け止めるかは、受け取る側の体験や心のありようとかかわってくる。

昭和四年、鹿児島生まれのフランキー堺は京セラの無報酬の広報担当顧問だが、組合主催の講演会で「京セラは逆ピラミッドだ」と喝破したことがある。つまり、社員に支えられて、組織の頂点に稲盛がいるのではなく、ピラミッドを逆さにした形の最下端に稲盛がいて京セラを支えているというのである。鋭い指摘である。

「われわれは失敗しても、まだ社長に助けてもらえるという甘えが心の中にある」（奥村常雄、昭和四二年途中入社）

「信じておれるから全部を放り出して走りまわれる。全力疾走して倒れても、助けてくれるやろという気持がある」（青山令道、昭和三五年入社）

こうした発言には、よかれあしかれ、逆ピラミッドとしての京セラの姿が反映していると言える。

「入社して、社長をはじめとする重役から教育を受けたがみんな全身で話しかけて来る。それがみな社長の言うことに帰結する。幹部一人一人が同じ方向を向いている。パッションを理屈なしに感じた。苦痛を感じるとすれば考え方に共鳴できないからだと思う。社長の指導力はテクニックではなく全人格を含めたものだ」（新田和夫、昭和四九年途中入社）

「社長にあのエネルギーを持続してもらわないといけない。話を聞くと自分の血にな

るような気がする。ピタッと頭に残る。何か知らんけど自信を与えてくれる」（右成勝一、昭和四八年途中入社）

「仕事とか人生というものを身をもって教えられる。あるいは体験するように仕向けられる。知的な面を越えたものがあり、時間当りとかアメーバ組織といったテクニカルなものの有効性は社長のリーダーとしての大きさにくらべればはるかに小さい」（新崎盛敬、昭和五二年途中入社）

「難しそうな技術でも社長が話すとできそうな気がする。それでうちの開発力の半分ぐらいが決まるような気がする」（山本正之、昭和三七年入社）

つまり、海外戦略とか経営手法とか技術力とかいうものだけではとらえ切れないものが存在しているということである。

反稲盛の乱のことで波戸元省三と話をしているとき、稲盛への尊敬、信頼を語る言葉が出てきたので、筆者は、「社員の多くからそう思われている社長は大変幸せな人だと思う」とごく常識的なことを口にした。そのとき、何のためらいもなく、間髪を入れず、ごく自然にしかしきっぱりと、「いや、われわれの方が幸せだと思っている。まったくの偶然で入社してすばらしい人にめぐり会えてそういう人のところで働かせてもらっているのは大変幸せだ」という言葉が返ってきた。私はほとんど言葉を失った。取材を始めて三ヵ月ほどしてのこの言葉との〝出会い〟が一つの啓示となったと言うことができる。

石油ショックの翌昭和四九年、全社を挙げて苦況の打開に力を傾けている頃、伊藤謙介（松風工業で稲盛と会い京セラ創業に参加）はある会議の席上で部下たちに草創期の稲盛について、「その頃夢を与えてもらったことが印象に残っている」と次のように話している。

「トンネル炉一本、単独炉二基、ハンドプレスと土練機が二、三あっただけで、台風が来ると、窓ガラスが弱いから泊まりこみでそれを押えるのに必死、板塀にも縄をかけて倒れないようにした。しかしわれわれは夢を持っていた。共同意識が非常にあり喜びも悲しみも共にだった。社長はよく軍歌の〝煙草も二人わけてのみ〟を口にするが、そういう心のつながりがあった。みかんが一個あれば一袋ずつでも分けて食べた。クリスチャンはパンの一片がキリストの肉だと言うが、それと同じで、みかん一片がみかんではなく精神そのものであったような気がする」

岡川健一も「生きがいを与えてもらった」と言う。

生きがいなどというものは人から与えられるものではない、と人あるいは笑うかもしれない。しかし、伊藤や岡川の言葉は疑いもなく二人の〝詩と真実〟である。それはわずか一回の稲盛との出会いだけで入社を決めた新崎が「それ信仰は……」という言葉によってその出会いの〝真実〟を語ったのと同じものである。

伊藤や岡川や新崎の言葉があまりに生まじめすぎていやだと思う読者もいるかもしれない。次の言葉はどうだろう。週休二日で給料が良く、また県内での就職を希望する親の意見とも一致したので昭和五二年に高卒で入社、国分工場で働いている本蔵富《もとくらふ》貴子《きこ》（入社一年半後の取材）は、工場に来た稲盛と握手した手を一日中洗わなかったという、はきはきした屈託のない人である。

「ガーデンの主だと思う。バラや百合などきれいな花がいっぱい咲いているけれども、野の草にも肥料をやってくれるような人だ」

「若いくせに枯れたことを言う」

稲盛はある経営者から「世の中の金を全部持ってかないと気が済まんのか」と言われ、中小企業の経営者からは「なんでそんなに頑張っているんや、名誉でもほしいのか。うちは一族郎党が食っていけるからそれで十分や」と言われたことがある。

人あるいは思うかもしれない。社員が常識はずれによく働いて社長をそれだけ信頼し切っているなら、その上に乗っかっている社長は楽なもんや。だが信頼が厚ければ厚いほど、信頼される側はその信頼に応えねばならず、また信頼が持続するのもその信頼を裏切らない努力を信頼される側が絶えずしているからである。

こんな話がある。昭和四六年の秋頃、つまりフェアチャイルドのサンジェゴ工場を買収し、二部上場をして間もなく、稲盛と京セラの名前が一挙に世に出た頃で、稲盛がまだ四〇歳になっていないときである。関西のみならず日本でも一流中の一流の経営者として盛名あった社長と会ったときのことである。

「あんた若いくせに枯れたことを言うな。あんたぐらいに若い実業家なら、色も金もほしい、ほしいからやってると言ってええのや。それが当たり前や。わしみたいに年をとって棺桶に足を突っこみそうになって、つらつら考えてみるに金でもなけりゃ色でもないという心境なのであって、あんたの話を聞いていると俺よりも年をとってるやないか」。この人物は、当時関西財界の〝天皇〟と呼ばれていた住友銀行頭取、堀田庄三。

このとき稲盛は思った。六〇、七〇で功成り名遂げて金も余ったから解脱《げだつ》する。これはだれでもできる。そうなれないから、そうなりたいと努力している健気な若者の気持がわからないのだろうか。俺の言っていることはただのきれいごとと考えているのだろう。

稲盛は碁、将棋、マージャンをしない。人生という長丁場を賭けたギャンブラーにとっては毎日が勝負だから、ちょろこい勝負の勝った負けたには興味がない。が、社員に向かって聖人君子になれというつもりはない。女の膝枕で寝るも良し。しかし、仕事、女、遊びと二股も三股もかけてうまくいくほど世の中簡単ではあるまい。仕事が終わってマージャンをする人生を送ってもたかが知れてる。自分の仕事にこそ無限の天地がある。新入社員には「趣味だとかは忘れろ」とはっきり言う。「だいたい趣味なんかやっている間がない。よく趣味が身を助けたというけれどもそれは本業が駄目だったからだ」

西郷隆盛も言ってるではないか。

〝命もいらず名もいらず、官位も金もいらぬ人は、仕末に困るもの也。此の仕末に困る人ならでは、艱難を共にして国家の大業はなし得られぬ也〟

一杯やりながら同世代の人間と話を始めると、空襲の下瓦礫の上で送ったあの戦中戦後に一気に駈け戻ることができる。あれから何をしてきたんだろうと考えると、人生はあたかも幻のごとく瞬時に飛び去って行くものではないか、と思う。とすれば、よぼよぼになって薄汚い居酒屋の片隅に腰を下し、見知らぬ若い連中が何やら気炎をあげている傍で、アルコール依存のためぶるぶる手を震わせながら盃を口に運んで酒をなめ、「わしも若い頃はな……」とまわらぬ口で人生訓めいたことを話すようになるのも、あっという間かもしれない。とすれば、一日一日をどれだけの真剣さで生きなければならないか。

稲盛にとって仕事そのものが人生である。マラソンレースを見物していた若者が人に押し出されてレースに加わってしまった。たまたま会社を作ることになってしまった。そこに全生活を投入する。一〇〇人まででだったら初心を忘れずやって行けるだろう。一〇〇人を超すと三〇〇人まではまだそれで行けるだろうと努力する。電子部品業界では企業規模三〇〇〇人までが限度と言われていたのが五〇〇〇人を超え一〇〇〇〇人を超え、果たしてやって行けるだろうかと反省しながらやって行けば、二〇〇〇〇人でも三〇〇〇〇人でもやれるのではないか。日々これ精進である。豈《あに》必死に生きざるべけんや。

〈生涯を通じて努力をしていこう〉

稲盛のこういう姿勢にはピューリタンと見まがうような、殉教者と言っていいほどの凛冽《りんれつ》さがある。それは創業経営者としてのいつ果てるとも知れない責任意識のためだけによるのではない。その背後には、国のために燃え尽きることにおいて若い生涯の完結を願っていた、死すべき命であったという思いがある。とすれば、あらゆる偶然と必然にないまぜにされて経営者となった自分は、己を空しくして、その場に命を預けねばならない。会社の盛衰は自分の生き死にそのものである。そこに全身全霊を捧げねばならない。そのとき、会社は生命を持つものとして息づき始める。

稲盛は軍歌が好きである。遠く過ぎ去ったかに見える過去を一瞬にして今に引き寄せ、高層林立する物質豊かな今を一挙に焼野原に帰してしまう軍歌が、ある思いをこめて歌い出される。

くにを出てから幾月ぞ　ともに死ぬ気でこの馬と

攻めて進んだ山や河　とった手綱に血が通う

弾丸《たま》の雨ふる濁流を　お前頼りにのり切って

い。

任務《つとめ》果たしたあの時は　泣いて秣《まぐさ》を食わしたぞ（愛馬進軍歌）

馬を頼りに死線をかいくぐって生き抜き、任務を終えた暁に最初にしたのは愛馬へ秣を食わせることだった。その心情はまさに、鞍上人なく鞍下馬なし、にほかならない。

男いのちの純情は　燃えてかがやく金の星　夜の都の大空に　曇る涙をだれが知ろ

影はやくざにやつれても　きいてくれるなこの胸を　所詮男のゆく道は　なんで女が知るものか（男の純情）

貴様と俺とは同期の桜　同じ兵学校の庭に咲く

咲いた花なら散るのは覚悟　みごと散りましょ国のため（同期の桜）

こうして社員たちと肩を組んで歌うときに、ふいに現前するのは、コッペパンを「ほかほかの愛国パーン」と笛をピーピー鳴らしながら売り歩いた自分の姿である。いなごを取って照り焼きにし、たにしを串で刺して味噌田楽にし、せり、よめな、おばこを摘んだ。そして芋汁をすすっても神国日本が負けるとは、これっぽっちも思わなかった。「アメリカに負けてたまるか」。その気持は今でもある。

戦後、ぼろをまとった戦災孤児に大事な握り飯をかすめ取られた。闇市にはふくらし粉を入れて電気でふくらますパン製造機があり、辞書を切り取って、煙草巻き器で煙草を作った。瓦礫の上を這いまわり芋づるを食いながら生きた。ろくに食えなくても逞しく生きた。あのときも小さいなりに生きるに必死だった。

「男というのはロマンチストだ。何かに打ち込んで死に場所を求めているという気がする」と稲盛は言い、「自分の求めている師を得たい。その師のためには死んでも構わんじゃないか」とも言う。

それは昭和ひとけたの世代性によるものなのか、稲盛個人のさがによるものなのか、いずれにしろその言葉の背後には一つの飢餓感、精神的な飢えのようなものが存在している。時代精神がその飢えを満たすものを用意してくれているわけではない。みずから求め作りあげるほかない。

夢の章

共同体を求めて

このように考えて来ると、企業としてではなく、共同体《コミューン》としての、精神のよりどころとしての京セラ、というテーマが浮かびあがって来る。

稲盛が自宅の応接間を開放して塾のようなものを作りたいと考えたことは先に書いたが、学校のようなものを作りたいという願望がその心中に底流している。それは人間としての教育であり、稲盛の共同体志向に深くかかわっている。あるいは、地方で働いている若い社員が、地元の一般賃金水準よりも高い賃金を手にするため、派手な服装で分不相応な車を乗り回したり、豪華なステレオを買い込んだりして地元の人の反感を買うことがあるということを耳にすると、休日には畑作りでもさせて野菜を作らせようか、額に汗する労働の意義を教えないといかん、などと思う。逆に、盆踊りや運動会なども会社を挙げて仕事と同じように力を傾けて盛大に行う。それは京セラの社員としてのあり方をその私生活にも及ぶ全人間的な営みとして考えたいという〝思い〟の表れにほかならない。能力があったとしてもそれはたまたま神がそうしてくれたのだから、能力のない人たちのためにその能力を使わなければならない。自己の能力を私有してはいけない、という思想は稲盛のよく説くところである。それは、自分の能力と才覚によって得たものはその人間にすべて帰属するという、戦後デモクラシーの個の尊重という理念とおそらく対立する。

唐突だが——しかし決して唐突ではないのだが——軍歌「戦友」に次のような一節がある。

思えば去年船出して　お国が見えずなった時
玄界灘で手を握り　名をなのったが始めにて
それより後《のち》は一本の　煙草も二人わけてのみ
ついた手紙も見せ合うて　身の上ばなしくりかえし

肩を抱いては口癖に　どうせ命はないものよ
死んだら骨を頼むぞと　言いかわしたる二人仲

これが稲盛の共同体志向の原点にあるイメージであると言っても、あまりまちがってはいないはずである。創業期の〝同志〟たちが「生活即仕事、仕事即仲間、明けても暮れてもすべて仲間とともにいる感じであった」と異口同音に語っているのは偶然ではない。それはまさしく稲盛の心が現世に写し出された姿にほかならなかった。だから、共同体を作ろうとしたのではなく、そういうものとして出発し、それが企業という形態をとったにすぎないとも言えるのである。

稲盛が経営者として決して浮利を追わず、社員に絶えず無駄づかいと私生活の放《ほう》縦《しょう》を戒め、業績のいいときも悪いときも倦むことなく勤倹力行（今はほとんど死語になっているが）を説いてきたこと、それが両親の生活態度そのものに負っていることはすでに見た通りである。だから、畩市《けさいち》やキミが体現していた戦前の生活道徳を企業の中に再生しようとした試みが京セラであるとも言える。その意味では、日本の庶民の生活実感、生活思想のある側面を企業経営に貫徹させていると言うことができる。戦前と簡単に書いたけれども、歴史的にはさらにそれ以前にさかのぼることになる。

誰にも不平を言わず辛抱づよく耐え、勤勉、律義で正直に生きれば、結局のところはどのような困難もくぐりぬけられるはずのものであった。こうした生活思想は、由来ははるかに旧いものであろうが、近世の中期ほぼ享保期以降に石門《せきもん》心学や富士講のような思想運動を媒介として自覚的なかたちをとり、それがやがて豪農商層の主導権を媒介として広汎な民衆にも受容されていったものである。

……いまこうした生活思想を、「通俗道徳」的な自己規律・自己鍛練とよぶとすれば、こうした形態をとった自己規律・自己鍛練こそ、封建社会から近代社会にかけての日本社会の転換をその基底部でささえた民衆的エートスであり、民衆の精神的な自立のかたちであった。(『出口なお』昭和五二年、朝日新聞社)

歴史家安丸良夫によれば、日本の民衆の生活思想は次のように把握される。

なぜこうした思想が民衆に定着していったのか。それは家を単位とした〝自立〟の論理にふさわしいからである。というのは、民衆の願望が家の繁栄、永続であったとすれば、それは小利口さや抜け目なさ、あるいは一攫千金よりも、地道に家職に励むことによって保証されたからである。しかし、それには条件がある。

一つは、家職に励めばその成果が家にもたらされるほどに社会体制が家を単位とする小生産の安定性を保証していること。他の一つは、家族全員が「通俗道徳」を実践する、とりわけ、家父長がその先頭に立つこと、それによって「家父長権を媒介として他の家族を説得することができる」（前掲書）。

だから、アメーバ組織は独立採算を目標とする家であり、京セラはその家の連合体であり、稲盛はその族長であるということも可能である。

今仮に、この姿を京セラ共同体と呼ぶとして、それはあるできあがったものとして存在しているのではない。それは、京セラという企業はこういうものを生産していてこういうふうに利益をあげているというふうに客観的に説明できるものではないという意味である。にもかかわらず京セラ共同体があると見るか、いやそんなものはないとするかは、断定的に言えば、そして大変無責任な言い方だが、見る側のほとんど直観にかかっている。

そして共同体があるとすれば、成員の共同体たらんと意思し努力する過程そのものが共同体なのである。日々作られていくものである。そのことは京セラが絶えず流動（量的な、発展ではない）している組織体であることと対応している。つまり、京セラ共同体があるとすれば常に過程的であることの中にあるのである。

〝袖にしない〟思想

　ある経済評論家は「京セラというのは新しくはない。実は大変古めかしい会社だと思う」と言っていたが、京セラのある面はたしかに言い当てている。言いかえれば、日本の前近代的なものを引きずった古い体質だ、ということなのだろうが、しかし、もし〝古い〟としてその〝古さ〟がなぜ〝近代的〟で〝合理的〟なアメリカにおける企業経営として成功しているのかという問題が出てくる。KIIの日本人リーダーたちは〝日本的な古さ〟を捨てて〝近代化〟したためにKIIの危機を乗り切って成功に導いたのではない。その成功は利益をあげていることや人間関係がうまく行っていることも含めたトータルな質の問題として考えられねばならない。その質は、日本も含めた世界先進国の企業が抱えているもっとも先端的な問題は何であり、その問題を京セラやKIIがどうとらえてどう対処しているかにかかわって来ると思われる。残念ながら、ここでそれについて論じる準備も能力もないが、京セラに即して言えば、ヒントらしきものはある。

　一九七四（昭和四九）年頃、KIIにアメリカ人のエンジニアが入社した。彼はその一〇年前、つまり京セラ創業後五年ほどした頃のアメリカでセラミックの最大の競争会社に在籍しており、その専門技術はアメリカでも知られていた。彼は稲盛に、これこれの仕事ができると言ったが、稲盛はたかが知れてると思った。しかし、京セラの工場に実習に来て帰国するとき、彼は工場の幹部にこう言った。「京セラが世界一の企業になったと聞いていた。しかし、工場をまわっても目の覚めるような新しい技術にはお目にかかれなかった。私が理解できない技術があるかと思って見てまわったが、がっかりした」。その後、稲盛はサンジェゴでその男に会ったが、仕事ぶりがよくないので、なっとらんと怒って言った。

「お前さんは京セラに新しい技術がなくて失望したと言って帰ったそうだな。実にレベルの低い男だと思う。京セラがある技術で非常に成功していると考えるのであれば、うちにいない方がいい。技術の進歩にはいずれ競争相手が追い着いてくる。京セラが成功している条件が世界の先端を行く技術であっても、同業者が追い着けば普通になる。あんたはそういう先端が優秀だと思っているだろうが、うちはあんたも言ったように普通の技術しか持ってないよ。しかし、それで世界一であればそこから落っこちようがない。技術を含めたトータルなものですぐれているのであって、何か一つで強いんじゃない。バランスが必要だ。コモン（普通）な技術しか使ってないように見えて世界一なのはなぜか。それを見ようとしているとは思えないから、いいマネジメントはできないはずだ」

ここで言う技術を思想と置き換えてもいい。極めて日本的な、一見古めかしい、ありふれた、コモンな思想のままでなぜ世界に通用するのか。つまり京セラの経営思想、経営方法、物を作るテクノロジーなどが世界の先端を行っているから世界的なのではない。もっとも非先端的でありながら世界の先端的存在である。それは下にいた者が出世して、あるいは前近代が近代化して、つまり上昇して先端になるのではなく、下にいるままで先端である、という問題として、京セラ共同体を考える必要がある。

という意味では、高収益性、多国籍化、新しい技術の開発、共同体志向それらすべてを含めた全体的な京セラのあり方は、現代における、企業の形態をとった希有な実験であると言いうる。

しかし、庶民の生活思想がそのままただちに経営者としての稲盛の思想ではない。一つの仮説として言えば、その核に〝袖にしない〟という思いがこめられている（稲盛自身はこういう表現は使っていない）。経営者としてでもいい、族長としてでもいい、社員ないし共同体の成員一人一人の勤倹力行を生かそう、努力に対して、精神的であれ物質的であれ、それに報いたいという思いあるいは念がある。

稲盛は、父が戦後社会の混乱に対してまったく手も足も出なかった、それは禁治産者かと思うほど歯がゆいものであったと言っている。つまり、浮利を追わず節倹し、金を借りず人を欺さず、手にしうる範囲の金で生活するという畋市の生き方は、そのままでは戦後社会の混乱に際してなんの有効性も持ちえなかったということである。畋市がそれまで貫いてきた生活者としての倫理は、時代から足蹴にされ、その努力は〝袖にされた〟のである。しかし、袖にされたのは畋市だけではない。軍国少年の死すべき命もまた時代に見捨てられ、宙に浮いた。

企業は契約と計算だけでも成り立つかもしれないが、いかなる小さな努力もすくい上げよう、決して袖にはすまいという思いが、その共同体志向には含まれていたはずである。そのようにして稲盛は、無意識のうちに、父や自分が時代から負わされた傷を救済しようとしたのではなかったろうか。そして小さな努力を経営の中で有効なものとするために、その努力の仕方に厳しく振舞う。それが〝怒る〟という形をとるが、その背後には〝袖にしない〟というやさしさがあり、それゆえに社員たちは稲盛について、厳しくやさしい、という表現を一様に用いるのだと思われる。

しかも、家（アメーバ）という小単位であれば、その成員の働きぶりは他の成員に具体的に見えるわけであり、アメーバの意識的な方法化が独立採算という企業合理性の要請によるものであったとしても、〝袖にしない〟という思いを実現していく上には極めて有効に働いて来たと思われる。

先に実験と書いたが、前出の安丸良夫著『日本の近代化と民衆思想』（昭和四九年、青木書店）を読む限りにおいて、稲盛の人間の心のありようと主体性を極めて重視する思想は石田梅巌（一六八五～一七四四）の石門心学や荒廃した農村の再興にあたった大原幽学（一七九七～一八五八）などが説いたところと極めて酷似している。稲盛の思想が体系化されたものとしてあるわけではないが、日本のそうした思想の系譜上において考えることが可能だとすれば、稲盛の〝当たり前〟の思想の持つ土着性がもっと理解されやすくなるかもしれない。これを縦糸とし、他方では京セラの企業活動が海外に広がっていくしかたを横糸として見ていくならば、実験のナショナルな意義とインターナショナルな意義とを統一した形で普遍化する道が開かれると思われる。

コンパの席上で

ここでふたたび、京セラの実際の姿に戻りたい。これまでは主として会議の席上における稲盛の、公的な発言を見てきたが、記録に残ることはないけれども、京セラの〝フィールドづくり〟（青山政次）に重要な役割を果たしているコンパでの稲盛の姿を見てみたい。

稲盛が実に一年ぶりに滋賀工場を訪れ、工場の中に入って見てまわり、各部門のリーダーたちと話し合うのに丸一日をついやした日（昭和五三年一一月九日）の夜、蒲生町の公民館の広間でコンパが開かれた。出席者約六〇名。

総務の山口育生が出席者の時間の遅れを注意し、きょうの話を出席できなかった人に伝えてほしいと要望したあと稲盛が立った。

「本社がここから京都へ移るとき、私がいなくなったらものすごく汚くなるだろうと言った覚えがある。私がいた当時のランドスケープ（景観）はそのままで、裏手に行くとがらくたが放置されたままだ。工場を作ったとき、空いている犬走りには砂利をしいたが、それでは淋しいので金が無かったけれども一本五〇〇円のヒマラヤ杉を買って植えた。そういうふうにデッドスペースにも気を使った。物を作る人間は、バランスのとれた調和ある完全さを要求される。

セラミック事業部は非常な躍進である。しかし機械はがたがた言ってるし、ハイスピードの機械が入っているけれどもあまり採算がよくない。だが数字は非常にいい。なぜかと幹部に聞いたら、炉を変えたからと言う。じゃあ競争会社も炉を入れたらよくなるのか。炉は金さえあれば買える。名投手のフォームはすばらしいが、いい成績を残す人のフォームも決まっている。プレスがきいきい言っているのは、手を入れてくれと泣いているんですよ。機械のわずかの変化を敏感に感じとれるような感度がなければならん。そういう点が変わってくればセラミック事業部ももっと成績がよくなる。

工場長とも話したが、建物のすすを払って安いベニヤやぎしぎしして動かない鉄の扉をできればサッシにする。色も塗り直す。アトモスフェア（雰囲気）を変えることで機械に対する目も変わってくるだろう。

私はいつもバランスということを言うが、非常に騒音の激しい工場の中で針一本落ちる音まで聞こえる、つまり物の変化、状態を破る変化に気がつくようでないと物事は成就しない」

新入社員歓迎コンパ

このあと乾杯して一息入れると、稲盛は膳の食事には手をつけず、コップを持ってみんなの中へ入って行く。みな五、六人ずつのグループに分かれてビールや焼酎を飲みかわしている。コップに焼酎をついでもらって、稲盛は見知らぬ顔には仕事の内容を聞き、「お前は頭が良さそうに見えるけれども頭はいいのか」などと話しかける。
「社長、京セラは国際化をはかってますが、僕も国際社会へ出たいと思っています。どこでもいいから出してもらえませんか」「馬鹿言えお前、ここでつとまったらどこへでも行ける」「ここでつとまるよう努力します」「なんぼでも出しますよ、東南アジアでは……」といったぐあいに、各グループを巡業する。

「先輩から心をベースにした経営ということをよく聞くんです。僕が今一番感じていることは、仕事であれクラブであれ人をまとめ上げるのが一番難しいということです」

「こうまとめようと思うとそれに反発が出る。反発があるからと言って強制しなかったらまとまらん。まとめるということは反対があっても引っ張ることなんだ。決めないのが一番いかんが、俺はいいと思っているのになぜ反発があるのか疑問に思わないといかん。それは自分の人間ができてないということだ。みんなの気持がわかった上で、こうあるべきだということを勉強してそれでみんなを説得する。反発があるから直す、反省する。そしてなぜ自分に足りないところがあるか考える。自分を向上させる。治めるということはまさに人物対人物の力だ。一番卑怯なことはまとめないことだ。しかしまとめなかったら信頼されん。リーダーである以上決めなきゃならん」

「今まで何回も繰り返しているわけです。決めて、反発食って、また決めて反発食って。こうしたらいいがなあと思ってもだめです」

「それを続けて悩み苦労していくことが人間を鍛えて行く。そういう苦労せん奴は絶対だめ。お前みたいに悩んでいる状態が進歩なんだ。悩み悩み抜いてね、やって行くことが人間の向上なんだ。しょっちゅう妥協している男にはそういう悩みはない」

実際は、もっと噛んで含めるような、じゅんじゅんとした話し振りである。こんな調子でいろんな話をして稲盛が他のグループに移ると、そのグループだけで飲み食いしながらまた話し合いを続ける。

各部門の悩みを聞き、新製品の開発の進みぐあいについて聞き、京セラの今後の方向を話し、あるいはどこかに広大な土地を買って病院を作り、世界の難病で悩む人がそこで治療し、学校もあるというような京セラ村を作りたいといった夢も語られる。この間ほとんど食わず、飲みっぱなし話しっぱなしである。この間、工場長の徳永も各グループを巡業し、どこかのグループで、コンパ終了後、八日市まで繰り出すことを約束させられていた。

こうして六時から始まって一〇ほどあるグループをまわり終わったのが九時半すぎ、予定時間をすぎており、司会役の山口は、稲盛が連日の繁忙と一日かけた工場視察で疲れ切っていることを知っているから、早く閉会したいという気持があり、全員に席へ戻ることを呼びかけ、飲酒運転を厳重に戒めて、閉会しようとした。

「時間も九時をかなりまわりまして、社長も連日……」

「何で俺のことを……そんなこと言わんでいいんだ」と稲盛は自分の席から山口に大声で言う（みんな笑う）。

「夜遅くまでやっていただきまして……、エー、きょうは非常に忙しい……」

「ちょっと待てョお前、俺が疲れているからお開きというのはおかしいじゃないか（みんなが笑う）。俺はまだなんぼでも続くよ。この場所の借り賃が九時半までなんだろう、はっきり言えよ」（みんな笑う）

「わかりました。だいぶ遅くなりまして明日の仕事にも差支えがありますので、きょうはこれで終わらしていただきます」

稲盛がみんなに言う感じで、「おかしいなァ、この場所は何時まで？」、山口「一〇時までです」、稲盛「一〇時に出なきゃいかんのでしょう、それを先に言わんといかんのや（みんな笑う）。おい、どうや、明日の仕事がなんぼあろうとも、やっても構わんな」（ここで、二次会をやりましょう、一〇時までやりましょう、と言った声が参会者の中から出てそれと重なって拍手とオーッという歓声が湧き起こる）。稲盛「この場所の時間が来ましたのでなごり惜しいですけど、とか何とか言わんか。社長が疲れてますからとか、明日の仕事がありますからとか、もしみんなやろうと言ったらお前どうするんだ」（笑い。山口しばし絶句して立ち往生。拍手と笑い）。稲盛「われわれはまだやろうと思っているんだ、お前（笑いと拍手）。よしもう下がれお前（盛大な拍手）。一〇時だな、一〇時まで飲もう、明日はもう不良品が出てもエエヨ」（みんな大爆笑）。

稲盛は、京都から近い場所にありながら一年ぶりに訪れた滋賀工場でのこの日のコンパを、単なる話し合いの場とせずいわば祝祭の場としたかったようである。

一部の者が立ちあがって肩を組み、キサマトオレトーハードーキノサクラーと歌い出し、しだいに人数が多くなって一曲終わったときには全員が立って輪を組んでいた。

滋賀工場哀歌、という声とともに、また歌が始まる。

朝だ夜明けだ潮の息吹き　うんと吸い込むあかがね色の

胸に若さの漲る誇り　海の男の艦隊勤務　月月火水木金金

続いてまた「同期の桜」が歌われる間、稲盛はコップと焼酎のビンを持ち、だれかが焼酎を薄めるお湯の入った薬缶を持ち、一人一人に焼酎とお湯をついで稲盛が飲ませていく。

その間次々に歌われたのは、「くにを出てから幾月ぞ」「徐州徐州と人馬は進む」「勝って来るぞと勇ましく」「吉良の仁吉は男じゃないか」などで、いよいよフィナーレに近づいたのか（つまり稲盛が酒をついで歩くのが終わりに近づいている）工場長の徳永の音頭で社歌が歌い出される。

「れい明空にひびき来る！　それッ」と徳永が輪のまん中に立って指揮をとり、歌い終わって全員が拍手をし、拍手の音が鳴りやんだところで山口が、「それではこれで……」、稲盛「ちょっと待て、お前よけいだ。（みんなに向かって）もう一度すわってお別れしましょうか」、全員「はい」。全員が席に着いたところで稲盛が「ほんとに皆さん」と言いかけると、間髪を入れずだれからともなく「ありがとうございました」。

「長い間来てませんけれども、それを取り返そうと思って一所懸命取り返しました。みなさん毎日一所懸命働いておりますのに、飲めない酒を飲んだ人もありましょうし、歌えない歌を歌った人もありましょう。だけど、どうしてもみなさんと話したかったものですから、ありがた迷惑だったかもしれませんが、取り返しのつかない時間のズレを取り返そうと思いました。これで終わらしていただきます。ありがとうございました」

全員が「ありがとうございました」と言うと同時に盛大な拍手。

山口「きょう出られた方は、それぞれの事業部のわずかな人たちだけです。社長と直接お話しできるのも、それぞれの事業部の代表として出られたわけですから、ここだけにとどまらず、工場に帰られましたら必ず職場で生かしていただきたいと思います。きょうは社長、お忙しいところありがとうございました」。ここで全員拍手。

山口「それでは拍手をもって社長をお送りしたいと思います」。稲盛「やめてやめて、もうみんな一緒に帰りましょう」。こうして全員拍手で稲盛を送り出した。

後日、稲盛に、コンパに出て肉体的にしんどくないかと聞いてみた。

「それはしんどいですが、ついあの中に溶け込んでしまうもんですからね。あとでしんどいですがその瞬間はそうじゃありません。そういう意識はありません。これでも最近は少ないですから。昔はほんとにしょっちゅうでしたからね。とくに忘年会は全部出ましたから、暮れは一〇日か二週間ぐらい連日おばちゃんなんかともしゃべっていました」

このコンパの少し前には、この年の大卒新入社員たち（本社と滋賀工場勤務者）が先輩と稲盛を招待してすき焼きコンパを開いているが、このときも稲盛はほとんど飲みっぱなし、しゃべりっぱなしであった。畈市やキミが、コンパで体をこわしはせんかと気をもむのも無理はない。

こういう事情はアメリカに行くとさらに強まる。朝は六時か七時には起き、日中は会議で話をし、夜は二時、三時まで現地のアメリカ人や日本人社員と話しこむ姿に、同行した古参幹部が「あれでまた社長を見直した」と言うほどである。

潜在意識論の展開

さて、先に見た通り、昭和四九年は減収減益、五〇年は賃上げ凍結、それを経て五一年には創業以来最高の業績をあげているが、五二年には一転してまた減収減益となる（四五〇ページ、表参照）。

五二年度の経営方針として打ち出されたものは次のようなものであった。

「すでに高度成長時代に借金経営を脱し、各部門で無駄を省く努力をしてきたので、低成長時代ということで特別な手を打たなければならないということはない。しかしながら、従来の製品では伸びることができなかった分野へ伸びていくという攻撃型の経営もしていかなければならない。高度成長時代と違い、大型商品が簡単に開発されないから、小さなものでもいいから数多く積み上げていきたい。材料メーカーとしては、一千億企業までは伸ばして行けると思うし伸ばして行きたいが、今年度をその一千億企業へのスタート台とし、今二四期（五二年四月〜五三年三月）の総売り上げは最低五〇〇億円を達成したい」

こういう目標を稲盛は掲げたが、この年の三、四、九月の三度にわたる公定歩合引き下げや公共投資を中心とする景気対策にもかかわらず景気は停滞した。他方では前年からの円高傾向はこの年に入っても続き、一月の対ドル円相場二九〇円が一二月には二四〇円ほどまで高騰し、輸出比率六割以上の京セラに打撃を与え、円高だけで二十数億円の売り上げ減、利益減となるという「悪夢のような一年」となった。年の暮れに開かれた事業本部長、工場長会議で稲盛は、この苦況を乗り越えるための主体の心のあり方について精魂傾けて説いた。それはいわば〝狂気〟になることを社員に要求したものである。

初渡米のとき、洋式便所の使い方を覚えるため公団住宅の友人の所に行ったことはすでに書いたが、以後、便所に座ると「アメリカに行かないかん」という言葉がまったく無意識のうちに口をついて出るようになり、この体験は稲盛に無意識下の世界の働きを意識させるようになった。それは、現世は心の写しだとする考え方を意識下にまで深化させたものだとも言える。昭和五一年五月の窯業協会総会において「技術開発に賭ける」というテーマで講演したときにわずかだが、これについて触れている。

「創造的な発想は、何かを求めてただ漠然と探している状態では出て来ない。問題に直面し悩み苦しみ抜いていると潜在意識の中にまで浸透してしまって、ある瞬間にはほかのことを考えていても、潜在意識下にはその問題があるという状態、壮烈なまでにテーマに取組んでいる状態が新しいクリエイティブな発想を生むのではないか。夜通し仕事をして疲れ、ぼんやりしているときにそれまでなかなか解決しなかった問題が突然閃いて解決することがよくある。それはあんまりしんどくなって困っているので、神が啓示を与えてくれたのではないかという表現をしている」

同じようなことは社員にも折にふれて話していることだが、全面的に展開したのはこの五二年末の会議の席上が初めてである。

京セラが直面している問題は、国内営業を伸ばすための良品率の向上、円高に対応する新しい社内レートで採算が合うようにする、新製品の開発を他社にさきがけて行う——など、どれも簡単ではない。そして社員の中には「それは無理だ」という気持があるだろう。しかし「できないと思う心の状態が続いている間は絶対やれない」と一二、三年前に松下幸之助の講演を聞いたときのことから話を始めている。

そのとき松下幸之助はダム式経営について話した。ダムに水をためていつも一定の水量が流れるような余裕のある経営をしなければならない、というのだが、聞いている中小企業の経営者たちは、「そんなことわかってるわい、余裕がないから困っているんやないか。そんなこと聞いても何の役にもたたんわい」とぶつぶつ言い、「どうやれば余裕ができるのか教えてほしいんですわ」と質問を出す者があった。松下は「そんな方法知りません。けども余裕がなけりゃいかんと思わないけませんなあ」と笑いながら答え参会者も失笑した。だが稲盛はみなが失笑したその言葉に強烈な印象を受けた。

「そうでありたいと願ったからそうなったのだ、と言いたいのだ」

実は稲盛自身がそういう〝馬鹿げた〟ことを社員たちに話して来ていた。西ノ京原町、宮木電機の間借工場のとき、新入社員たちのキャッチボールの球が向かいの煙草屋に飛び込み、味噌汁にしっくいが落ちてそこのおばさんがかんかんに怒って飛び出し、稲盛が平謝りに謝ったことがあった。社員に稲盛は「もうキャッチボールするな」と怒ると、「運動場もないし何にもできん」と不平顔だった。そして「一所懸命気張って仕事をせい、今に運動場も作ったる」という稲盛の言葉を「阿呆か」という表情で聞いていた。やがてできた滋賀工場にはグランドばかりかプールもある。また、初渡米後の「外国へ連れて行ってやりたい」という言葉もほんの冗談としか受け取られなかったが、ホンコン旅行や子どもたちの海外旅行として実現している。いずれも、そうしたいと思わなければ実現しなかったことばかりである。そんな具体的な体験を踏まえながら稲盛は次のように話していった。

現在の環境を考えると多くの障害があり不可能と思われるネガティブな状況下にあるが、自分の願望を頭の中で考えている状態ではまったく意味が無い。強い願望というのは、心で描き潜在意識にまで浸透していくようなそこまで高まった願望である。「開発ができるのは気違い」と言っているが、ものごとをなすのに狂的な精神状況にならなければ創造的なことは絶対できない。常識の範囲でしか考えられない人間は絶対できない。

クレサンベールにしても、宝石の商売は九九パーセント成功しないと友人からも反対されたが、「こうすりゃこうなる」と一所懸命に考えて「やりたい、絶対できる」と思った。今では失敗するなどとだれ一人考えていない。いわば精神異常の集団になって絶対成功すると思い込んだ連中ばかりだ。バイオセラムも最近その狂的な集団に変わりつつあり、バイオセラムは売れると思い込んでいる。どちらも何の経験もない業種であり従来のわれわれの常識では判断できないという状態である。だからサイコロを振るようなものであって、頭の中で計算すれば、これはもう必ずうまく行かない、となる。かと言って古い商品群だけでは会社を縮小しなければならず、三〇〇〇人の運命共同体が食って行くためには異業種、異分野への展開を成功させなければならない。

しかし私がいかに絶叫し、みんながやらなきゃならんということがわかっていてもそうはならない。今まではそういう障害を乗り越えてやってこれたが、今は非常に難しい状況にある。どうしてもそうしたいという願望を、頭の中だけじゃなしに潜在意識にまで浸透させるような強い願望を持ってほしい。

浸透させるということは、寝ても覚めてもそれを考えている、凄まじくそのことを考え込むということだ。潜在意識または深層心理の中に願望が浸透して行くということは頭とは関係が無い。それは今われわれが使っている能力とは異質の能力だと思う。その潜在下にある意識は四六時中働いているから、他のことを考えていても潜在意識に浸透した意識は常に働いているから先に進んでいける。超心理学では、その人が持つ他の力と言い、心霊学では守護心、前世から持っていたその人の霊魂だと言う。つまり、現世に生きている自分の知識だけではなしに、非常に純粋にきれいに高まった願望が潜在意識に浸透するほどに伝わっていれば、自分の霊魂が助けてくれて、眠っているときでもその潜在意識が働いて願望が成就する方向へ近づいて行くのだと思う。そして、霊魂あるいは潜在意識が働く条件としては、その願望がきれいでなかったら絶対に成就しない。

私はプライベートなことに頭を使うのはいやで、二四時間会社のことのみ考えるという生活をしている。頭脳も体力も百パーセント会社につぎ込むというのが社長の使命であるという気がするのに、その時間と頭の一部を自分のことに使うということには非常に罪悪感をおぼえ腹が立つ。そういうきれいな心で描く願望でなければ神が叶えてくれないような気がする。

今遭遇している問題はしゃらしゃらしたインテリジェンスなどでは決して越えられない。コロンブスの卵でも人がやったあとは簡単である。論理的に頭で考えて不可能なことをやろうというのは大変なことであり、普通の人間では絶対に可能ではない。しかし一度やるとだれでもできる。結果論としてはできる。客観状勢がそうなってしまうとできる。その環境が変わらないうちに、変わったと考えて変えていくことができないのが普通だが、狂っている人はその絶対に不可能だという状況の中でことを可能にする。

私は意識するとしないにかかわらずそうやって来たし、みなもそれを一緒にやって来たから信じられると思って話している。新しい年度に対する事業本部長のマスタープランは全然駄目というか、まさに頭の先で考えたことであって使いものにならない。

言いたかったことは、心に描いた通りになるということである。それは純粋なきれいな心から出てくる願望であり希望である。一点の曇りもあってはならない。上から言われるから売り上げをここまで持っていかなくちゃいかんが、しかし……というふうにちょっと傷のある状態ではない。「しかし」とか「かも」とか濁りが入ってくればその分だけマイナスになるのではなくて零になる。傷があれば零になる。全部か零かどっちかだ。心に描くということがどういうことかを本当に理解し、これを駆使できる人が何人かでも現れてくればもっとすばらしい展開ができる。

そのできるという裏付けはまさに京セラの歴史である。現在の京セラは一八年前の京セラからは想像もつかないまさに奇蹟である。しかし、京セラが奇蹟的なことができる能力を持つ人間の集団であったかというと、そうではなかったはずだ。物理的客観的にどう考えてもできるはずのものではなかったけれども、この集団が心に描いた通りになってきた。

今はどういう絵を描くにしても、客観条件は最悪で暗い絵しか描けないというのでは話にならないし、また希望に満ちた明るい絵を描くのも、ただ思うということにすぎないから意味がない。心に描くということがどういうことかわかって、それを使える人が一人でも二人でも出てくれることを望んでいる。

稲盛は、どう話すべきか悩みに悩んでこの日の会議にのぞみ、その話しぶりは全霊を挙げてというにふさわしい熱のこもったもので、終わって室に戻るや顔面蒼白となってソファーに倒れ込みしばらく身動きができなかった。

臆病でもなく蛮勇でもなく、慎重さと豪胆さがバランスするあの精妙な一点において初めて、少年和夫はあの原良《はらら》の田圃の溝を飛び越えることができたように、暗い絵でもなく明るい絵でもなく、どちらに偏することなく両者がバランスするあの精妙な一点に成立する純粋な思い、そこにしか活路がないと思ったその一点で、この苦況を稲盛は飛び越えたと言いうる。

この暮れのボーナスは、こういうとき萎縮してもらっては困ると、組合要求が出される前に三ヵ月分の約束をしている。なおこの年の九月八日、初代社長宮木男也が他界した。

翌五三年年頭の経営方針で稲盛は、「潜在意識にまで透徹するほどの強い持続した願望熱意によって、自分の立てた目標を達成しよう」という経営スローガンを掲げ、「四〇〇〇人の運命共同体のため純粋にして熱烈な祈りにも似た願望」を持つことを呼びかけ、年間売り上げ目標を五五〇億円、一二月度月産予定五六億円とした。

円高に対応する社内レートは一ドル二九〇円のときからかなり余裕のある二七五円

と設定していたが、それをはるかに超える円高に応じて二五〇円とし、それでも追い着かずに五月には二三〇円とした。この五月頃取材に来た経済記者に稲盛は、「火事場の馬鹿力で円高を乗り切った。メンタリティーというものが異常な力を発揮する」と話している。

こうして一二月には月産四五億円を達成したことについて、「急激な円高という背景を考えると非常に立派な業績である」と社員の努力に謝意を表している。

五四年三月の決算では目標の五五〇億円こそ達成できなかったが、輸出は前期比一八・四％増、国内営業では実に四九・四％という大幅な伸びを見せ、売り上げ高は五〇三億四三〇〇万円（前期比三〇・一％増）、税引後利益六八億六五〇〇万円（同四・六％増）となった。

売り上げ高と利益の推移（昭和47～53年）

	売り上げ高（千円）	利益（千円）	従業員（月平均、人）
昭和47年	11,255,986	1,948,981	1580
48	23,881,972	4,359,087	2249
49	20,805,080	3,228,074	2508
50	29,633,134	5,224,752	2409
51	40,189,784	7,160,551	2825
52	38,683,963	6,563,373	2893
53	50,342,988	6,864,933	3060

夢の始まりと終わり

昭和五四年（一九七九）は創業二〇周年を迎える年である。この年の経営方針として何を打ち出すべきか。石油ショック、不況、円高を乗り越えてきた今、とくに掲げるべき新しいものはない。一〇年後二〇年後の京セラの姿を〝見える〟形に描くことは至難である。とすれば、この二〇年目をこれまで展開してきた経営方針の仕上げの年とすべきである。こうして打ち出されたのは、

①異業種、異分野への展開②一千億企業への展開③多国籍化――の三つである。

①については、セラミック材料、半導体、電子部品、一般産業機械へのセラミックの応用、宝石宝飾、バイオセラムと、多角化が助走から離陸への段階に入っている。

②については、創立二三周年、昭和五七年三月期決算、おそくとも五八年までにはこれを実現したい。

③については、KIIが従業員一〇〇〇名、工場と本社がサンジェゴ、営業所がサンフランシスコ、ダラス、シカゴ、ニュージャージーにあり、KIIの子会社としてデクセル（マイクロ・ウェーブ・アンプメーカー）、バイクラン（セラミック・コン

デンサーメーカー）、セラダイン（国防用宇宙開発用マイクロ・ウェーブ・セラミックメーカー）、アメリカン・フェルトミューレ（産業用セラミックメーカー）の四社で七〇〇名、ヨーロッパにフェルトミューレ・キョウセラ、香港にキョウセラ・ホンコン（販売会社）があり、さらに海外に工場を作る計画がある。

経営スローガンも「熟慮して勇気をもって新しい仕事に挑戦していこう」が掲げられたけれども、五一年から五三年までの、「謙虚にして驕らず更に努力を　現在は過去の結果　将来は今後の努力で」「新しい技術開発、新製品の開発に全員一致協力してこれを進めよう」「潜在意識にまで透徹する程の強い持続した願望熱意によって自分の立てた目標を達成しよう」もあわせて掲げられ、二〇年間の総括の年であることが明示された。

「潜在意識にまで…」を除けばどれも何の変哲もない内容のように見えるが、「謙虚にして驕らず…」は自社の目を見張る成長を背景に社員の慢心を戒めてさらなる努力を訴え、「新しい技術開発…」は異業種への展開を象徴し、「潜在意識にまで…」は絶望的な難局に処する主体のありようを説き、「熟慮して勇気をもって…」は臆病と大胆、あわてて落ち着いて、ミクロにも強くマクロにも強くという、一見相反するものがバランスする精妙な一点にのみ道があるとするものであり、いずれにも稲盛の経営思想が凝縮されている。

この経営方針発表が行われた一月三〇日の二ヵ月後、四月一日、日曜日、京都市宝ヶ池の国立京都国際会館で二〇周年記念式典が行われた。会場正面右に社旗、左に国旗、この二つの旗の左右に先に見たスローガンが大書されて二本ずつ掲げられている。

全員による国歌斉唱ののち総務部長七里《しちり》義衛が記念行事について、社員関係、客先関係、地域還元の三つに分けて説明したあと稲盛があいさつに立った。ここで稲盛は、苦労を共にして今日を作りあげて来た社員と関連会社の人びとに対する謝意を表したあと、過去を振り返ってお詫びしなければならないと、お詫びの言葉をのべている。

「会社の安全と発展を願うあまり、みなさんに厳しく辛く当たる日々であり、よくやってくれた、ありがとうという言葉が少なかったと思う。山をめざして登っているとき、一つの山へ登るとまた山が続いている。一つの山を登れば次の山という連続で、一つの山を越したとき、小休止してみなさんに慰めとお礼の言葉をかける時間はあったろうに、厳しくのみあって温い言葉をかけることを忘れてしまったことを反省している。そういう至らなかった点をお詫びして、この式典を機にお許しいただきたい」

そして、今までと同じように勇気と希望を持って経営に当たって行くことを改めて確認し、これまでの発展を支えて来たすばらしい人間関係、信じられる仲間という関係をより強く続けて行き、謙虚にして驕らず、過去の栄誉に酔うことなく、人間として正しいことを正しいとして貫いていく姿勢を失わずに努力して行けば一千億企業は遠くはない。さらにそれを通り越してどこにもないという企業を作りあげたいという抱負をのべ、社員ともっと深く話し合える場を作りたい。若い人材が育って行くことが京セラの未来を決める、を結びの言葉とした。

ついで、松風時代から二四年間、行をともにして来た青山政次（監査役）が、「こういう場であいさつできることは無量の光栄であり、夢のように奇蹟のように思われる」と、創業時と五四年三月期決算の数字を比較している。社員二八名→三六〇〇名、売り上げ高二六〇〇万円→五〇〇億円、純利益一八七万円→七〇億円、資本金三〇〇万円→三〇億円、総資産一九〇〇万円→五五〇億円、この間「ダニのように社長

創立満20周年記念　京セラ紅白歌合戦　1979年4月1日

にひっついて来ただけだった」とのべた。

また、創立功労者としてこの青山（明治三五年生まれ）、樋渡《ひわたし》真明（常務・国分工場長、同昭和八年）、岡川健一（常務・㈱クレサンベール専務、同九年）、徳永秀雄（常務・滋賀工場長、同八年）、浜本昭市（取締役・特殊産業事業本部長、同一一年）、伊藤謙介（取締役・電子部品事業本部長、同一二年）の六名が表彰され、功労者代表として岡川は、「二〇年間こけつまろびつ泥んこになって働いて来た。今から考えると惚れ込んだというのは僭越だが、鈍重な体を引きずり引きずり後を追っかけるしかなかった。叱られ叱られの毎日だったが、いついかなる時もすばらしい仲間と一緒であることが喜びであった」とのべた。

永年勤続者表彰の二〇年組の中にはこれら創立

功労者のほかに中卒入社の川口孝（KIIサンジェゴ工場）がおり、創業時の帰宅はいつも夜明け、近所からは朝帰りのどら息子のように思われたこと、IBMの注文を受けたときの苦心や、サンジェゴ工場の危機の際、稲盛来米のたびに工場を存続するかどうか夜ふけまで会議をしたことをのべた。

続いて、社員から稲盛への感謝状と記念品の贈呈が行われた。波戸元省三（昭和三五年入社）と坪野勉（同三七年入社）が舞台にあがり、「経営者としてはもとより、人生の師として父として兄としてあなたとのご縁こそは最大の幸せであった。そしてあなたを支えて来た家族に深甚な敬意を表する」と謝辞をのべ、甲冑一領を贈った。

午後からは紅白歌合戦である。司会はフランキー堺。「宇宙戦艦ヤマト」のテーマに乗って出場選手たちが入場、スポットライトを浴びる中で稲盛、青山ら八名の審査員が紹介された。その中に、松風時代の稲盛の上司で会社創設に参加した北大路季正《すえまさ》（昭和五二年退社）の顔もあった。

歌合戦と言っても、のど自慢に毛が生えた程度と思ってはいけない。年末の国民的行事である紅白歌合戦もかくやと思われるほどの豪華絢爛さで、歌はともかくとして歌い手の衣裳と身ぶりはそれなりにさまになっており、趣向をこらした応援団の集団演技のチームワークぶりに至るまですべて単なる余興の域を脱していた。二〇周年式典を盛り上がらせたいというまさに潜在意識にまで透徹する願望をもって、仕事と同等かそれ以上のエネルギーと情熱がこの日の舞台のために傾注されたと思われる。

という意味で、企業経営とは一見何の関係もないこの〝遊び〟にも経営者の思想が、あるいは経営者と社員の関係のありようが、問わず語りのうちに表現されていたのである。

途中、フランキー堺にうながされて舞台にあがった稲盛は「ふるさと」を歌った。

兎追いしかの山　小鮒釣りしかの川　夢は今もめぐりて　忘れがたき故郷

故郷の田圃の溝をようやくの思いで飛び越えた臆病な少年は、そのときから四〇年近くたった今、一つの集団の長として人びとの前に立っている。そして二〇年を経る中でこの集団とその長はともにある宿命を背負ってしまっている。

即ち、京セラを離れて稲盛はなく、稲盛を離れて京セラはない。しかもそれはいずれ越えられねばならない宿命である。

それがどのように越えられるものであるのか。

ある少年の夢は今もってふくらみ続け、狂気の集団は疾駆し続ける。その夢の始まりをだれも知らないし、夢の終わりもまた知ることはできない。したがってまた、ひたむきに走る者たちがどこまで走り続けるのか、だれも知ることはない。

あとがき・文庫化にあたって

稲盛和夫さんに初めてお会いしたのは一九七五年初秋のこと。私は大阪・御堂筋から少し西に入ったエレベーターもないビルに入っている現代創造社の雑誌『経済と文化』の編集長だった。第一次オイルショックによる戦後最大と言われた不況以後、関西の経営トップが何を考えているのかを聞く「ゼロ成長時代をどう生きる」というテーマでの連載インタビューを企画し、稲盛さんはその一人だった。当時、経済評論家の相良竜介さんから「京都セラミック」という面白い会社があると伺っていたので、京セラに取材をお願いし、まったく無名の雑誌社だったが、了承された。当時、京セラでは稲盛さんが社内で話したことや講演などを冊子にした「京セラフィロソフィー」が何冊か作られていて、それを読むと、会社の創業時の人間関係が、同社を理解する鍵になると考えられ、インタビューの席に創業当時の〝同志〟も同席するようお願いし、快く受け入れられた。

京セラの当時の一般的なイメージは「優れた経営手腕」「世界的技術を持つ博士の

集団で競争相手もなく、利益も多い」「高度成長の波に乗ってラッキー」などというものだった。この一九七五年月九月期の中間決算では、三社に一社は赤字、その中で京セラは売上高が前期比五四・九％増、税引き後利益七五・四％増を記録し、九月には京セラの株価が長い間王座にあったソニーを抜いて日本一を記録したが、私はそういう事実を知らずに稲盛さんにインタビューしている。またセラミックという新素材についても無知だった。

雑誌は企業相手の内容だったが、当時の私は売上高や利益、株価などには関心がなかった。数字はあくまでも相対的なものであり、変動する数字だけで評価するやり方には不信感を抱き続けていた。たとえ今の業績が悪くても、「その思想によって評価される経営者」がいるはずだと、かねがね考えていた。さらに、不況の中で日本社会全体に大企業経営者への不信は高まっており、私は「経営者は建前では倫理を説き、現実には物資の買い占め、不動産投機で利益を得ている」と考えていた。

取材のとき、作業服姿の稲盛さんは約二時間、こちらの質問に丁寧に答えてくれ、切実に感じたのは「この人には本音と建前の使い分けがない」ということだった。特に、「誰も自分はこういう能力を持ったと思って生まれるわけではない。能力があっても、境遇が違えば、ぐれているかもしれない。私が今、ここに、社長として居る必然性は何もない。能力があるからと言ってそれで得たものを私有化することは非常な罪悪です」という言葉は衝撃的だった。昭和七年生まれの稲盛さんは当時四三歳。私は、一九六〇年安保闘争のときに大学に入り、闘争敗北後の私にとって、どう自己主張し、主体性をいかに確立するかがもっとも切実な課題だったから、「こういう経営者もいるのだ」という驚きがあった。そこには成功のためのノウハウがあるのではなく、稲盛和夫という人間の生き方そのものが凝縮されていた。インタビューを記事にしながら「彼について書く、最初の書き手になりたい」と心から思った。

さらに、稲盛さんの生まれ育ちへの強い親近感もあった。稲盛さんの両親も私の両親も一八九〇年代から一九一〇年代に生まれた世代で、庶民には一般的だった小学校卒業だけの学歴。稲盛さんの父親は印刷工場の職人で、その腕と実直さが認められて、小さな印刷工場を始めた。私の父は町の時計屋だった。腕時計から柱時計まですべてゼンマイ式で、修理代金が主な収入源だった。小さな部品を組み立てて動くようにする手わざに小さい私は心の底から感嘆した。原稿用紙に一マスずつ文字を埋めていくのも似たようなものだと思っていた時期もあった。

インタビュー記事の掲載誌を京セラに持参したとき、本を書きたいとお願いしたが、即座に断られた。それから三年間、私が編集する雑誌に京セラ関連の記事を載せたりして、私の望みが続いていることをアピールしていたが、一九七八年の七月頃、「取材に応じます」という返事をもらえた。その最初の打ち合わせの折、まさに開口一番、「私に惚れてくださって」と言い、私は思いがけないその言葉に驚愕した。その頃の私の主体性論から言えば、「惚れた」などというもので相手を受容することなど考えられないことだった。あとで分かったことだが、それまでに複数の大手出版社から、有名な書き手を起用するなどの申し出があったのをすべて断って、まったく無名の雑誌社の無名の書き手の私に委ねたことになる。

当時私が住んでいた大阪府茨木市から、京都市山科区にあった京セラ本社までは電車で二時間半かかり、取材の初期には京セラまで歩いていける距離にあった小さな宿に月曜から木曜まで泊まり、毎朝「出勤」して、貸してもらった小さな応接間を根拠地として、創業に参画した人たちをはじめ、いろいろな部門の社員にそこに来てもらって取材をしたが、稲盛さんと監査役の青山政次さん以外の人はすべて大部屋に居たから、私はだれにも咎められずに自由に各階に出入りをし、昼食は社員食堂で食べ、また滋賀工場の寮に泊まって風呂に入り、独身寮に泊まり、組合大会を傍聴したりして、会社の雰囲気に浸かるようにした。

しかし、それだけでは京セラ二〇年の歴史のイメージは固まらない。稲盛さんも私に会う時間がなかった。秘書に相談すると、社内で幹部や中途入社の社員に向けて話したテープが百本あり、それを借りて、来る日も来る日もテープ起こしの日々。それが稲盛像を形作る上で大変役に立った。直接取材したノートを含めると二百ページの大学ノート一〇冊ほどになった。

三カ月ほどの間、稲盛さんに会える機会がなく焦っていたが、ようやく秘書から「明日時間がとれます」と連絡があり、大いに喜んだが、では何を聞いたらいいのか、というよりも、それまでの取材を踏まえて京セラをどのように理解しているのかを測られる場でもある。いろいろ考えた結果、私が手繰り寄せたのは「京セラ発展の契機は稲盛さんと社員との関係にある」というものだった。それが正しいかどうかというよりも、その時点でそれしか言うべきことがなかった。それに対して稲盛さんは「いい考えだと思います」と言ってくれた。

当時はワープロもなく、原稿はすべて手書きで、下書きを始めたのが一九七九年三月、しかし、勤務先に異変が起きていた。編集長である私が会社にはほとんど出ずに、京セラにかかりっきりで、さらに全般的な不況で給料遅配が慢性化し、四月には数人の社員（編集と営業）がすべて退職、残ったのは社長、私、経理の女性の三人だけ。収入源である雑誌は年に決められた冊数以上を刊行しないと第三種郵便の資格を失う。私は毎日会社に出勤して、原稿を書きながら、雑誌づくりもしなければならない。それだけではない。家には妻と幼い子ども二人がおり、ある日妻から「あなたは自分の好きな仕事をして貧乏しているからいいかもしれないが、家にいる私の身になってちょうだい」と面責された。何しろ給料がいつ入るのか分からないのだから、言われて当然、内憂内患だった。

しかし、五月には流行り眼となり、一〇日間ほど、文字も読めず、書くこともできなくなった。肉体的にも精神的にも消耗の極にあったのだろう。息も絶え絶えという感じで原稿を書き進めたが、八月にはまったく書けない状態になった。その頃、大学時代に六〇年安保闘争の渦中に共にいた三人が「暑気払い」と称して私を居酒屋に誘い、カラオケにも行き、気分の転換ができたのだろう、一〇月一〇日、ようやく原稿は完成した。

初版一万部が一二月初めに出来上がり、新聞に広告を出した途端、「どの書店に行ったら本があるのか」という電話が連日、何度もかかってきた。すぐに増刷する必要があったが、印刷所への支払いが悪いため、遅れている金を払わなければ増刷できないという。そんな時期の翌年一月、先の三人の友人が一月の新年会に誘ってくれた。「売れ行きはどう?」「よく売れていて増刷したいが、その金がない」「それじゃあ、われわれ三人で百万円を都合しよう」という話がたちまちその場で決まった。それに社長が自分の友人から借りたお金で増刷ができた。御堂筋に本社がある企業からも直接注文が入り、私は台車に本を載せ、納品書を持って納品に回った。

無償の支援をしてくれた友人たちには今もって感謝している。大阪市大経済学部の庵谷寿男、島征一郎、八木孝昌の三人だが、すでに庵谷、八木の二人は鬼籍にある。

私は稲盛さんと社員たちの表情や息遣いを読者に伝えることのみを願った。従って、この本は京セラの分析ではなく、再現である。後から気が付いたのだが、あのときは、「稲盛和夫とその一味たち」という括りで表現できる時期にたまたま遭遇したのだと思う。手書き原稿に象徴されるように、いわばアナログ時代であり、その時代のリーダーとしての稲盛さんと京セラの姿が、デジタル時代の今、どれだけ受け入れられるか、書き手としては心もとない。しかし、SNS空間がいわば世界中を覆っている今、この本の取材対象とは、私が直接対面して互いに言葉を交わしながら、手作業で文字として定着させたものばかりであり、デジタル空間では得られない、手触り感があることは貴重なものと考えている。

取材中の時期だったと思うが、姉妹二人がやっていた小料理屋へ稲盛さんが誘ってくれ、経営陣何人かと一緒にテレビのプロレス中継を見た記憶がある。稲盛さんはアントニオ猪木が好きだった。

また和輪庵という、京セラがお客さんを接待する建物の一室で稲盛さんが主宰する「盛和塾」という機関誌の編集を終えた後、友人でもあるワコールの塚本幸一さん行きつけのイレブンというバーに向かう途中、娘だけ三人の稲盛さんがベンツの中で「あと一人相手が見つからなくって困っているんや」と言うので、「天下の稲盛和夫の娘ではなかなか難しいんじゃないですか」と答えると、「そんなこと言うなよ」と、一人の父親になっていた稲盛さんを思い出す。

この『ある少年の夢』はあくまでも人間論として書いたものであって、一つの企業の成功譚を書いたつもりはない。

謝辞

著者としては思いがけなかった『ある少年の夢』の文庫化にあたっては、何人もの方たちのお世話になりました。

同書単行本の版権を持っている出版文化社の木戸清隆社長には、文庫化を認めていただき（単行本は現在も発売されている）、文庫化に当たって生じる事務処理は、同社出版企画部の大西麻里子さんに対応していただいた。

また、文庫化を日経ＢＰに提案したのは、定年まで稲盛さんのもとで仕事をしていた粕谷昌志さん（鹿児島大学稲盛アカデミー特任教授）で、それに対応して本作りに努力していただいたのは、日経ＢＰの経営メディアユニット・チーフプロデューサー北方雅人さんです。

ここに記して、心からお礼申し上げます。

二〇二五年三月六日

年表

明治一一年（一八七八）——大久保利通刺殺
稲盛七郎（祖父）出生
明治一四年（一八八一）——自由党結成（板垣退助総理）
上野イセヅル（祖母）出生
明治三七年（一九〇四）——日露戦争
明治四〇年（一九〇七）——
畩市（父）出生
明治四三年（一九一〇）——大逆事件
溜キミ（母）出生
昭和二年（一九二七）——金融恐慌、鈴木商店倒産
祖母イセヅル逝去
昭和三年（一九二八）——

三月、畩市と溜キミ結婚　満州で張作霖爆殺事件

畩市は印刷所の工員

昭和四年（一九二九）

利則（長兄）出生　世界恐慌

昭和七年（一九三二）

和夫出生（一月二一日）　井上蔵相、団琢磨、犬養首相暗殺

畩市が独立し印刷と製袋を始める

昭和一九年（一九四四）

市立西田小学校を卒業し鹿児島第一中等学校を受験するが失敗

尋常高等小学校に進む

昭和二〇年（一九四五）

三月、肺浸潤と診断される

熱をおして再度一中を受験するが失敗、鹿児島中学（私立）に入学

四月、空襲を避けて家族が小山田村に疎開

六月一七日、鹿児島大空襲

八月六日の空襲で家が焼失　八月一五日、日本無条件降伏

九月から畩市らが塩たき、キミが古着商いを始める

昭和二一年（一九四六）

一〇月、小山田に家を建てる（二三年二月まで住む）

天皇人間宣言

昭和二三年（一九四八）

父の反対を押して高校入学、やがて紙袋売りを始める

キミ、米のかつぎ屋を始める

東条、広田ら七戦犯死刑

昭和二四年（一九四九）

畩市、印刷所に勤める（約一〇年間）

下山事件

三鷹事件

松川事件

昭和二六年（一九五一）

大阪大学医学部受験失敗、県立鹿児島大学工学部入学

朝鮮戦争（一九五〇〜五三）

昭和二七年（一九五二）

キミ、結核にかかる

日米安全保障条約発効

昭和二九年（一九五四）

帝国石油入社試験失敗、松風工業入社内定

ビキニで水爆実験

内野正夫、鹿大へ赴任

昭和三〇年（一九五五）

鹿大卒業、松風工業入社
家庭電化時代始まる
神武景気

昭和三一年（一九五六）

フォルステライト磁器の商品化に成功
経済白書＝「もはや戦後ではない」

昭和三三年（一九五八）

低温焼成アルミナ磁器開発
一二月、松風工業退社
一万円札発行
テレビ契約台数一〇〇万台突破

昭和三四年（一九五九）

四月、京都セラミック設立、取締役技術部長に就任
ミッチーブーム
マイカー時代始まる
耐久消費材大幅普及
下期から岩戸景気

昭和三五年（一九六〇）

東京出張所開設
安保闘争
浅沼稲次郎刺殺
高度成長政策

昭和三六年（一九六一）

高卒者たちの〝反稲盛の乱〟	ソ連人間衛星第1号
	レジャーブーム
昭和三七年（一九六二）	
最初のアメリカ出張	テレビ普及率八〇％超え
昭和三八年（一九六三）	
滋賀工場第一棟竣工	大阪駅前に初の横断歩道橋完成
京都と蒲生町で歳末助け合い運動に参加	「バカンス」「ハッスル」など流行
昭和三九年（一九六四）	
社内報創刊	東海道新幹線営業開始
通産省から鉱工業技術試験研究補助金を受ける	経済成長率一三％
二度目の外国旅行で自社の技術が世界に通用することを確認	東京オリンピック
昭和四〇年（一九六五）	
テキサス・インスツルメントがアポロ計画に京セラ製品を使用	企業倒産激増
	物価問題深刻化
昭和四一年（一九六六）	
五月、社長に就任	
ＩＢＭから大量の受注	

〝時間当り〟始まる

昭和四二年（一九六七）

「中堅企業へのスタート台であり、新しいやり方を生み出して行かないと壁は破れない」と会議で発言　フーテン族登場

史上空前のボーナス（昭和元禄）

昭和四三年（一九六八）

第一回中小企業研究センター賞受賞　イタイイタイ病を公害病と認定

ロサンゼルスに駐在員事務所設置　学園紛争盛ん

テキサス・インスツルメントの宇宙通信機器部品に京セラ製品合格　GNP世界第二位

昭和四四年（一九六九）

鹿児島大学に稲盛奨学資金を贈る　アポロ11号月面着陸

鹿児島県川内市に工場建設　大学紛争激化

京セラ・インターナショナル設立

労働組合生まれる

昭和四五年（一九七〇）

不況で生産と売り上げ激減　日本万国博覧会

ＩＣの積層パッケージの生産始める　赤軍派よど号事件

三島由紀夫事件

昭和四六年（一九七一）	年末から不況
〝スバルからセンチュリーへ〟発想の転換	米、ドル防衛声明、一$三〇八円
一〇月、二部上場	国内景気悪化
本年の決算で初の減収減益となる	
昭和四七年（一九七二）	
経営方針で「第二の発展期を築こう」と呼びかける	『日本列島改造論』
積層パッケージの開発で大河内記念生産特賞受賞	あさま山荘連合赤軍事件
鹿児島県国分市に工場建設	地価・株価高騰、インフレ傾向へ
山科に新社屋建設	
昭和四八年（一九七三）	
全社挙げてのホンコン旅行	大手商社の買占め問題化
創業の恩人西枝一江・交川有、大学以来の恩師内野正夫逝去	地価暴騰
石油ショックで日本社会の方途に強い危機感を持つ	石油ショック
	買い溜めパニック
昭和四九年（一九七四）	
東証・大証一部上場	狂乱物価、国会で問題となる

一部上場を記念して社員が稲盛に人形を贈る	田中首相の金脈問題
「電子回路用セラミック積層技術の開発」で科学技術庁長官賞受賞	日本経済、低成長時代に入る
生産部門で余剰人員発生	
酒・煙草の値上げで国の〝経営〟批判	

昭和五〇年（一九七五）

「世界経済の中の日本経済を直視して」賃上げ凍結を組合に提唱	ベトナム戦争終結
三月期から無借金経営	興人倒産
バイオセラム開発	公労協スト権スト
再結晶宝石発売	
九月二三日、株価日本一となる	
ジャパン・ソーラー・エナジー設立	

昭和五一年（一九七六）

ADR発行、社員の子どもの海外研修旅行始まる	ロッキード事件
「視界ゼロ」の中で業績が見事に回復を見せる	企業の倒産件数と負債総額史上最高

昭和五二年（一九七七）

経営方針で「一千億円企業を目ざす」ことを表明	ロッキード事件公判
再結晶宝石の販売会社、クレサンベール設立	円高が日本経済を直撃

二十数億円の円高差損をこうむる　超ＬＳＩの開発進む
初代社長宮木男也逝去
年末の会議で幹部に潜在意識論を説く

昭和五三年（一九七八）

潜在意識論を経営スローガンに掲げる
再結晶宝石の海外直販店をロサンゼルス郊外ビバリーヒルズに開店
ＫＩＩ社員の子どもの日本旅行始まる

昭和五四年（一九七九）

創立二〇周年記念式典
二〇周年の社員へのプレゼントとしてシンガポール旅行
稲盛、サンジェゴ市の名誉市民となる　『ある少年の夢―京セラの奇蹟』出版

昭和五五年（一九八〇）

ニューヨーク証券取引所に株式上場　イラン・イラク戦争
京セラ子女海外研修ツアーに、各事業所の立地する地域の一般子女　ポーランド「連帯」結成
も含める
京セラ従業員の墓の落慶法要

昭和五六年（一九八一）

国分工場に自動車部品事業部発足　エジプトのサダト大統領暗殺

昭和五七年（一九八二）

セラミックエンジンカー試走NHKで放映、ファインセラミックス
ブーム起こる
セラミック人工股関節発売
一〇月、社名を「京セラ」に変更

昭和五八年（一九八三）

ヤシカを吸収合併　ロッキード事件公判、田中角栄有罪
ニューアメーバ運動成果発表第一回大会

昭和五九年（一九八四）

稲盛財団設立　NHK、衛星放送試験放送開始
第二電電企画設立
各種人工骨開発

昭和六〇年（一九八五）

自社ブランドのセラミック鋏、包丁発売
四月、第二電電が発足
稲盛が京都経済同友会代表幹事に就任

第一回稲盛財団研究助成金贈呈式
第一回京都賞授賞式

昭和六一年（一九八六）

一〇月、稲盛が会長、安城欽寿が社長に就任　チェルノブイリ原子炉爆発

昭和六二年（一九八七）

ジャパン・ソーラー・エナジーを合併　国鉄民営化
テレビ会議システム発売　東京の地価暴騰
関西セルラー電話設立　ニューヨーク市場、ブラックマンデー
企業イメージ広告開始　「連合」発足
コンパクト一眼レフ「サムライ」発売　パレスチナでイスラエルへの抵抗組織ハマース誕生

昭和六三年（一九八八）

稲盛がアメリカン・セラミック・ソサエティ名誉会員に（日本人初）　ソ連、アフガニスタンから撤退
リクルート疑惑発覚

昭和六四年／平成元年（一九八九）

自社ブランドパソコン発売　消費税導入
六月、伊藤謙介が社長に就任　天安門事件

関西セルラー電話がサービス開始　ベルリンの壁崩壊
ソーラーカー第1号開発　東証平均株価史上最高を記録（当時）

平成二年（一九九〇）

盛友塾を盛和塾に名称変更　イラク軍がクウェートに侵攻
統一ドイツ誕生
バブル崩壊

平成三年（一九九一）

稲盛、第三次行革審「世界の中の日本」部会長に就任　湾岸戦争
京セラ環境憲章制定

平成四年（一九九二）

稲盛、第三次行革審「政府の役割」グループ主査に就任　ブラジルで地球サミット
DDIの市外電話全国ネット完成

平成五年（一九九三）

日本イリジウム設立　EU発足
DDI、東証二部上場　ニューヨーク世界貿易センタービル爆破
住宅用ソーラー発電システム発売（業界初）　Jリーグ開幕
五五年体制崩壊

平成六年（一九九四）

京都パープルサンガ設立

全社レベルで京セラフィロソフィー勉強会始まる

関西国際空港開港

ロシア軍がチェチェン共和国に侵攻

マンデラが南ア共和国大統領に就任

平成七年（一九九五）

稲盛、京都商工会議所会頭に就任

映画『地球交響曲第二番』完成

「長江文明学術調査団」を支援

阪神・淡路大震災

地下鉄サリン事件

「ウィンドウズ95」発表

平成八年（一九九六）

全社情報システム化委員会発足

稲盛主宰「日米21世紀委員会」発足

全国の携帯電話加入数一千万台突破

イスラエルで自爆テロ続発

ビン・ラディンがジハード宣言

アフガニスタンでタリバン政権樹立

平成九年（一九九七）

六月、稲盛が名誉会長に

ＤＤＩが「ＤＩＯＮ」を開始

消費税五％に

神戸連続児童殺傷事件

山一証券自主廃業

映画『地球交響曲第三番』完成	東南アジア金融危機
「マイセンデザイン」発売	地球温暖化防止京都会議
平成一〇年（一九九八）	
「英国議会資料」を国立民族学博物館に寄贈	インド、パキスタン核実験
新本社ビル竣工	
平成十一年（一九九九）	
六月、伊藤謙介が会長、西口泰夫が社長に就任	「ユーロ」誕生
DDI全国一貫体制整う（この年NTT分割）	コソボ紛争でNATOがユーゴ空爆
平成十二年（二〇〇〇）	
一〇月、KDDI発足	パレスチナで第二次インティファーダ
	沖縄サミット
平成十三年（二〇〇一）	
京セラグループ売上高、一兆円を超える	ニューヨーク9・11
	アメリカがアフガニスタンを空爆

日経ビジネス人文庫

ある少年《しょうねん》の夢《ゆめ》
稲盛和夫《いなもりかずお》はいかに人生《じんせい》を切《き》り開《ひら》いたか

2025年4月1日 第1刷発行

著者
加藤勝美
かとう・かつみ

発行者
中川ヒロミ

発行
株式会社日経BP
日本経済新聞出版

発売
株式会社日経BPマーケティング
〒105-8308 東京都港区虎ノ門4-3-12

ブックデザイン
鈴木成一デザイン室+ニマユマ

本文DTP
朝日メディアインターナショナル

印刷・製本
中央精版印刷

Printed in Japan ISBN978-4-296-20787-9

nbb 好評既刊

アメーバ経営
稲盛和夫

組織を小集団に分け、独立採算にすることで、全員参加経営を実現する。常識を覆す独創的・経営管理の発想と仕組みを初めて明かす。

稲盛和夫の経営塾
Q＆A 高収益企業のつくり方
稲盛和夫

なぜ日本企業の収益率は低いのか？ 生産性を10倍にし、利益率20％を達成する経営手法とは？ 日本の強みを活かす実践経営学。

稲盛和夫の実学
経営と会計
稲盛和夫

バブル経済に踊らされ、不良資産の山を築いた経営者は何をしていたのか。ゼロから経営の原理を学んだ著者の話題のベストセラー。

経営者とは 稲盛和夫とその門下生たち
日経トップリーダー＝編

「稲盛イズム」はこうして広がった——経営者を変質させ、企業を発展させた稲盛氏の「究極のリーダーシップ論」を実例とともに解き明かす。

天才読書
世界一の富を築いたマスク、ベゾス、ゲイツが選ぶ100冊
山崎良兵

イーロン・マスク、ジェフ・ベゾス、ビル・ゲイツ。天才たちが選ぶ珠玉の100冊を3人に直接取材した読書家が解説。人生を変える読書案内。

nbb 好評既刊

マネジメントへの挑戦 復刻版

一倉 定

「日本のドラッカー」と呼ばれた伝説のコンサルタントが記した経営の真理。経営者を震撼させた「反逆の書」が今、よみがえる！

ゆがめられた目標管理 復刻版

一倉 定

凡庸な目標は会社を破綻に導く。ではすぐれた目標とは——約1万社を経営指導した中小企業の救世主、一倉定の初期著作集、復刻第2弾！

いかなる時代環境でも利益を出す仕組み

大山健太郎

「痺れるほど面白い。日本発、競争戦略の傑作」——経営学者・楠木建氏による序文収録。非効率が価値を生み出すアイリスオーヤマの秘密。

精神科病院で人生を終えるということ ——その死に誰が寄り添うか

東 徹

精神科単科病院の身体合併症病棟。人々の目に触れることがない場所の日常を若手精神科医が赤裸々に綴った話題作。

名医が教える飲酒の科学

葉石かおり

なぜ人は酒に酔い、二日酔いになり、飲み過ぎて病気になるのか。飲む前に読みたい！　酒と人体の最新研究を分かりやすく解説した一冊。

nbb 好評既刊

アンガーマネジメント大全
戸田久実

怒りの感情とうまく付き合うことが、仕事や生活を好循環にのせる第一歩。小さな怒りから自分に対するイライラまで、対処法を公開。

知的戦闘力を高める 独学の技法
山口 周

MBAを取らずに独学で知識を体得し、外資コンサルとして活躍。現在は独立研究者として活躍する著者による、武器としての知的生産術。

国家の危機
ボブ・ウッドワード
ロバート・コスタ
伏見威蕃=訳

歴代米国大統領を取材してきた調査報道ジャーナリストが、トランプからバイデンへという史上最も騒然とした政権移行の実態を描く名著。

いたいコンサル すごいコンサル
長谷部智也

「業界構造に精通しているか」「すらすらと定石が出てくるか」「組織の空気感が分かるか」――。コンサルの実力をたちまち見抜く10の質問。

父さんが教える 株とお金の教養。
山崎将志

セブンやニトリなど身近な企業から、儲けのしくみ、株価情報の読み方、伸びしろのある会社の見きわめ方まで紹介する異色の投資入門書。

nbb 好評既刊

町工場の娘

諏訪貴子

父親の急逝で突然、主婦から社長になった2代目経営者の町工場再生奮闘記。テレビドラマにもなったシリーズ第1弾。

ポストモーテム みずほ銀行システム障害 事後検証報告

日経コンピュータ

みずほ銀行ではなぜ、大規模なシステム障害が繰り返されるのか。メガバンクの失敗を教訓に、ITとの付き合い方の処方箋を探る。

絶望を希望に変える経済学

アビジット・V・バナジー
エステル・デュフロ
村井章子＝訳

貧困、紛争、環境破壊――二極化する現代社会が直面する問題に対し、経済学ができることは何か。ノーベル経済学賞受賞者が答える。

最初の15秒でスッと打ち解ける大人の話し方

矢野 香

元NHKキャスターで「話し方指導」のプロが教える「はずさないコミュニケーション」。初対面の人にも、苦手な人にも有効なスキル満載。

セゾン 堤清二が見た未来

鈴木哲也

無印良品、パルコ、ロフト――。堤のコンセプトはなぜいまも輝いているのか。異端の経営者の栄光と挫折を描く骨太のドキュメント。